傅山丹功导引经典传承系列之一

傅山手录
《丹亭真人卢祖师玄谈》
校释

主　编　张明亮
副主编　李利民　代金刚

中医古籍出版社
Publishing House of Ancient Chinese Medical Books

图书在版编目（CIP）数据

傅山手录《丹亭真人卢祖师玄谈》校释 / 张明亮主编 . -- 北京：中医古籍出版社，2022.5

ISBN 978-7-5152-2482-4

Ⅰ . ①傅… Ⅱ . ①张… Ⅲ . ①道藏 Ⅳ . ① B951

中国版本图书馆 CIP 数据核字（2022）第 065371 号

傅山手录《丹亭真人卢祖师玄谈》校释

张明亮　主编

策划编辑　李　淳

责任编辑　吴　頔

封面设计　王　磊

出版发行　中医古籍出版社

社　　址　北京市东城区东直门内南小街 16 号（100700）

电　　话　010-64089446（总编室）010-64002949（发行部）

网　　址　www.zhongyiguji.com.cn

印　　刷　北京市泰锐印刷有限责任公司

开　　本　787mm×1092mm　1/16

印　　张　24.5　彩插　1

字　　数　236 千字

版　　次　2022 年 5 月第 1 版　2022 年 5 月第 1 次印刷

书　　号　ISBN 978-7-5152-2482-4

定　　价　88.00 元

傅山手录
《丹亭真人卢祖师玄谈》校释

主　编
张明亮

副主编
李利民　代金刚

参与编写人员
李金龙　谢继鼎　张世炜　罗克宇　冯尚华
田文彬　田思玮　苑中娟　刘京昆

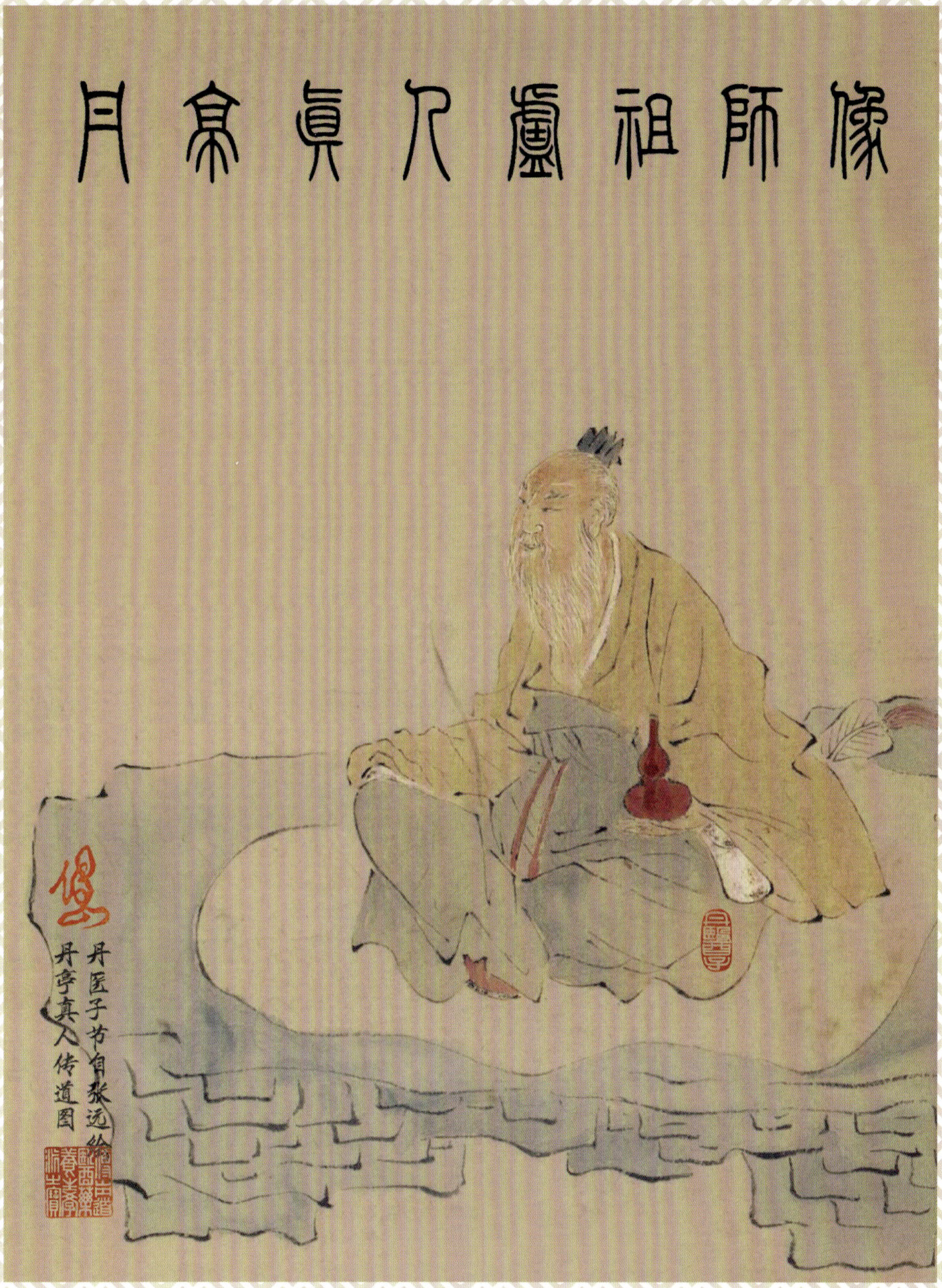

丹亭真人卢祖师像

丹医子按：此图节录自《丹亭真人传道图》，该图载于傅山录《丹亭真人卢祖师养真秘笈》篇首，为明朝著名肖像画家张远绘制，原本藏于台湾某图书馆。

傅青主虔敬求道图

丹医子按：此图节录自《丹亭真人传道图》，该图载于傅山录《丹亭真人卢祖师养真秘笈》篇首，为明朝著名肖像画家张远绘制，原本藏于台湾某图书馆。

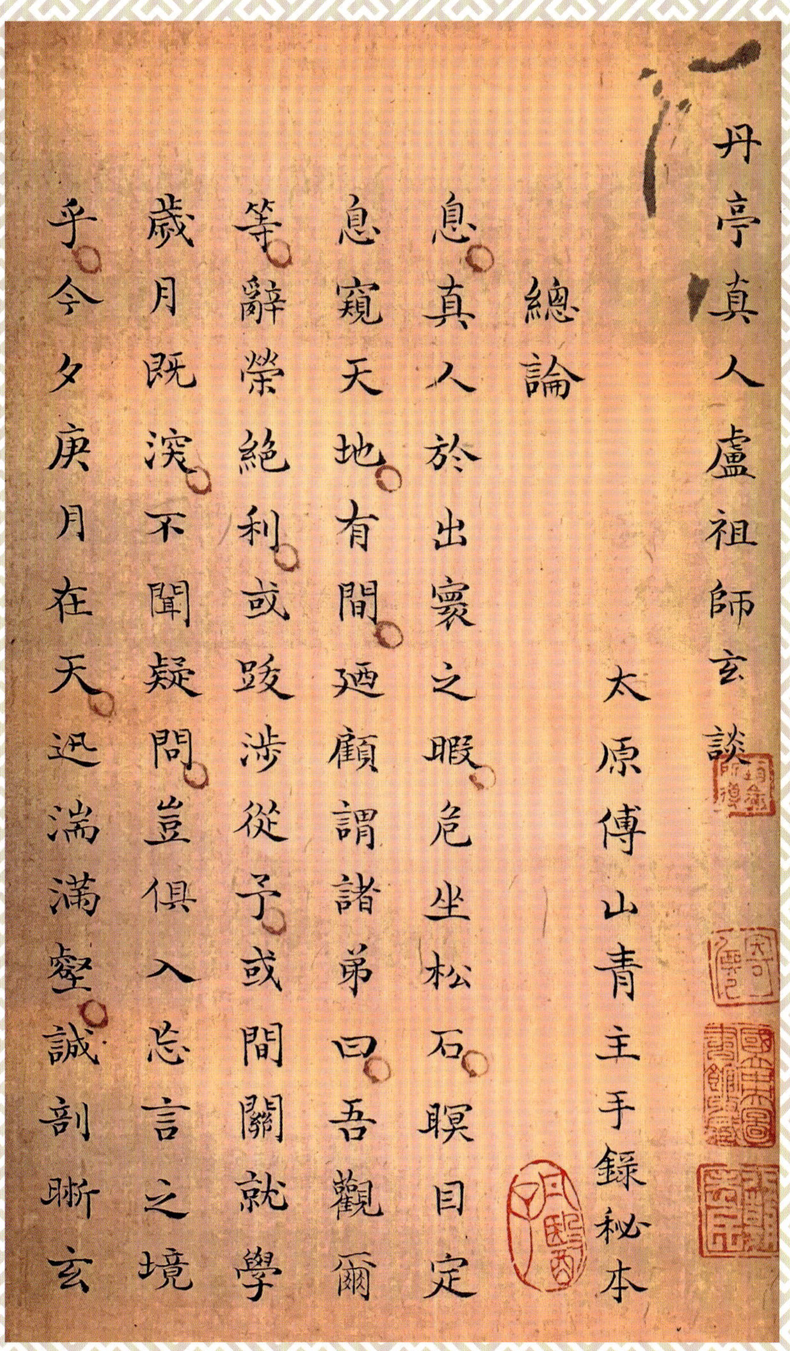

丹亭真人盧祖師玄談

太原傅山青主手錄秘本

總論

息真人於出褱之暇，危坐松石，瞑目定息，窺天地有間，廼顧謂諸弟曰：吾觀爾等辭榮絕利，或跋涉從予，或間關就學，歲月既深，不聞疑問，豈俱入忘言之境乎？今夕庚月在天，迅湍滿壑，誠剖晰玄

傅山手录秘本《丹亭真人卢祖师玄谈》首页书影

（原书藏于台湾某图书馆）

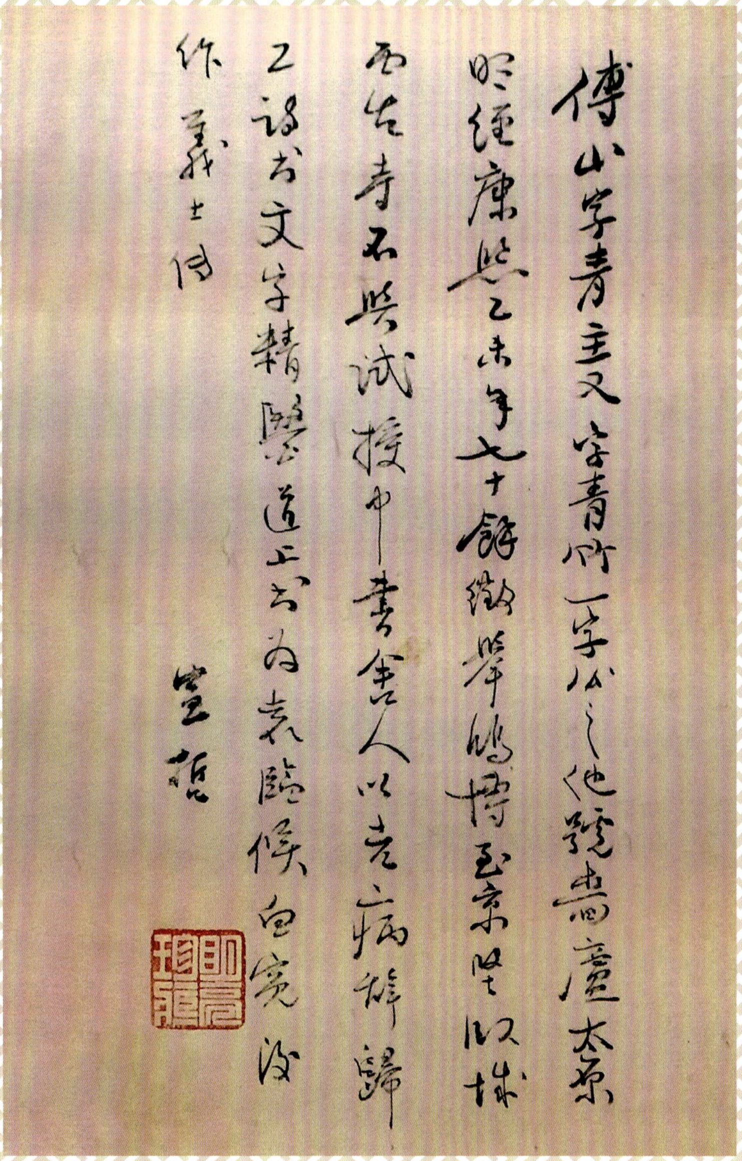

宣哲手书题记

（台湾某图书馆藏）

丹医子按：此题记原载于傅山手录秘本《丹亭真人卢祖师玄谈》篇首，原书藏于台湾某图书馆。署名为宣哲手书。宣哲（1866—1943），字古愚，一字愚公，江苏高邮人，近代诗人、书画家、鉴赏家、收藏家。手书全文如下：

傅山，字青主，又字青竹，一字公之他，号啬庐，太原明经。康熙乙未，年七十余，澂举鸿博，至京，坚卧城西古寺不与试，授中书舍人，以老病辞归。工诗书文字，精医道。上书为袁临侯白冤，后作义士传。

太原傅山青主手錄秘本
丹亭真人盧祖師玄談

未得延年先期却病
病魔不除僊基難立

丹醫子張明亮集
辛丑八月初七日

《玄谈》要旨

（丹医子集自傅山手录秘本《丹亭真人卢祖师玄谈》）

发掘整理傅山宝贵遗产
传承弘扬医圣医学精华

贾六金 辛丑年十月

全国及山西名老中医、山西小儿王、《傅山医学丛书》总编

贾六金先生题词

傅山医学传习所筹备座谈会合影

2021年11月1日，由山西傅山学社社长范世康（前排中），国医大师王世民教授（前排左三），山西名老中医侯振民（前排右三），山西名老中医贾六金（前排左二），北京黄亭中医药研究院院长张明亮（前排右二），太原和平医院原院长王建荣（前排左一），太原中华傅山园园长、董事长张果元（前排右一），本书副主编李利民（后排右三）等共同发起成立傅山医学传习所的专门座谈会在太原中华傅山园召开。

太原傅山中医传习所正式成立

2021 年 7 月 27–29 日，太原傅山中医传习所成立大会在中华傅山园隆重举行，并举办了首届傅山医学思想与学术传承研讨会，张明亮、李利民被聘为太原傅山中医传习所副所长。

本书主编张明亮与副主编李利民

在中华傅山园真山堂前

本书主编张明亮（中）与副主编代金刚（右）早期在中国中央电视台《中华医药》

节目中与著名主持人洪涛（左）讲授中医导引六字诀养生祛病法

目 录

挖掘文献精华 深入丹功实践

余瀛鳌 序

书卷多情似故人，晨昏忧乐每相亲。眼前直下三千字，胸次全无一点尘。活水源流随处满，东风花柳逐时新。金鞍玉勒寻芳客，未信我庐别有春。

——明代于谦《观书》

对于傅山的学术思想及成就，中医同道对其医学成就研究系统深入，然而对其在丹道导引方面的研究相对较少，张明亮先生团队十年前开始这方面的研究工作，卓有成效，可谓活水源流、别有洞天，让我自然地想到明代于谦的《观书》。

傅山作为明末清初的医学宗师，其医学著作有多种传世，其中以《傅青主女科》闻名于世，是中医妇科极为重要的经典著作。傅山先生博学多才，对于丹道导引之术深有研究，并且结合中医药理论和道家丹道修行之术，整理并撰写了《丹亭真人玄谈集》等书，将道家导引功法与中医临床辨证相结合，开创了丹功临床辨证之先河，为导引按跷这一中医重要的非药物治疗手段提供了珍贵的文献资料，对这些文献资料的校释、语译意义深远而重大。中医精华都保存于历代文献中，文献校释工作是一项重要的基础性工作，特别是对具有中医学、传统体育学、哲学等交叉学科属性的文献，需要学者沉得下心思、耐得住寂寞、甘坐冷板凳才能有所突破。张明亮先生团队十年磨一剑，敢为天下先，从《丹亭真人卢祖师玄谈》校释开始，系统性地开展傅山丹功导引传承工作。传承才能创新，传承才能发展。开启中医药宝库的钥匙不在别处，正在此中，这份工作我非常赞赏，非常支持！

书中深刻体现了傅山先生的学术特色——重视先天后天调理，重视脏腑辨证，以及“王道治法”（调和脾胃，为医中之王道）。通过中医的脏腑辨证直指病机，阐论简要，辨证精细，并且选用不同的导引呼吸功法作为临床处方，简单易学，调理气血，防病养生。书中提到“欲知其病，先治其气。今医家以草根树皮，攻人疾苦，不过假此后天之气以调剂之、滋补之而已。且草根树皮，其辛、甘、咸、苦、酸之五味，不过寒、凉、温、热、平之五气，乃天地之偏气也，且能却疾，况人之气通于天地，得气之全也。况草木之性，寒热不同，用有不当，立能杀人。吾今即以其人之道，还治其人之身，所谓此般药物家家有者也”。这既体现了导引功法作为中医重要疗法的优势所在——“此般药物家家有者也”，以自身之能，治己身之病，人人可学，人人可用，方便简单的同时也不会对病人造成经济负担又可避免药物对人体的不良反应，又肯定了导引治疗方式的重要地位，后天药物之气只是天地之气的偏处一隅，若能调动人体自然先天之气，疗病却疾，才是真正的“法于阴阳，和于术数”。

傅山丹功是中医导引法的临床实践和科学研究的宝库，但直至目前对于傅山丹功的研究并不完善，其中的理论和相关概念也未能得到现代的诠释，张明亮先生带领团队开展此项研究，独树一帜！

清代陈祖舜曰：“窃思医道之难也，不难于行其道，特难于明其理。理有未明，欲无误于世也难，欲有济于世也更难。”学医在于明理，明理又在于读书，傅山丹功之学涉及道家、中医等诸多领域，广袤而深邃，中医学子和同道在研读时难免遇到一些困难，此书出版不仅为傅山丹功的传承做出卓越贡献，同时也促进了中医导引术的进一步发展。

“夫医药方书，乃拯病资生之轨也”。数千年历史传承而如丰碑之不朽的文献典籍才是中医医生临床治疗和科学研究的基础，也是中医药文化的根骨所在，它昭示着历代中医名家、名著中不断丰富的学术经验。随时代发展的精粹内涵，文献典籍从另一层面记录了中医药进程中百花齐放、百家争鸣的辉煌进展，其中传承的学术知识是杏林学子传道授业解惑之根本。医者首要精通古道，传承创新，方可济世愈疾。当前的中医药学，越来越受到国际医疗学界的关注和推崇，望诸君勤求医道，把握经典之钥，得览门内风采，博观约取，厚积薄发，则岐黄医道，仓箱可期。

国医大师、中国中医科学院研究员、国家级名老中医 余瀛鳌

辛丑年冬末

踵事增华 踔厉奋发

王世民 序

傅山先生是我国明清时期的一位思想家、哲学家、文学家、书画家、武术家、医学家，在现今诸多行业中，都能看到他给我们留下的巨大贡献，可谓是一位百科全书式的人物。从医学来看，可以用“通全科、精妇科”来形容他，傅山极重医德，对待病人不讲贫富，一视同仁。恫瘝乃身，活人无数。世称“医圣”“医仙”。先生不仅给我们留下了诸多宝贵的医学著作，如《傅青主女科》《傅青主男科》《大小诸方论》《石室秘录》《青囊秘诀》等。在民间有许多关于傅山先生治病救人的故事，如刘绍攽在《傅青主先生传》中记载：“一老人痰涌喉间，气不得出入，其家入棺待殓，先生诊之曰不死，令捣蒜汁灌之，吐痰数升而苏。”刘绍攽说：“凡有沉疴，遇先生，无不瘳。用药不依方书，多意为之。每以一二味取验。有苦劳瘵者，教之运气，不三月而可。”

可见傅山先生在治疗疾病的过程中，不仅使用正统的方药，民间的单方、验方、丹功导引、运气吐纳也在时常使用，但后两者流传不广，更少见其专著。今得知张明亮与李利民、代金刚等后起之秀精研傅山丹功导引多年，还送来他们的《傅山手录〈丹亭真人卢祖师玄谈〉校释》书稿，并嘱我写序云云，甚是高兴。

先睹为快！此书籍为傅山先生的丹功导引、运气吐纳之作，加以校释，贡献给读者，俾能向大众提供健身防病、疗养康复等另一法门。说到丹功吐纳确是中国传统文化的一个重要而神秘莫测的学问，遥想当年读大学时候，开设有气功课，并特邀当时河北省唐山气功疗养院院长刘贵珍授课；20世纪80年代参与微量元素研究时，承蒙太原工学院孟乃昌教授赐赠其手著《周易参同契考辨》一书，得知孟先生从化学、历史、文献及佛道诸家，多方面研究该书有素，成果不凡，久之结为忘年之交，得益良多。遥想当年更早些时候，我也曾一知半解地读过一本《周易参同契》原著。联系到中医著作，晓得了中医药书中丹道家气味也不少，对中医方剂命名影响颇多，如中成药“河车大造丸”“威喜丸”“两仪膏”“坎离丸”等。说到丹功修炼，又有内丹、外丹之分，外丹是指用炉火烧炼而成，内丹则是指吐纳运气而潜心得道之谓，形象的说法就是把自己的身体当作丹炉，自己体内精气当作原料，静心守神的修炼过程，求得防病已病，益寿延年的方法。所以《丹亭真人玄谈集》中有这样的记述：“今医家以草根树皮，攻人疾苦，不过假此后天之气以调剂之、滋补之而已。且草根树皮，其辛、甘、咸、苦、酸之五味，不过寒、凉、温、热、平之五气，乃天地之偏气也，且能却疾，况人之气通于天地，得气之全也。况草木之性，寒热不同，用有不当，立能杀人。吾今即以其人之道，还治其人之身，所谓此般药物家家有者也。”不难看出这是强调内丹修炼之重要也。由此推论，傅山先生认为中草药之“气”与人体内之“气”是一气相通，大概也是傅山先生“谈症不落古人窠臼，制方不失古人准绳”之医林高手的“基因”吧！

余不敏而又废学，对于傅山先生之学术更不敢多言。而今看到这些后起之秀组成团队，潜心研读而得道，校释的《傅山手录〈丹亭真人卢祖师玄谈〉校释》等系列丛书出版发行，此乃踵事增华之善举，谨致祝贺。爰为序！

国医大师、中国中医科学院学部委员
山西中医药大学教授、主任医师、执业中药师

辛丑年冬末

丹功导引 有益人生

范世康　序

2021年，在人类社会的发展史上，这又是一个特殊的年份。从全球范围来看，发端于上年的新冠疫情一直在各国此起彼伏，就连号称科技最发达的美国也无“控疫”良策。然而在具有5000多年文明史的中国，却靠“中西医结合”“中西药并用”的方法，有效地控制了大面积的疫情传播，挽救了千千万万国民的生命。活生生的事实面前，首先是唤醒了东方大国的中国人民，看起来老祖宗传习了几千年运用中医药方法，虽不全是拯救万民的“灵丹妙法”，但也绝不是某些“洋人”所说的“可以废弃的陈旧器物”。因此，就连世界卫生组织，也以赞赏的态度，倡导世界各国学习、借鉴中国控制疫情的有效方法。正是在这样的大背景下，我们国家的党和政府把传承中医药文化、发展中医药事业，作为建设“健康中国”，弘扬中华民族优秀传统文化的重大战略，提上重要议事日程，组织领导各级部门和广大民众，更好地“为民族振兴，为人民幸福，为构建人类命运共同体”而自觉主动地“守正创新”。

也正是在新时代的召唤下，一直以传承傅山文化为主旨的傅山学社，在前些年开展一系列活动的基础上，积极倡导，并以学社原有傅山医药专业委员会相关成员为骨干，于2021年5月，正式注册成立了太原傅山中医传习所，并在中华傅山园挂牌运营。有了这个理论与实践相结合的运行机构，就更便于把有志于传习傅山中医药文化，发展中医药事业的老中青专家学者和中医药工作者凝聚在一起，为民众的生命健康提供有质有效的服务。传习所的负责人之一张明亮先生就率先把他多年刻苦研习“丹功导引”心得体会奉献出来，既带徒、授业、传道，又认真整理文献，以便在更大范围内传播、交流。即将面世的《傅山手录〈丹亭真人卢祖师玄谈〉校释》一书，就是他从傅山先生内功方面入手，精心研究的一项重要成果。

众所周知，傅山先生内、外、妇、儿样样精通，尤善妇科，并被称为中医妇科鼻祖！在医道方面，傅山先生不拘学派、不执方书，但不失医理，另具特色，自成一派，被称一代“医圣”，民间百姓则称他为“仙医”。应该说傅山先生的这些成就，与其深厚的内功及其通过丹功导引体悟生命真谛是分不开的，明亮先生能够结合自己在内丹导引方面的造诣，带领李利民、代金刚等弟子潜心收集、整理傅山先生这方面的手录文稿，实属不易，可谓在这方面起到了填补空白的作用！我对他们有这样的恒心，也深感欣慰！

这一举动对在傅山先生的学术思想以及傅山修身、养性、涵养道德、书法、绘画、诗文警句，乃至武学等方面的深入研究，也提供了一个寻找源头的重要途径。

值得一提的是，明亮先生此次整理的书稿可以说是对傅山丹功导引文献首次系统、全面的挖掘、整理。此书稿有多处珍本、孤本内容被收录在册！可谓对后辈传承功不可没！

本书为原稿配了译文、注释、校勘，这有利于文脉的传承；团队在整理书稿的同时，还探寻到傅山先生与丹亭真人、虚白真人、还阳真人等先辈之间的师承关系，这些都为后辈一边修习、一边钩沉，做出了榜样！

傅山先生是17世纪的“文化昆仑”，是中华优秀传统文化的杰出代表。期望这套著述正式出版发行后，能为中医传承、医体融合、医养结合，发挥应有的作用！

谨以上述寄语作为学社全体同仁对本书出版的祝贺！

傅山学社社长
太原市原市委常委、宣传部长、副市长 范世康

于2022年1月

我与傅山先生的“邂逅”
自　序

傅山先生，作为我们太原的名人、名医，迄今虽然离我们已经有400多年了，但其许多神奇的传说与事迹依然在当地广泛流传，后来甚至被写入了武侠小说，成为一名武功卓绝、医术精湛的侠客。

作为地道的“太原人”，或者是对太原熟悉的人们，应该对于“清和元饭店”的名小吃“头脑”，这道“本土”“应季”（仅限冬季，只供早餐，更讲究者，则是从当年的“白露节”到第二年的“立春节”为止，是供应和进补的时间）的“老字号”并不陌生（至于有关这道滋补名小吃“头脑”的具体配方、滋补功用以及相关的传说，另请参见拙著《唤醒你的身体——中医形体导引术》一书，此处从略）。记得儿时，父亲偶尔也会在寒冷的冬天，趁着天刚蒙蒙亮，就骑自行车载我一起去进城吃“头脑”，并不时给我讲述这道名吃的发明者“傅山爷”的故事，这也是我第一次听到“傅山先生”的名号。

稍长，自我开始从师学医、练功之后，对于傅山先生在医学方面的成就，就更加敬仰。先生著有《傅青主女科》《傅青主男科》《青囊秘诀》《大小诸证方论》等医学著作，精通内科、外科、妇科、儿科，尤其在妇科方面，“傅山妇科”可谓是威名远播、独步医林。先生治病不拘学派，用药不依方书，医理、医术独具特色而自成一派，对于很多疑难杂症每多奇效，被称为“一代医圣”。

其实，傅山先生在太原乃至山西，以至于更广阔的地区，民间甚至把他当作“神仙”供奉，称之为“傅山爷”或“仙医”，也因此常有很多民间信仰的人士到处去向这位神仙“求药”的事情发生。记得很小的时候，母亲为了向“傅山爷”给我“求药”，也曾带我去很远的地方去祭拜傅山先生。一直到再后来，当我碰到一位“老奶奶”给我展示了她“空中取药”的功夫，并明确地告诉我说，这是她多年供奉“傅山爷”的结果所致。这件事情一直到今天，依然让我惊诧不已、记忆如新，同时对傅山先生的敬仰之情愈发浓烈，并从此开始搜集、学习、整理有关傅山先生的资料与学术思想。

我自幼从师学医练功，尤其是从1987年起，开始系统地学习、研修山西省中医研究所原名老中医、丹医大师周潜川先生所传的峨眉丹医导引养生学体系，并有幸先后得到徐一贯、杨凯、李国章、周巢父等数位老师的传授。其中，曾秘密传承一套“太阳宗火龙功”，是用练内功和外用丹药相结合打通全身经脉以及治疗偏瘫、痿证等的方法。所谓“太阳宗”，是明末清初的一个丹道小宗派，据说与明朝崇祯皇帝的长公主以及明朝遗老顾亭林、傅青主等人有着密切关系，其中含有许多“反清复明”的内容。因为对傅山先生的崇敬，我对这套“太阳宗火龙功”也特别关注，其具体的内功修炼之法以及外丹配方炼制的方法，容它篇详述，此处从略。

2019年年初，学生李利民医师来征求我的意见，说他计划到太原中华傅山园医药院工作。我当时即表示赞同与支持，并鼓励他要认真学习与继承傅山先生的学术体系，我也愿意将多年来搜集、整理的相关内容毫无保留地贡献出来。因为我知道，这也许是多年之后我与傅山先生的再一次“邂逅”！

果不其然，在这两年的整理研究工作中，尤其是在傅山丹功导引学方面获得了很多突破性的进展，第一次“集齐”了傅山先生承传的丹亭真人丹功导引体系，第一次对丹亭真人丹功导引相关著作进行系统的校释，第一次公开了署名傅山手录、手抄的许多珍贵资料与彩色图片……

在本书的整理、编写过程中，太原中华傅山园医药院院长李利民医师、中国中医科学院研究员代金刚博士以及山西大学体育学院博士生导师李金龙教授等做了大量的工作，张世炜、苑中娟、谢继鼎、罗克宇、冯尚华、田思玮、刘京昆等也为本书的校对、编辑付出了辛勤的劳动，田文彬为本书中的大量图片进行了修饰，张国凡、赵淑俏、秦世文、王友枝、冯建兰等等也为本书的顺利出版提供了有力的帮助。此外，还要特别感谢台湾友人林老师的鼎力支持！更要感谢中医临床文献学术权威余瀛鳌教授、国医大师王世民教授、傅山学社范世康社长、山西名老中医贾六金教授，四位老先生为本书慷慨赐序及惠赐墨宝，为本书增光添彩！在此对所有帮助过我们的人表示衷心的感谢！并以本书献给即将到来的傅山先生诞辰415周年纪念！愿先生之学永永流传！

丹医子 張明亮

2022年1月10日

傅山丹功导引概述

引言

一、傅山丹功导引释名

傅山丹功导引，系丹医张明亮先生与门人李利民、代金刚、李金龙等，依据明末清初一代医圣太原傅山傅青主有关丹功导引的手录真迹与相关资料，在秉承师传、多年挖掘、整理与研习的基础上，逐渐凝练而成的丹功导引体系，属于傅山丹道医药养生学的主要内容之一。

傅山丹功导引，主要包含虚白真人陈冲素、丹亭真人卢祖师、还阳真人郭静中等数位仙师的法脉，并由傅山先生以抄录、点校、纂述、实践多种形式辗转传承下来的丹道医药养生学体系。

傅山丹功导引，简明精约，深入浅出，复多独门秘法。彻始彻终，借修息法一以贯之，诚长生门中之不二法门也。傅山丹功导引不重理论，不涉虚玄，自初阶祛病而入，进而养生延年，直至成真、了道，而达上乘大道。

傅山丹功导引体系中，有用丹功导引祛病的具体方法，涉及中风、虚劳、消渴、脾胃、不孕不育、疮疡等三十九种疾病；也有针对修真的具体方法，从数息、调息、闭息、住息、踵息、胎息，乃至无胎息等，次第严格、层层递进；更有针对修习过程中具体问题的答疑解惑、名词解释、注意事项等内容，诸如“火候”“药物”“铅汞”“丹房节目诫谴”等。

傅山丹功导引，除部分内容为师门所传之外，其余资料分别来自台湾某图书馆、南京图书馆等图书收藏专门机构所藏之孤本、珍本。为了更好地全面研究、继承、发展傅山先生在医学方面的伟大成就，使这些蒙尘已久的宝贵资料重新焕发出亮丽的光彩，这次我们不仅对原始文献进行了多次校对，而且还做了系统、次第的归纳与整理，并进行了注释、译文、钩沉、启密等工作。既有利于导引养生爱好者及各类慢性病患者依文修习、按图索骥，又方便医生、导引师以及道、佛、儒等专业的修学者做参考研究，也是对傅山医学成果进一步的保护、研究与传承。关于傅山丹功导引体系的具体文献、师承、次第、内容等详见后述。

1．“一代医圣”傅青主

傅山，字青主，明末清初山西阳曲人（今太原市向阳镇西村）。博通经史子集，且工诗文书画，尤精医学、医术。通于禅释，深于丹道，而邃于大易。傅山先生是一位百科全书式的人物，是17世纪的一座“文化昆仑”！是当时思想界的一支异军，首开“经子平等，诸子平等”的学术思想先河，成为清初六大师之首，与其同为“六大师”的顾炎武先生对其评价为“萧然物外，自得天机，吾不如青主也”！傅山先生对于先秦诸子、丹功导引、武术、医学、诗词、歌赋、戏曲、书画等多个方面均有着极高的造诣！

在丹功导引方面，傅山先生秉承还阳真人、丹亭真人、虚白真人等得道先师之法脉，学习并融合历代丹功修行经典，从吐纳导引方面深入而得其真谛，对于五禽戏、八段锦、六字诀、按跷术等亦有独特的研究与运用。这为其在武术、医学等方面的成就奠定了坚实的基础。有相关记载称傅山先生“日以医道活人，神奇变化，泄《素问》之秘”，又有“有苦劳瘵者，教之运气，不三月而可”。

在武术方面，傅山先生有自己独特的拳法，原名叫“朝阳拳”，据传是傅山先生隐居太原晋祠朝阳洞读书时所编创的。傅山先生精览佛道养生健体之书，又嗜学岐黄医典，以道家之吐纳导引，医学之气脉循行，结合易筋经、八段锦、紫微八卦舞等动作编成傅氏朝阳拳。“阳以三立，阴以八通”“怀元抱真，服练九鼎”的论述，足以说明傅山先生在武学上，博学易理，深精养生，武功臻绝。

在医学方面，傅山先生治病不拘学派、用药不执方书，医理医术独具特色，临床每多奇效，被人称为“医圣”“医仙”等。先生精通内科、妇科、儿科、外科，而尤以妇科为最，其医学著作有《傅青主女科》《傅青主男科》《青囊秘诀》《大小诸证方论》，以及与之有着密切关系的诸多医学名著，如《辨证录》《石室秘录》等，一直在民间广泛流传，并享有极高的声誉。

综观傅山先生的医学思想与著作，可知先生是名重医林的妇科大医，是药饵服食兼通的食医，是医与道合的全真道医，是内外丹法俱精的丹医，是武术导引结合的武医，是医易融合的易医，是博学至精、明德至善的儒医……故为后人称为“一代医圣”！

2. 千古秘传话“丹功”

1）丹，是什么？

对于到底什么是丹？历来说法不一，现在我们先来看看“丹”这个汉字的写法和它的含义，也许对于理解什么是丹会有很大的帮助。

从“丹”这个汉字的古代写法中，可以这样来理解，“丹”整个字就像是一个专门用于炼丹的“炼丹炉”，其中“一横”的下面是炉子，是点火的地方；“一横”的上面是密封的鼎，是装药、炼药与产药的地方；而“鼎”内那一“点”或者一“竖”，则代表熔炼而成的“丹药”，由此可见，丹字本身或许就与古代炼丹术有着千丝万缕的联系。

丹，指红色。如：儒家十三经之一的《仪礼·乡射礼》中说“凡画者丹质”，郑玄注曰：“丹浅于赤。”又如红色的朱砂也被称为丹砂、丹朱，赤诚之心被称为丹心，身白顶红的鹤被称为丹顶鹤，其他如丹参、丹书等等。

丹，指朱砂。如《书·禹贡》“砺砥砮丹”，孔颖达疏：“丹者，丹砂。”又南朝梁萧统《文选·左思〈吴都赋〉》“赩丹明玑”，李善注曰：“丹，丹砂也。”这是因为朱砂是早期道家“炼丹术”中的重要原材料和内容，所以朱砂常被直接叫作丹，而道家这种独有的烧炼技术则被称为炼丹或炼丹术。

丹，是指道家或医家经过精炼或变化之后的药物，如红升丹、白降丹、胤丹等，古人称之为外丹。

丹，是指气功高级阶段中“气”的一种特殊存在形式，与外丹相较而称之为内丹，与之相应的还有丹田、丹元、丹功等多种称谓。如《康熙字典》在对“丹”的注解中说“道家以烹鼎金石为外丹，吐故纳新为内丹”，就把丹直接分成了内丹、外丹。

丹，是中医丸、散、膏、丹、汤等常用药物剂型中的一种，称之为“丹药”，如著名的小儿七珍丹、妇科定坤丹、急救用的至宝丹、紫雪丹，以及峨眉派的十制草还丹、武当派的八步回生丹、青城派的固魂丹、华山派的松针不老丹等等。还有由此而衍生出对一些极其珍贵的药物也称之为丹，如灵丹妙药、仙丹、金丹等等。

可见，丹有丹心、丹医、丹药、丹衣、丹青、丹书等多种含义与用法。

2）外丹与炼丹术

外丹，是与内丹相对而言的。最初是指以丹砂、铅、汞等天然矿石为原料，用炉、鼎等特殊工具与技术进行烧炼，用于制取“长生不死”“返老还童”的药物。因为这种方法使用最基本的原料是丹砂，故人们把所炼出的药物称为丹或丹药，而把这种冶炼技术称为炼丹术。传说长期服食丹药可以使人成仙不死，所以丹药也被称为“仙丹”。又因用炼丹的方法可以炼制黄色的药金、药银，所以丹药也被称为“金丹”，而这种冶炼的技术也被称之为炼金术、黄白术等等。

关于炼丹术，在中国可谓历史悠久、源远流长、代不乏人。早在春秋战国时期，就出现了一系列因服食神奇之物而得以长寿的传奇故事与人物，如：殷大夫彭祖，因常服灵芝、仙桂而寿至800多岁；楚狂接舆陆通，常服橐卢木实、芜菁子等而活了好几百年；琅琊人安期生因常吃一种巨大如瓜的枣，不但寿达千岁以上，而且还能进入仙境与神仙交往……这种服药不死、摄养长生的神仙思想，后来经过方士的鼓吹、学者的论述以及帝王的崇信而得以广泛流传。从战国时期的齐威王、齐宣王、燕昭王，到后来的秦始皇，都曾多次派人去海上、仙山寻访不死仙丹。人们在“外求”不得的前提下，进而转向“内求”的炼丹术。

根据相关文献记载，最晚在公元前2世纪的西汉武帝时，已经有了关于炼丹术比较系统的论述，这一点在司马迁的《史记》中有方士“事化丹砂诸药齐为黄金”的明确记载。

东汉时期，著名炼丹家魏伯阳编著的《周易参同契》，是中国也是世界上现存最早的一部炼丹术专著，被后人尊奉为“万古丹经王”，其后的左慈、葛玄也是非常著名的炼丹家。

东晋时期，著名的炼丹家、道教学家、医药学家葛洪，集汉魏以来炼丹术之大成，所著《抱朴子·内篇》一书，不仅较完整地论述了炼丹术的理论，同时还记载了许多炼丹术的具体方法与应用，把炼丹术推向了一个新的高度。更值得一提的是，他在医药学、养生学方面也有着精深的造诣，并明确提出了学道之人必须同时学医。如果学道之人不通医术，一旦疾病来临便束手无策，这样不仅不能长生成仙，反而可能会将性命丢掉。他的这种观点，对于加强医药学、炼丹术以及道学之间的相互促进与融合起到了非常积极的作用。

南北朝梁时的陶弘景，也是历史上一位著名的炼丹家、道学家、医学家、养生家。当时国家每遇吉凶征讨等大事，皆前往山中咨询，故被时人称为“山中宰相”，著有《本草经集注》《集金丹黄白方》《二牛图》《陶隐居集》等，并在继承《上清》《黄庭》经法的基础上开创了茅山宗，并成为上清派的中心，于外丹、内丹的交流促进与融合做出了重要的贡献。

唐代，炼丹术进入了最为鼎盛的时期，这个时期出现了许多著名的炼丹家与丹经、丹诀，产生了巨大的社会影响。其中，最著名的一个是被人们称为“药王”的孙思邈，一个是被称为“八仙”之一的张果老，他们关于炼丹术的论著，到今天我们仍然可以看到。

宋元时期，由于人们对丹药毒性认识的提高和内丹术的崛起，外丹术日渐式微。明朝时期更由于“红丸案”等的原因，使得外丹术声名狼藉而更加衰落。一直到今天，这种炼丹术的“外丹术”，还被很多人们误解为封建迷信或荒唐可笑的事情而一概否定，甚为可惜。

炼丹术用以炼制和服食丹药以求长生不老，虽然仅仅是人们的一种幻想与愿望，但就是在这个漫长的“实践”过程中，孕育了原始的“科学”，为科技的发展做出了诸多的贡献。比如：在化学方面，关于汞的制取，关于炼制铅霜、铅粉、铅丹，关于精制硫黄以及火药的发明等都出于古代炼丹术。在医药学方面，随着炼丹术内容及范围的进一步扩大，有效地提升了中医药的炮制技术，炮制范围也由原来的矿物类药物，逐渐扩展到植物类、动物类等各类药物，从而大大提高了中医药的治疗范围和疗效。如成书于隋末唐初的《雷公炮炙论》，是我国第一部药物炮制学专著，书中大量采用了炼丹术的内容与方法，主要体现在将外丹操作诸如水飞、研磨、六一泥固济法、伏火法、关法、煿法等，外丹器皿诸如瓷瓶子、瓷合子、瓷锅子、铛、筛罗、乳钵以及外丹禁忌等移入到草木类、动物类等药物的炮制与操作。

关于医药学方面的“丹药”，其主要功能也由原来的长生不死、修炼成仙，逐渐转变为治病救人、养生保健，并成为中医药中一种常见的独特药物剂型。我们知道，中医药有很多种药物剂型，其中最常用的剂型有丸、散、膏、丹、汤等，为了帮助大家更好地了解丹与丹药的本意，现将中医最常用的几种中药剂型简介如下：

①丸药，是把药物进行粉碎之后，再用蜂蜜或水、米糊、面糊、酒、醋、药汁等黏合成的圆形固体剂型，现在常用的丸剂有蜜丸、水丸、糊丸、浓缩丸等，丸药具有吸收缓慢、药力持久以及体积小，服用、携带、贮存方便等特点。

②散药，是把药物直接研磨成均匀混合的干燥粉末再后进行应用，散剂具有节约药材、不易变质、制作简单、携带方便等特点。

③膏药，是通过长时间煎煮、熬制、浓缩、凝练成黏稠状之后进行应用，其中又分为油膏、流膏两类，油膏为外用，流膏为内服。

④汤药，古称汤液，是将药物通过煎煮、冲泡等方式，使其有效成分充分溶解到汤液中，再去渣取汁所制成的液体剂型。汤药具有能全面照顾到不同病人或各种病症的特殊性、便于灵活加减、内服吸收快、疗效迅速的特点，适用于初诊者，或者病症较重、病情不稳定的患者，是目前在中国使用最普遍的一种剂型。

⑤关于丹药，无论是在中医经典还是现在的中成药目录中都极为常见，甚至有很多关于丹医、丹药的专门著作。在很多人印象中，以为丹药和丸药也许只是名称的不同罢了，其实他们有着本质的区别。丸药，只是将原药材粉碎，然后用蜂蜜、水等赋形剂黏合而成。而真正意义上的丹药，是原药材要通过“火”（文火、武火、桑材火以及太阳、月亮等）的特殊炼制，使药物本来的药性、气味，甚至成分发生变化（化学反应）之后所得的产物，这个“变化”是丹药与丸药本质的区别。所以丹药的炼制方法非常严格，稍有不慎，有可能前功尽弃或适得其反。可见，丹药，其实是中医特殊的一种“化学”剂型。

如果仅仅是对自然界植物、动物、矿物等“药用”价值的发现、认识与应用，这还不能足以展示中华民族医药学伟大的智慧与精髓。在发现与简单经验的基础上，从发现、采取，到栽培、炮制、存储、配伍、宜忌、应用，逐步发展成一个独特的学术与技术体系，也许这才是中医药对人类健康事业的伟大贡献。

丹药，是中医中药及炼丹术发展到一定高度时的结晶与精髓，是中药炮制学发展的巅峰，是“化腐朽为神奇”“化毒为药”的一门高超技术，更是现代中医药研究者亟待继承、保存与发展的一个“密部法门”。虽然在历史上曾有很多诸如“红丸案”等使丹药蒙污以及让大众误解的事情，但其精髓一直在少数丹道医家之间秘密传承着，我们一定要辩证地、科学地分别对待，去粗取精、去伪存真，以使丹药这门古老而精粹的医药技术发挥出更大的作用！

至于丹药的具体配方以及炼制方法、临床运用等，历来为各家所秘传，仅就我所师承的丹药法门，即有“玄门四大丹”“玄门九九八十一小丹”等的传授，而在傅山医学体系之中，对于丹药的相关内容，更是屡见不鲜，我们也拟在不久的将来对这一部分内容进行专门的挖掘与整理。

3）内丹与内丹功

内丹，也称为内丹功、丹功，它是与外丹相对而言，是指以人身作为炉鼎，以精、气、神作为药物，经过系统的炼养方法和步骤，使人的精、气、神在体内进一步凝聚成“丹”而不散，是一种自我身心的修炼方法，也是自我调节与控制“气”的高级阶段与境界，所以内丹也称为丹功、丹法。内丹是随着导引、行气、存思、守一等古代“气功”逐步发展的，随着“炼丹术”（外丹）这种古代“科学技术”的不断提高与发展，二者遂相互影响、相互借鉴、相互融合而逐渐形成的。

内丹学源于古代的导引、行气、存思、守一等修炼方法，《老子》《庄子》及《周易参同契》为内丹学奠定了理论基础，其具体方法与技术，尤其是很多的专业术语、隐语等，均大量借用外丹术，如炉、鼎、火候、药、风、丹、还丹、金丹等。

从唐、宋开始，内丹学日趋成熟并兴旺发达，发展至今，可谓宗派林立、丹经浩瀚、名师辈出。据元代内丹大家陈致虚《金丹大要》卷四载曰，内丹学的修炼“是皆不外神气精三物，是以三物相感，顺则成人，逆则生丹。何为顺？一生二，二生三，三生万物，故虚化神，神化气，气化精，精化形，形乃成人。何谓逆？万物含三，三归二，二归一，知此道者，怡神守形，养形炼精，积精化气，炼气合神，炼神还虚，金丹乃成”。

内丹的具体修炼方法虽然各不相同，但其修炼步骤与阶次，一般可分为炼津成精、炼精化气、炼气化神、炼神还虚、炼虚合道五个阶段。从现代的角度来看，内丹修炼对今天的人们而言，依然有着重要的实际意义与实用价值，主要表现在以下几个方面：

①改变我们的人生观、世界观和价值观，培养积极乐观、自然超脱、逍遥恬淡的心态。

②提高自我身心的控制力，稳定情绪，释放压力，保持平静而充满活力的状态。

③养生祛病、益寿延年，提高身体素质，提高生命及生存质量。

④激发人体潜能，开发生命智慧。

本书的主要内容以及整个傅山丹道医药养生学体系，其导引治病的主要内容与方法就是“内丹功”，所以我们称之为“傅山丹功导引”。

3. 导引——中医五大疗法之首

导引，古代又称为“道引”，概有循法、循道而引之意。“导”有疏通、宣导、引导之意；“引”有伸展、引而使之、引领、带领之意。可见，导引其实就是通过自身形体屈、伸、松、紧等各种运动，起到影响、调节、控制体内气血运行的作用，从而达到祛病、养生、保健、延年的目的。类似现代所说的运动疗法、自愈疗法、能量疗法等等。需要说明的是，早在2000多年前的《黄帝内经》中即已把导引作为了中医五大疗法之一，与针、灸、砭、药相提并论。如《素问·异法方宜论》篇说：“中央者，其地平以湿，天地所以生万物也众，其民食杂而不劳，故其病多痿厥寒热，其治宜导引按跷。”

导引是一种传统医学（自然的身心医学）与古老体育（朴素的身体教育）的结晶，其历史可以追溯到数千年前，古代各种经典中多有记载。

《庄子·刻意》篇说：“吹呴呼吸，吐故纳新，熊经鸟伸，为寿而已矣；此道引之士，养形之人，彭祖寿考者之所好也”。

《吕氏春秋·古乐》篇说：“昔陶唐氏之始，阴多滞伏而湛积，水道壅塞，不行其源，民气郁阏而滞着，筋骨瑟缩不达，故作为舞以宣导之。”

《黄帝内经太素》说：“（导引）谓熊经鸟伸、五禽戏等，近愈痿躄，还取长生久视也。”

1973年，在中国湖南长沙马王堆三号汉墓出土的帛画《导引图》，其制成时间距今已经有2000多年的历史。该图中有44个人物在进行导引，其中有老有小、有男有女、有的穿衣、有的裸背、有的赤手、有的操械，形态逼真，神态各异，为研究导引术提供了珍贵的实物资料。

一直以来，导引之法受到历代医学家、养生家、宗教家以及学者、民众的喜爱，流传极为广泛，并形成了形式各异、内容丰富多彩的各种导引术，如八段锦、六字诀、易筋经、五禽戏、二十四节气导引法等。

在傅山丹功导引术中，导引术也作为重要的治病、养生方法，其中明确有六字诀、八段锦等导引术的运用，更有一些独特的导引方法与运用，而自成体系，故曰“傅山丹功导引”。

二、傅山丹功导引的重要文献

傅山先生对丹功导引方面的相关论述大多散见于他的许多著作之中，而对于丹功导引较为详尽及成体系的论著主要有以下 7 部。其中，傅山手录秘本《丹亭真人卢祖师玄谈》，傅山录《丹亭真人卢祖师养真秘笈》，傅山纂《丹亭问答》，傅山纂《丹亭悟真篇》，均系署名为太原傅山青主手录或纂的清初手抄孤本，收藏于台湾的某图书馆，1975 年首次由著名学者萧天石将该书影印出版。后来的相关研究者基本上均是以萧天石先生的影印本作为研究的底本，我们这次的整理与研究也参考了萧氏的有关著作，更有幸的是，在台湾友人的帮助下，我们首次得到了台湾某图书馆手抄本的复印件，这算是第一次真正地看到了该手抄本的“原貌”，对我们的研究、整理工作，具有重要的意义！

1. 傅山手录秘本《丹亭真人卢祖师玄谈》

署名为太原傅山青主手录秘本的《丹亭真人卢祖师玄谈》，系清初手抄孤本，收录于由萧天石主编的《道藏精华 · 丹亭真人传道密集》一书，并被命名为《丹亭真人玄谈集》。

藏于台湾某图书馆的清初抄本《丹亭真人卢祖师玄谈》共 2 卷 2 册，线装，全幅 28.2 厘米 ×17.5 厘米，署名为太原傅山青主手录秘本。该抄本书前有著名鉴赏家、收藏家、书画家、诗人宣哲（1866—1943，字古愚，江苏高邮人）署名手书的“题记”（详见我们此次整理出版的《傅山手录〈丹亭真人玄谈集〉校释》一书）。该钞本全书 20000 余字，共分为 40 节，其中第 1 节为“总论”，其余 39 节分别对临床常见的 39 种病症进行论述，1 节 1 病 1 主题。每节对所述病症的病因、病机以及对治的丹功导引疗法均有精要的论述，可谓是丹功导引运用于临床的杰出代表。纵观全书可知：玄谈者，并非玄虚之论，而是妙言之谓也！

2. 傅山录《丹亭真人卢祖师养真秘笈》

署名为太原傅山青主录的《丹亭真人卢祖师养真秘笈》，系清初手抄孤本，收录于由萧天石主编的《道藏精华・上乘修道秘书四种》一书，并简称为《丹亭真人养真秘笈》。

藏于台湾某图书馆的清初抄本《丹亭真人卢祖师养真秘笈》共 1 卷，署名为太原傅山青主录。书前有署名许明成手书“卢丹亭真人养真秘笈”书法一幅及署名古代工笔画家张远张子游所绘的《丹亭真人传道图》一幅。此外，还有一篇署名礼亭手书的“题记”（详见我们此次整理出版的《傅山录〈丹亭真人养真秘笈〉校释》一书）。该钞本全书 15000 字左右，按照修炼的次第依次分为 7 节，即数息第一、调息第二、闭息第三、住息第四、踵息第五、胎息第六、无胎息第七。该书所传内容是一套以息法为核心的内丹功法，功法次第严格、层层递进，语言简洁明了，易于实践操作，一改传统丹功隐晦难懂之风。丹医子言：养真者，养气、修真之谓也，故曰《养真秘笈》。

3. 傅山纂《丹亭问答》

署名为太原傅山青主纂的《丹亭问答》，系清初手抄孤本，收录于由萧天石主编的《道藏精华・丹亭真人传道密集》一书，并命名为《傅青主丹亭真人问答集》。

藏于台湾某图书馆的清初抄本《丹亭问答》共 1 卷，署名为太原傅山青主纂。书前有署名八朝重民（一说为八朝玄民）手书的“题记”一篇，以及署名天笃老人石舟题的手书“傅青主丹亭问答序”一篇（详见我们此次整理出版的《傅山纂〈丹亭问答〉校释》一书）。该钞本全书 20000 余字，主要内容是对丹功中诸如诸真药物口诀（附诸真碎玉药物诀）、诸真火候口诀

（附诸真火候诀、其机在目之诀）、诸真鼎器口诀等的收集、归类，并用简洁之按语进行了画龙点睛般的解释、分析与对比。全书内容涉及历代丹道名家100余人、引用经典也超100部之多。丹医子说：该书看似大多抄录自众多经典与文献，细细玩味，实则概系作者不仅对诸多经典烂熟于胸，且能分门别类、纲举目张，实为后学之捷径也！

4. 傅山纂《丹亭悟真篇》

署名为太原傅山青主录的《丹亭悟真篇》之清初手抄孤本，收录于由萧天石主编的《道藏精华·丹亭真人传道密集》一书。

经过对台湾某图书馆原件复印件与萧天石先生影印本的对比发现，萧氏影印本中《丹亭悟真篇》书前署名礼亭先生的“题记”及署名张远所绘的“丹亭真人传道图”均为《丹亭真人卢祖师玄谈》抄本前的内容（详见前述），而在台湾某图书馆的抄本原件《丹亭悟真篇》书前并无此内容，特此说明。

收藏于台湾某图书馆的清初抄本《丹亭悟真篇》共1卷2册，线装，全幅28.1厘米×17.5厘米，署名为太原傅山青主录。该抄本全书18000字左右，主要内容是对丹功中诸如诸真作用口诀（附诸明心诀）、丹房节目诫遣等的收集、归类，并用简洁之按语进行了画龙点睛般的解释、分析与对比。全书内容涉及历代丹道名家100余人、引用经典也超100部之多，该书也是《丹亭问答》所述内容的后续与姊妹篇。

5. 傅山纂《丹亭问答·胎息论》

一直以来，对于傅山所传“丹亭真人丹功”的研究，基本上都是以前述《丹亭真人卢祖师玄谈》《丹亭真人卢祖师养真秘笈》《丹亭问答》《丹亭悟真篇》4书为基础，并均以萧天石先生的影印本为底本。

经研究发现：《丹亭真人卢祖师玄谈》所述内容属于傅山丹功导引体系之“祛病部”，《丹亭真人卢祖师养真秘笈》所述内容属于傅山丹功导引体系之“成真部”，《丹亭问答》所述内容属于傅山丹功导引体系“了道部之四、五、六”，《丹亭悟真篇》所述内容属于傅山丹功导引体系“了道部之七、八”，而缺失了傅山丹功导引体系“了道部之一、二、三”。

偶然的机缘，丹医子张明亮在南京图书馆查询到了另一部署名太原傅山青主纂的清初抄本《丹亭问答·胎息论》，后在河海大学李华教授、南京市委办公厅杨伯强、江苏省社会体育管理中心李伟等数位老师以及南京图书馆有关同志的帮助下而得窥全貌！经对该抄本的初步研究，其概况如下：

台湾某图书馆所藏抄本《丹亭问答》与南京图书馆所藏抄本《丹亭问答》同名，这也许是让很多未曾见过这两部“原本”“原件”的研究者认为可能是同一本书的不同抄本，因而未予实际研究与比对的原因，导致南京图书馆所藏《丹亭问答》一书中的内容至今尚无人研究，更是从未公开过。也因此使得之前的研究受到了很大的限制。可以说南京图书馆所藏《丹亭问答》抄本对于傅山丹功导引而言属于“重大发现”和“首度公开”。

南京图书馆所藏抄本《丹亭问答》在书名“丹亭问答”之下有小字“胎息论”“上卷”“下卷”的字样，为了有别于台湾某图书馆所藏《丹亭问答》，以下将南京图书馆所藏抄本称为《丹亭问答·胎息论》。

藏于南京图书馆的清初抄本《丹亭问答·胎息论》共2卷2册，线装，孤本，署名为太原傅山青主纂。从抄本形式、字体、内容来看，与前述台湾某图书馆所藏4书抄本为同一时期、同一人所书。

《丹亭问答·胎息论》书前有一首署名天台张成显（或张成顾）手书的“傅青主丹亭问答诗序”，抄本全书25000字左右，内容主要有总论、诸真胎息口诀、诸真药物了道口诀等，并用简洁之按语进行了画龙点睛般的解释、分析与对比，全书内容涉及历代丹道名家100余人，引用经典也超100部之多。

经研究比对发现，《丹亭问答·胎息论》所述内容正是傅山丹功导引体系之“了道部一、二、三”的内容，这样与台湾某图书馆所藏《丹亭问答》《丹亭悟真篇》两书一起构成了傅山丹功导引体系“了道部一至八”的完整内容，包括总论、诸真胎息口诀、诸真药物了道口诀、诸真药物口诀、诸真火候口诀、诸真鼎器口诀、诸真作用口诀、丹房节目诫谴等。

关于《丹亭问答·胎息论》所述的内容，我们已经完成了录入、点校、注释、白话等的整理工作，相信不久即可与读者见面。

6. 傅山抄录陈真人《玄机口诀》

有关傅山丹功导引方面的文献著作，尚有另外一部作品在坊间流传，那就是署名为元代陈虚白真人著、明代傅青主先生抄录的《玄机口诀》。《玄机口诀》一书，笔者目前收集到在坊间流传的版本有三个：

1）黄氏观蝶楼藏本

《玄机口诀》黄氏观蝶楼藏本，为清末至民国年间无锡人黄元炳所藏，刊行于 1936 年，是目前看到的最早的、最完整的《玄机口诀》刊行本。黄元炳（1879—？，字星若），博学多闻，尤精于《易》，著有《学易随笔》《易学探原经传解》《易学入门》《阴符经真诠》等。

《玄机口诀》黄氏观蝶楼藏本除正文外，有近代著名教育家、哲学家、佛学家、养生家蒋维乔先生（1873—1958，字竹庄，号因是子）亲笔题写钤印的“玄机口诀”一幅，以及观蝶老人黄元炳所作的“玄机口诀序”“要言”“案”文三则，对于《玄机口诀》一书以及抄录者傅山先生、写跋者顾亭林先生等均做了简要的介绍、考证与论述。此外，在《玄机口诀》正文中黄元炳也做了按语数则，这些内容对于后学者研修《玄机口诀》有着极大的裨益。

2）萧天石《玄宗正旨》选刊本

1957 年，著名学者萧天石在其主编的《道藏精华·玄宗正旨》一书的首篇全文刊载了《玄机口诀》。萧氏所刊载的《玄机口诀》均源自黄氏观蝶楼藏本，也未做任何文字的增减与改动，几乎完整地保存了黄氏观蝶楼藏本的全部内容，同时对《玄机口诀》一书在民间的普及、推广起到了重要的作用。萧氏在“玄宗正旨选刊例言”中对《玄机口诀》一书极为推崇，并在《玄机口诀》之后附录了署名为抱一子录“导引术（却病长生秘诀）”，似可作为研修《玄机口诀》之助行。

3）张义尚《丹道薪传》

在张义尚编著的《丹道薪传》一书（社会科学文献出版社，2016 年）中也选录了《玄机口诀》一文，但该书仅摘录了《玄机口诀》的部分内容而非全文刊载。作者在文后写了一段按语，对《玄机口诀》一文做了简要的介绍与评价。据作者所言，该评价及摘录写于 1967 年。兹将张先生按语附录如下，以资参考。

……此上两段，乃明代遗老傅青主先生手抄，并经清儒顾亭林先生朱书批阅的口诀。内中提到还丹、结胎、脱胎、阴神、阳神等，皆是丹书夸大附会的惯例，不足为怪，我们最好不去追究它。除开这些夸大的附会语句而外，再说功夫方面，却是切切实实，明明白白的，不像其他丹书隐隐藏藏，欲说不说，或者都说半留半等，令人不快。所以我认为是古籍中记述气功不可多得的有价值的参考品。

《玄机口诀》一书，全书分为“仙传玄机口诀”总论、修真秘旨（摘陈真人丹诀）、鼎炉、药物、火候、立基、药物火候资次、正念、气穴说、卧功说法、调息法等。所述内容丰富，又皆为历代丹功之要，而正文却仅仅不足7000字，故黄元炳在“玄机口诀序”中赞之曰：“往尝见元代陈虚白先生《规中指南》，爱其语，然尤未逮此书之更精捷也！”

纵观《玄机口诀》一书所述内容，正可与前述丹亭真人四种丹书之所述内容遥相呼应、互为印证。反过来，在《丹亭问答》《丹亭悟真篇》两书之中也有多处引用《玄机口诀》作者陈虚白真人之论述，这恰好从某个方面说明了傅山先生的丹功导引体系不仅有丹亭真人的传承，也继承了陈虚白真人的丹功体系。也因此，我们在这次整理傅山丹功导引体系时，便将陈虚白真人的《玄机口诀》以及其另一部代表作《规中指南》一并列入。

7. 陈真人《规中指南》

《规中指南》，全称为《陈虚白规中指南》，系宋元年间的虚白真人陈冲素所撰。全书分2卷，共12章。上卷9章分别为：止念第一、采药第二、识鼎炉第三、入药起火第四、坎离交姤第五、乾坤交姤第六、攒簇火候第七、阳神脱胎第八、忘神合虚第九以及张真人解佩令。下卷3章为：玄牝、药物、火候。

《规中指南》一书，不仅对内丹修炼的次第与过程做了明确的记录，还用了以图配文的方式对内丹三要的玄牝、药物、火候做了重点的阐释。全书要言而不繁，直指内丹奥秘，故为后世学者重视和推崇。有后人对其评价为：是书文简理当，直切不繁，剖《参同》之秘密，烛《悟真》之隐微，言言显道，字字露机。

《规中指南》一书流传极广，《道藏》《道藏辑要》《道藏精华录》等均有收载，其所述内容正可与《玄机口诀》以及丹亭真人之丹书互参共研。

三、傅山丹功导引的主要内容

傅山丹功导引的内容十分丰富，形式也多种多样，我们此次整理，主要是以傅山所传丹亭真人卢祖师、虚白真人陈冲素以及还阳真人郭静中三位仙师所传的心法为基础，并按照：祛病第一、延年第二、成真第三、了道第四的传统学修次第，依次整理、出版与传授。兹将具体内容简介如下。

1. 傅山丹功导引经典传承系列

傅山丹功导引经典传承系列，是以挖掘、整理出的相关经典文献为主，采用影印、校勘、校释、白话等“文白对照”的出版形式，尽量保持“经典”的“原貌”。目前，我们正在整理和即将陆续出版的“傅山丹功导引经典传承系列”有：

第一辑《傅山手录〈丹亭真人卢祖师玄谈〉校释》

第二辑《傅山录〈丹亭真人卢祖师养真秘笈〉校释》

第三辑《傅山纂〈丹亭问答〉校释》

第四辑《傅山纂〈丹亭悟真篇〉校释》

第五辑《傅山抄录陈真人〈玄机口诀〉及〈规中指南〉校释》

第六辑《傅山纂〈丹亭问答·胎息论〉校释》

2. 傅山丹功导引实修传承系列

傅山丹功导引实修传承系列，顾名思义，就是以实际修炼和具体运用为主要目的，是以“身心”和“实践”作为真正的“传承”。这也是我们对“师徒传承”及“经典传承”实践与验证的“结晶”，正如先师有言：“真正的法，不为经书所载，但必为经书所证！”目前，我们正在整理和即将陆续出版的“傅山丹功导引实修传承系列”有：

第一辑《傅山丹功导引疗法——〈丹亭真人卢祖师玄谈〉钩沉》

第二辑《傅山丹功导引秘录——〈丹亭真人卢祖师养真秘笈〉钩沉》
第三辑《傅山丹功导引释密——〈丹亭问答〉〈丹亭悟真篇〉钩沉》
第四辑《傅山丹功导引探玄——陈真人〈玄机口诀〉〈规中指南〉钩沉》
第五辑《傅山丹功导引拾遗》

四、傅山丹功导引的主要师承

傅山先生是一位百科全书式的人物，是中医全科的宗师级人物，同时也是丹功导引学的一位集大成者。这里仅据前述几种丹功导引学的相关著作，对构建傅山丹功导引学体系的主要学术及师承渊源简介如下。

1. 丹亭真人卢祖师

据目前所收集的文献资料来看，傅山丹功导引学的主要内容与学术架构是以丹亭真人的丹功体系为基础的。

丹亭真人，为明朝中晚期的一位玄门隐士与内丹学家，姓卢，丹亭或为名或为号，其生卒不详，生平亦不可考。目前有关丹亭真人事迹介绍最详者，为著名学者萧天石在其所编《道藏精华・上乘修道秘书四种》《道藏精华・丹亭真人传道密集》两书中所写的“重刊（养真秘笈）序”“〈丹亭真人传道密集〉序”，两篇序文。

特别有幸的是，在此次整理编写工作中，我们得到并首次公开了丹亭真人的彩色图像，以使我们可以一睹这位神秘道人的“真容”，图见书前彩页。

2. 虚白真人陈冲素

陈冲素，字虚白，号真放道人，宋元时期道士，具体生卒、籍贯不详。《武夷山志》卷十八载：“陈冲素，字虚白，时地皆不可考。修道武夷，著《规中指南》，尽发内丹三要之旨。尝与樵者饮，忽仆地，梦入一洞食青灵芝，即绝粒，后仙去。”

陈冲素所著《规中指南》，全称《陈虚白规中指南》，该书在庐文弨补《辽金元・艺文志》及钱大昕补《元史・艺文志》均有著录，为道教及内丹卓有影响之重要经典。此外，尚有署名傅山抄录之《玄机口诀》一书在坊间流传。

从署名傅山抄录的《玄机口诀》以及署名傅山纂的《丹亭问答》《丹亭悟真篇》等书来看，可以明确地看到虚白真人陈冲素的著作与学术思想对于傅山先生及傅山丹功导引学体系的构建起着重要的作用。

3. 还阳真人郭静中

郭静中，道号还阳子，明末清初全真道士，精于祈雨、符箓、堪舆、医药、内丹等，尤以祈雨术闻名。据清代储大文纂《（雍正）山西通志》卷一百六十（中华书局 2006 年 12 月出版，第 31 页）载：

还阳子，郭氏，名静中，修武人。幼时尝梦驱龙为行雨状。差长，弃家适华阴，遇异人授以金丹五雷法，由是号还阳，尝往来晋、赵、燕、齐、豫、章、楚、粤间。岁旱，当事辄走书数千里迎祷雨。还阳以掌中雷印，据案击则雷雳应声，大雨如注。求者众，第书符付之，甫入境，雨随集。

傅山早年即与郭静中道长相识，后于公元甲申年（1644 年）八月在山西寿阳五峰山正式拜入郭静中门下，赐号“真山”，随习道术、医术、内丹等，其道派隶属于道教全真龙门派。

由全真七子之一长春子丘处机所开创的龙门派，为道教宗派全真派的主流支派。该派以全老庄之真、苦己利人为宗旨，在全面继承传统道家思想的基础上，更将内丹、戒律、丹药、科仪、符箓等进行了重新整理，使得在明清时期衰落的道教一度再现“中兴”的景象，明清两代在全国各地，乃至东北、西南、西北等边远地区广泛传播。据师传及有关资料记载，全真龙门派的传承字谱为：

道德通玄静，真常守太清，一阳来复本，合教永圆明，至理宗诚信……

由上可知，郭静中为龙门派第五代“静”字辈，傅山之道号为“真山”，乃是龙门派第六代“真”字辈，这也再次说明了郭静中、傅山先生的道派传承为全真龙门派无疑。虽然从现有的文献中，尚未发现郭静中传授傅山内丹功的具体内容与明确记载，但作为精于内丹的龙门派与还阳真人郭静中，对傅山的内丹学术体系无疑会产生重要的影响，故研修傅山丹功导引体系，于全真龙门派及还阳真人郭静中的内丹术必须做深入的研究与修习。

五、萧天石先生的传承与贡献

1. 文山遯叟萧天石

萧天石先生（1909—1986），湖南省昭阳县龙山乡文化村人，晚年自号文山遯叟。先生毕生致力复兴中华传统文化，尤其对于研究和发扬道家文化几乎穷尽了毕生精力，著有《世界伟人成功秘诀之分析》《世界名将治兵语录》《道家养生学概要》《道德经圣解》《道海玄微》《禅宗心法》《人生内圣修养心法》等，主编出版了《道藏精华》《船山学术研究集》《中国子学名著集成》等数百册书籍，被海内外赞誉为“刊万世不刊之书，传千圣不传之学”，是公认的在 20 世纪研究与弘扬中华道家养生学的大成就者。

萧天石先生自幼随父诵读经史子集及佛道经典，1930 年毕业于武昌中山大学中文系。1942 年，因长期积劳成疾、身患重病，幸得光厚老禅师救治且不药而愈。先生遂师从光厚禅师学修净土、天台法门，并从此走上佛学、道学等传统文化与修行之路。曾与好友南怀瑾先生一同遍访僧道名师，曾师礼岷山派罗春浦真人得陈希夷先天道秘诀，又师从成都二仙庵无名子道人获得北派丹诀。

1944 年，萧天石出任四川省灌县（今都江堰市）县长期间，曾多次造访位于辖区内的道教圣地青城山，并从青城山天师洞高道李八百道长处尽得南宗真传。他又通过高道易心莹道长得以尽窥藏经楼所藏道教秘籍，更携出《青城秘录》及其他多种不传秘本，为后来著书立说、编撰出版书籍提供了珍贵的资料与基础。

特别是先生从 1956 年开始主编出版的“道藏精华”丛书，以藏外道书为主，收录了大批的善本、秘本、珍本、孤本、抄本等珍贵资料共 800 多种。前后历时 20 多年，陆续出版了 17 集，精装本 75 册，平装本 104 册，完全以古本影印的方式出版，全面保护了这批珍贵的道教典籍与文献。我们这次整理的“傅山丹功导引”体系中的很多珍贵文献均被收录于该丛书，如《丹亭真人养真秘笈》收录于《道藏精华》第十二集之二《上乘修道秘书四种》，《丹亭悟真篇》《丹亭问答》《丹亭真人卢祖师玄谈》则被收录于《道藏精华》第十三集之五《丹亭真人传道密集》，陈真人《玄机口诀》则收录于《道藏精华》第二集之三《玄宗正旨》，这些书籍也成为我们研究与整理“傅山丹功导引术”的重要文献，我们就是在这些资料的基础上，又尽力寻访其原始版本或其他版本，然后进行参校与印证，力求保存法本之原貌与正确无误。

比如：我们这次有幸寻访到藏于台湾某图书馆的“丹亭真人四书”手抄本原件，这也是萧天石先生“道藏精华”丛书所收录、影印的原始版本，经过我们认真比对，发现经傅山先生传承的“丹亭真人四书”原本有着严格的次第，是按照“祛病、延年、成真、了道”而层层递进、步步深入的，即“丹亭真人四书”顺序应为《丹亭真人卢祖师玄谈》《丹亭真人养真秘笈》《丹亭问答》《丹亭悟真篇》，而先生所主编的“道藏精华”丛书中则无此次第。同时还发现先生将原本在《丹亭真人养真秘笈》开篇的“礼亭题记”“丹亭真人传道图”重复放在了《丹亭悟真篇》篇首等。当然，更重要的是我们在这次整理过程中，首次发现并补齐了台湾某图书馆所藏原本与“道藏精华”影印本所“遗失”的部分，这也是傅山先生所传承的“丹亭真人丹功体系”首次完璧无瑕、显示世人。

萧天石先生所辑录、影印的“丹亭真人四书”虽然有以上“微瑕”，但正所谓“瑕不掩瑜”，先生对于“丹亭真人四书”以及“傅山丹功导引术”的传承与发展做出了巨大的贡献！先生分别于1973年、1975年所撰写的两篇序文，在今天看来依然有着极高的学术价值，特附录于后，并向先生致以崇高的敬意！

2. 重刊《养真秘笈》序

重刊《养真秘笈》序

萧天石

《养真秘笈》一书，为卢门传道集之首篇，简明精约，深入浅出，全是师生问道问功夫语，所问莫非窍要，所答全系真诀。复多独门秘法，彻始彻终。藉修息法一以贯之，诚长生门中之不二法门也。人莫不呼吸也，鲜能知息法也；人多知吐纳也，鲜能知息诀也。斯编由丹亭卢祖师门人养浩生所记，明遗老太原傅青主手录之真迹。所述皆玄宗正统，乃脱胎换形，借假成真之无极大道，扫落丹家重玄之窠臼，而一以神炁为大用。步步功夫，皆是修真人过来语，非旁门小术或毫无成证者之胡言胡语可比。金针普度，概属丹家大乘手眼：自入门下手起，历阶而上，层次井然。循之而修，尽人可成可证。道不远人，丹在自心，自修自度，不假外求，变化气质，转换形神，皆可坐而立致者也。养浩生所谓“凡铁成金，凡鸟成凤，端赖于兹”者，要非虚语。

丹亭真人为玄门隐士，据《青城秘录》载：“真人久隐庐山，足迹遍五岳名山洞府，曾一度至青城峨眉。二百余岁时，犹步履如飞，鹤发童颜，骨弱筋柔，犹孺子也，其修老氏婴儿派之道功者乎？”又了一子云：“先生精于《易》，主太极，体乾坤，用坎离，翼姤复，会蒙屯，而贯通于先天无极者也。于《易》不重象数，反灾祥，轻卜占，而主性命。谓性命之修，全在卦爻之逆用。又谓《易》，逆数也，逆道也，逆理也，逆用也。逆则成，反则通。往复则神，颠倒则功。其先世卢敖、卢生，皆天府中仙人也。”按卢敖，据《淮南子·道应训》载称，于秦时官博士，曾游北海求神仙，至濛谷，见仙人若士，敖与之语，若士耸身入云中。敖曰：吾比夫子，若黄鹄之与壤虫也。后敖亦仙去。据密州经云：今卢山有卢敖洞，以敖曾避秦难于此得名。至卢生则史无可详考，惟为始皇入海求仙药者，有卢生其人，后以不获而遁去。余则无可得其详者。由此观之，丹亭真人为神仙世家，当非悬想。以《洞天秘典》亦称卢真人，“代有祖传仙籍秘书，擅吐纳导引之术，能变化形骸，行气有主。尤精医道，有起死回生之妙手。行住无定所，不欲人知，而真能以自隐无名为务者也”。是以丹亭真人之为道门隐仙派中人，此书之传，乃其入门之传道语录也。

本书为明遗老傅青主先生之手钞本。先生幼有异禀，颖慧拔众，原单名山，一名鼎臣，字青竹，号啬庐，尝自署公之它，入清隐于黄冠，故晚岁亦号朱衣道人。博学多才，有奇气，通经史，尤擅诸子之学，工诗文、篆刻及书画，于《易》与老庄及丹宗与医道，亦多独得之秘，不喜著述，惟亦有《霜红龛集》行于世。斯篇得邀先生亲为手录，自可价重连城，千古不朽，其非泛泛之一般道籍可知。设先生非修卢真人之道，或修其道而未能证其功者，当不为也。故甚祈丹道派人士，勿徒以其为海内外唯一孤本，宝而藏之，尤宜持而修之，锲而不舍，使能及身有成，切勿入宝山而空回也。

全书不重理论，不涉玄秘，自初阶而入，全系功夫口诀；入手了手，概以神炁为全体大用，浅明至极，简易至极。自最初之数息法、调息法起，中经闭息法（案：此步功夫，非明师指点，不可轻行）、住息法（开任督诸关及小大还丹法与进神火法概入焉）、踵息法，以至胎息法、无胎息法（养大周天火候法属之）等等，无不语语尽属玄机口诀，字字皆为金液玉浆；不但为道门中之养真秘籍，且亦为修行人之不二法门。二老慈悲心切，金针普度，不自隐秘，要亦为悲天悯人之宏愿，所使然也。

中华民国六十二年甲寅孟春月

文山遁叟于石屋草堂

3.《丹亭真人传道密集》序

《丹亭真人传道密集》序

萧天石

一

本书为台湾某图书馆所珍藏之善本图书，且属道家秘笈，评审其内容，确属一字千金之作，价逾连城，得未曾有。尤以出之于明大儒傅青主之手录，一反丹家数千年之积习，尽去隐语喻词之秘文；简明浅近，而不违大道，泄尽天机，而不乖真旨：复以其系采问答体、语录体，故尽人可学，易知易行，易修易成，立竿见影。尤以其用道功与息法以却病治病迄于无病长生之部，更属千古不传之秘。不但为丹家与养生家必修之要典，且亦为医家不可不究之书，盖可以补医药之不足也。自有丹经书及吐纳气功术以来，条理体系详明如是者，确综三家之微传，通百派之窍妙，既显而明之，复融而通之；既博而罗之，复一以贯之。明道穷理，尽性、至命，三家圣人之要功，尽在于斯矣！

考青主所手录卢丹亭真人之传道秘书凡四种，其第一种业已选刊入《上乘修道秘书四种》中，本书共收入三种，其原书名如下：

一、丹亭真人卢祖师《养真秘笈》（署太原傅青主录，有礼亭考证记）。

二、《丹亭悟真篇》(署太原傅青主录)。

三、傅青主《丹亭问答集》(署太原傅青主纂，有天笃老人石舟题字并序)。

四、丹亭真人卢祖师《玄谈集》(署太原傅青主手录秘本)。

余于《道藏精华》第十二集《上乘修道秘书四种》一书中，序《养真秘笈》时有云："丹亭真人为玄门隐士，据《青城秘录》载：'真人久隐庐山，足迹遍五岳名洞府，曾一度至青城峨眉。二百余岁时，犹步履如飞，鹤发童颜，骨弱筋柔，犹孺子也，其修老氏婴儿派之道功者乎？'又了一子云：'先生精于《易》，主太极，体乾坤，用坎离，翼姤复，会蒙屯，而贯通于先天无极者也。于《易》不重象数，反灾祥，轻卜占，而主性命。谓性命之修，全在卦爻之逆用。又谓《易》，逆数也，逆道也，逆理也，逆用也。逆则成，反则通。往复则神，颠倒则功。其先世卢敖、卢生，皆天府中仙人也。'按卢敖，据《淮南子·道应训》载称，于秦时官博士，曾游北海求神仙，至濛谷，见仙人若士，敖与之语，若士耸身入云中。敖曰：吾比夫子，若黄鹄之与壤虫也。后敖亦仙去。据密州经云：今卢山有卢敖洞，以敖曾避秦难于此得名。至卢生则史无可详考，惟为始皇入海求仙药者，有卢生其人，后以不获而遁去。余则无可得详者。由此观之，丹亭真人为神仙世家，当非悬想。以《洞天秘典》亦称卢真人，并云'代有祖传仙籍秘书，擅吐纳导引之术，能变化形骸，行气有主。尤精医道，有起死回生之妙手。行住无定所，不欲人知，而真能以自隐无名为务者也'。是以丹亭真人之为道门隐仙派中人，此书之传，乃其入门之传道语录也。"此乃为丹亭真人之简叙，次如明史及各神仙传记中，均鲜述及。

惟《少室山房杂记》中，有一段曾叙及真人云："丹亭济源人，博学能文，究易穷道，尤深于炉鼎铅汞长生不老之术，变化性命神化无方之诀。平生好游名山洞府，行止无定，来时自来，去时自去，忘生老病死，无住而不自在逍遥也。"真人尝语玉川子曰："金丹之学，心学也；金丹之法，心法也；金丹之道，通阴阳之道也；金丹之功，了性命之功也。一以贯之者，老子之道法自然也。自博地凡夫以至圣人，欲了生死大道，未有能外此者也。"了一子之"时止则止自然止，时行则行自然行，行止无心凭天趣，逍遥自在一闲人"，其真人之谓欤？

综观丹亭四书，第一与第二种署"傅青主录"，第四种《玄谈集》，则署“傅青主手录秘本”，第三种《问答集》，则署为“傅青主纂”，南岳神道子曰：“所谓录者，乃录其言，而非钞其文也。录本与钞本有别，善者录之，不善者舍之。故全书均可视为其师门授受之传道集，而实即青主之所纂也。”仙儒外记，载青主之轶事不少，有师还阳真人之传，而于丹亭真人则略而无传焉。言念及此，未尝不废书而三叹惜者也。

全书所录，无一莫非上乘道藉，无一莫非性命至理，尤无一莫非长生秘诀。举凡作仙作佛作圣人之道法，其大要尽赅而无余蕴矣。余阅尽万卷丹经，于斯四书之简明精要，诚无间言！恐其久而永远被埋藏于故纸堆中，无人得识其为人间瑰宝，故特表而出之。如以手中存书少或阅书未博，所云有失当失真之处时，尚祈读者谅余旨在保全先贤血脉之愚衷是幸！趋时者流，则在所不为也。

二

明遗老傅山青主先生，山西阳曲人，生于明神宗万历三十五年（西元一六〇七年），卒于清康熙二十三年（西元一六八四年）。明亡时，先生正三十八岁之盛年，矢志不仕清，隐于黄冠，卒亦朱衣黄冠殓。于书无所不读，无所不通，诗文书画，无所不精，尤擅于医术，通于禅释，深于丹道，而邃于大易，卒归于道家，务老子之“自隐无名为务”以终其生焉！与王船山、顾亭林、黄梨洲三先生，同以学问道德文章气节重于时，誉为清初四大儒。其高风亮节，实足以赞天地之化育而争光日月，垂范千秋！

在四大儒中，深于道家之丹鼎道妙者，惟青主与船山二人。而确有师承，深造有得，并以黄冠终其生者，则仅青主一人而已。青主曾师事龙门派卢祖师丹亭真人，尽得该派秘诀法要，纂录以传世。又受道法于两师还阳真人郭静中。或曰静中即丹亭真人，然乎否乎？不得而知也！以世人传说，语焉不详，又缺精确之史籍可考，而丹道门庭与神仙家中人，类皆隐晦其迹，不欲人知，亦不欲传也。故恒喜多所署名，藉隐名而逃名，不一而足者，即此之故。青主与船山，每好随兴署名，即其例也。青主初名鼎臣，后改名山，字青主，号啬庐，别署公之它、朱衣道人、石道人、传道士、传道子、五峰道人、龙池道人、丹崖子、丹崖仙翁、青羊庵主，又尝署傅侨山、侨黄山、侨黄真人、真山石头、老蘖禅、观化翁等等，可考者凡四十余名，其不可考证者，当尚在所不少。夫多名所以逃名，然实至者，名终不得逃，如船山之与青主是也。

考龙门派以“道德通玄静，真常守太清……”等共四十字为辈号，先生于派中属“真”字辈，龙门传法记可考。其子眉，字寿髦，亦从习道，恒以麋道人、守丹道人为号，惟于派中未入辈分。先生晚年号其所居曰“虹巢”、曰“霜红龛”，著有《霜红龛集》《霜红龛集杂记》等书行于世。综其一生著述甚多，于经（十三经）、史（十七史）、子（老、庄、墨、淮南）三部及佛道三藏之书，概有评注。凡三十余种，无不独具卓见，珍牟星凤。惟以散佚甚多，深为遗憾！即戴枫仲所刻先生诗文集十二卷，今亦多已不传。其玄、释两藏续编稿与左锦一书，及其金石遗文之学，早已不可得而一睹矣！痛哉！顾亭林尝自谓：“萧然物外，自得天机，吾不如傅青主。”又寄问先生土堂山中诗有云：“向平尝读易，亦复爱名山。早跨青牛出，昏骑白鹿还。太行之西一遗老，楚国两龚秦四皓。春来洞口见桃花，倘许相随拾芝草。”推许极矣！《峒崖外编》则称先生以“学究天人，道兼仙释”。盖其一生奇气欻崛，介然高蹈，遁隐岩穴，超然自在。虽学通儒佛，而仍以神仙事业终。良以隐于佛，不如隐于仙，即不如隐于道也。道冒百家之统，复通万流之要，故上圣者流，无不欲自归于道也。

中华民国六十四年七月七日

文山遁叟于明星聚仙堂

六、傅山丹功导引的学术价值

1. 医学与道学的融合——医道融合之典范

“医道同源”“十道九医”“岐黄源于道”是道学与医学密不可分的真实写照。在漫长历史当中，医与道出于同源，但又有着并不完全一致的发展方向和目标，使得医道文化呈现了更为多元性的发展。

道家关于生命、精、气、神以及养生、炼丹的理论，在历代典籍中多有论述，特别是东汉道教兴起后，性命双修与服食对中医本草学、方剂学的影响愈加突出，各代本草著作或方剂著作中多将养性、神仙服饵、辟谷之类的内容单列成篇，以示重视。如著名中医药学家、道医孙思邈在《备急千金要方》和《千金翼方》中专门设食治、养性、辟谷、退居等卷，涉及方药服食、养性服食、养老食疗、道林养性法、按摩法、调气法等，其中蕴含了深厚的道医学思想，对后世中医药学、养生学具有深远影响。

傅山作为道医中的一代医圣，博览群书，对于诸子百家均有涉猎，曾说三日不读《老子》便觉舌根发软，他在熟读《老子》，精研道家的同时，刻苦钻研医术，将所学道家精华运用到治病和养生保健当中，并且运用所学，治病救人，服务民众。傅山整理并撰写了诸多医道结合相关的典籍，《丹亭真人卢祖师玄谈》一书通过将中医的辨证论治与道家丹功导引相联系，创立了一套从中医的临床辨证到丹功息法用于疾病诊疗的体系，开创了丹功临床辨证之先河，丰富了导引按跷这一中医重要的非药物治疗手段更多的临床内容。该书分 40 节，第 1 节为全书总论，其余 39 节涉及 39 种病症，有瘫痪、虚痨、臌症、膈噎、寒疾、痰症、脾胃症等。傅山丹功导引是将内丹修炼、丹功疗法与传统中医学基本理论有机结合，创立的道教医学丹功诊疗体系，具有较高的养生防病、临床治疗实用价值，值得深入研究。

刘绍攽《傅青主先生传》有载：

性厌纷华，交遍天下，而避居僻壤，时与村农野叟登东皋，坐树下，话桑麻。或有疾病，稍出其技，辄应手效。一妇妒疑夫外遇，忽患腹痛，辗转地上。其夫求先生，令持敝瓦缶置妇榻前，捣千杵，服之，立止。一老人痰涌喉间，气不得出，入其家，具棺待殓。先生诊之曰“不死”，令捣蒜汁灌之，吐痰数升而苏。凡沉疴遇先生，无不瘳。用药不依方书，多意为之。每以一二味取验。有苦痨瘵者，教之胎息，不三月而愈。无能传其术者。至今晋人称先生皆曰仙医。

2. 体育与医学的融合——体医结合之先锋

体医结合是体育运动与医疗相结合，即用体育运动的方式代替医疗，根据患者康复需求制定相应的运动处方，使身体恢复健康。而运动处方是康复和体育医疗师根据医学检查资料，包括运动试验和体育检测，按其健康体力及心脑血管等的状况用处方的形式来规定运动的种类、强度、频率和时间，提出在运动中的各种注意事项。运动处方是指导人们有目的、有计划、科学地进行体育运动的方法，这种概念最早是在20世纪50年代提出的。多年来，随着康复医学的发展和冠心病康复的展开，运动处方在世界医疗界得到广泛的重视。

400多年前的傅山先生在他所记载的丹功导引中，不仅针对自身锻炼有更直接、有效、简单的方法，同时针对疾病的特点、病理，还有灵活的运动处方。傅山丹功导引，从气入手，通过有序地对呼吸进行吐纳练习，进而使“形神相俱”“身强体健，心情愉悦”，甚者“疾病自去，自尔快乐”，再现“用功疗伤”“用功疗病”的景象。傅山丹功导引可以说是体医结合的先锋与里程碑式的发展，亟须做更进一步的研究和传承。

3. 外丹与内丹的融合——丹道中医之别传

丹道中医（以下简称“丹医”），是属于中国传统医学中一个古老而独特的医学流派。千百年来，它在民间以及道教、佛教中一直秘密传承。这个医学流派不仅系统地继承并保存了我国古代医学的精髓，而且还与道学、佛学以及气功、导引、静坐、禅修等完美地融为一体，在长期的传承过程中逐步形成了诸如丹医、道医、佛医等特色鲜明的众多丹道医学流派。

这个医学流派最主要的特点是：

①历代医者大多有个人信仰，或佛，或道，其中大部分人并不是把医学作为“养家糊口”的一种职业，更多的时候是作为“累积功德”的一件善举。他们看病讲究“缘分”，有道是有缘者“分文不取”，无缘者“千金不治”，故在世人眼中，他们大多是“神龙见首不见尾”的“神秘人物”。

②丹医学派注重经典、口诀与师徒传承的方式，所以历经成百上千年之久，仍可保持其“清净的传承”，而不被外界所扰，所以说丹医学是一种古老的、“原生态”的中医学体系。

③丹医学派注重内丹导引功法的修炼，从导引按跷、吐纳行气、存思观想，到气脉内景、形神俱妙，以及修炼过程中所谓的“八触八幻”“大小周天”“敛气成丹”等，都让医者对自身的形体、脏腑、经络、气脉、精神等有了远远超出一般医者及常人的认知，而这些内容犹如中医学的解剖学、生理学、实验学等，对它们认知水平的高低，决定着中医水平的高低。因而丹

医学派的口诀中说“个个医法胜医家，都缘明珠耀三花”，认为丹医学之所以优胜于一般医学，就是因为医者通过长期内功的修炼，对人体精、气、神的认知更为明确、细腻、客观。这点正如明代著名的医药学家李时珍在《奇经八脉考》中所言人体“内景隧道，惟返观者能照察之，其言必不谬也”。

④丹医学派历来重视“外丹”之学，从古代炼制长生不老之仙丹，渐而转为炼制祛病养生之丹药，长期不懈的努力和实践，使得他们对于各类药物，尤其是对于药物的炮制方法有着精深而独到的理论与技术，并为历代之秘传。诸如道地药材、采取及时、如法炮制等都有着严格的传授，而如法炮制中更有着炉鼎、火候等精细的技术。此外，在我所传承的丹医学派中，还有着所谓“玄门四大丹”“玄门九九八十一小丹”等这些历经千锤百炼、历代秘密传承的“镇派之宝”。

内丹的修炼，有利于对人体以及药物功用的认知；外丹、药物的炼制，不仅有利于治病、养生，而且在炼制外丹的过程，也有利于对内丹导引功法修炼的理解和启发，这样可以起到内外结合、体用兼备、相互促进的作用。

综上所述，并结合对傅山先生以及傅山医学、傅山丹功导引的深入了解，我们不难发现，傅山先生对人、对医学、对药物、对养生等等，之所以有着独特而深入浅出的认知，正好印证了傅山先生正是古典丹道医学之集大成者。

4. 医理与实践的融合——身心证悟之智慧

傅山先生在医学界乃是一位全科大师。对此，有好多人都在赞叹。但不知有多少人思考过，为什么先生能掌握如此多的东西，且应用灵活，随心所欲。

傅山先生行医一直贯彻《内经》要旨，自己同时还在修习丹功导引之法。今天我们就从这个角度静下心来，对《内经》进行一个重新的认识。如果单是从文字的角度去理解《内经》的理论，那是远远不够的。因为不体会实际的“气化论”“经络论”在人体上究竟是什么滋味，仅凭口说，无异于是“盲者说色”。一般而言，医生获取的知识，大多是从外界（如师友、书籍等）通过勤奋学习所得……如果深入细致地思考，你会发现，历代医者、医籍其实都是在不同时代、不同地域、从不同角度、用不同表达方式，认知并阐释着同一个事物——人体以及疾病对人体的干扰与破坏。同时，如果从反面而言，这些医者、医籍所讲述的不也正是这些问题吗?

试想如果我们想要把所有医籍都阅读一遍，即使穷尽一生也未必能够完成，那为什么我们不直接从认知自我、自身的“修行”开始呢? 傅山丹功导引正是一个关于人体自身的导引医疗手册和修炼指导笔记，为中医学界以及广大的中医和导引爱好者全新了解和思考生命科学、疾病病机与治疗方法指明了方向。

医学理论来源于身体及其感知，身体的实践与感知又促进医学理论与技术的提高和发展，中医是把活着的人体作为“实验室”，把体内的“精、气、神”作为主要的试验对象，中医学中最精粹的经络论、气化论便主要来源于此，所以丹功导引的修炼是丹医学派医者的必修科目，也是对医学理论最直接的实践，只有这样的理论与实践相结合，才有望成为像傅山先生那样一位真正的“上医”!

5. 内景与外景的融合——内证外验之绝学

景者，像也，色也，如景象、景色等，在传统医学中有内景、外景之分。

所谓“内景”者，是医者运用《内经》中“精神内守”的“内视功夫”，把思想高度的集中，体会体内“真气”运行的正常轨道，从实践中累积经验，把这些真气流注的情况和运行的轨道，用分析的方法分别记录下来，又用归纳的方法把它统一起来，如我们现在完整的手足十二正经和奇经八脉的“内景经络图”，进而流传至今的“经络论”“气化论”。

所谓“外景”者，是依靠对疾病各种外在症状的观察、分析、总结，最后做出相应的诊断和治疗。这种实践，固然可贵，但只能鉴其“外相”的一部分，而不能了解“内景”的所以然，所以古人名之曰“相似觉”，还够不上“上工”的条件。

如傅山先生在治疗女性黄带时，他从外观察颜色，分析为“水色本黑，火色本红，今湿与热合，欲化红而不能，欲返黑而不得，煎熬成汁，因变为黄色矣”。从内景分析为“世之人有以黄带为脾之湿热，单去治脾而不得痊者，是不知真水、真火合成丹邪、元邪，绕于任脉、胞胎之间，而化此黅色也，单治脾何能痊乎”！所以，他选用的方法，不是大量的祛火利湿药物，更不是大量的消炎杀菌的药物，而把治法定为“补任脉之虚，而清肾火之炎”！创出“易黄汤”，被载入《傅青主女科》一书，傅山先生也因此被后世尊称为妇科鼻祖，一代医圣！这也充分说明了傅山先生精通由外而内、由表及里、从外景到内景的理论与方法。

6. 息法与形神的融合——身心医学之极致

形（精）、气、神被誉为人身三宝，千百年来，有关形（精）、气、神的理论一直指导着气功和中医的实践。对于人而言，形，可以简单地理解为肉体；神，可以简单地理解为心灵；而气，就是心灵和肉体密不可分的纽带。没有气，肉体就是死的；没有气，心灵就无法启动，因此，某种意义上可以说“气就是生命”！所以中国人对于刚刚死去的人说“没气了”。其中，形通过“气”对“神”产生影响；神，通过“气”来支配“形”，而气又是“形”与“神”之间的中介与纽带。这些概念在中医学、气功学中得到了广泛的应用和实践，并因此发展出形神合一、形神共养、形神兼治以及衍生出性命双修等的理论和方法。

气，是迄今为止发现的最特殊的一种物质、能量、信息，它既能与物质世界相合，也能与精神世界沟通。如果说，肉体是我们的左手，心灵是我们的右手，那生命就是两手拍击发出的清脆响声。但响声不是左手，不是右手，也不是两手的简单相加，因为当它们独立存在时，甚至是没有声响的。所以，生命是肉体与心灵共同作用的结果，而气，则是使生命从无到有这个令人惊叹不已的过程的唯一条件。

养生，便是要减少气的消耗。减少气消耗的状态，就是身心合一的状态，精神内守的状态。在人体中，与气关系最直接、最密切的是呼吸。所以傅山丹功导引便直接从呼吸的练习入手，通过数息寻找最初的那一点“真气”，进而带您通过调息、闭息、住息等一系列的方法减少气的消耗，固守真气，自然而然呈现出来的便是气定神闲、身心合一的健康状态。真正的“休息”，其内涵也在这里。

综上所述，傅山丹功导引，是医学与道学的融合，医道融合之典范；是传统医学与古老体育的高度融合，医体结合之先锋；是传统内丹学与外丹学的高度融合，为丹道中医之别传；是传统医学内景学与外景学的高度融合，体现了内外兼修之精髓；是一种医学理论与身体实践的高度融合，是传统文化知行合一之楷模……

今天来看，无论是从身心医学、能量医学、传统医学的角度，还是从运动疗法、导引疗法、自愈疗法等的角度，抑或是从体医融合、治未病、大健康、人与自然生命共同体的角度，傅山丹功导引均有着重要的现实意义，也是一座传统文化的宝库！

丹亭真人卢祖师玄谈校释

总 论

息[①]，真人于出寰[②]之暇[③]危坐[④]松石，瞑目定息[⑤]，窥[⑥]天地有间[⑦]，乃顾[⑧]谓诸弟[⑨]曰：吾观尔等，辞荣绝利，或跋涉从予，或间关[⑩]就学，岁月既深，不闻疑问，岂俱入忘言之境乎？今夕庚月[⑪]在天，迅湍[⑫]满壑[⑬]，诚剖晰[⑭]玄玄之良夜也，尔等独无意乎？

座次有养浩生者，出座而立，稽颡[⑮]涕泗[⑯]而言曰：某不揣凡劣，欲窥妙阃[⑰]者久矣。今蒙慈悯[⑱]，俯度后学，敢悉愚衷而问焉。尝观自古真师，未得延年[⑲]，先期却病[⑳]，故病魔不除[㉑]，仙基难立。敢叩慈座，却病之方，果何如法？

真人曰：善哉问也。汝小子，乃能为未来众生发，未曾有溯[㉒]。观人之未生也，本天地之一炁[㉓]，殆父母搆[㉔]精，胎斯立焉。受天地气足而始生，则人也者，本一炁而已矣。故程子[㉕]曰："天以阴阳[㉖]五行[㉗]化生万物，气以成形[㉘]。"且此气之在人，鼓舞动作，悲欢痛痒，莫不由之。于是亏此气[㉙]则病，滞此气[㉚]则病，惟周流一身[㉛]，则康宁福祚[㉜]也。吾为子言之，知生此身者不过气，则病此身者亦不过气而已。

欲知其病，先治其气。今医家以草根树皮[㉝]，攻人疾苦[㉞]，不过假此后天之气[㉟]以调剂之、滋补之而已。且草根树皮，其辛、甘、咸、苦、酸之五味[㊱]，不过寒、凉、温、热、平之五气[㊲]，乃天地之偏气[㊳]也，且能却疾，况人之气通于天地，得气之全也。况草木之性，寒热不同，用有不当，立能杀人。吾今即以其人之道，还治其人之身，所谓此般药物家家有者也。

养浩生曰：却病以炁，今吾既得闻命矣。却治之际，独无其方乎？

真人曰：安得无之子欲识炁？先当识藏炁之处。人居母腹一呼一吸，常与母通[㊴]。生而剪断脐带，一点真气[㊵]，落于脐间。脐居心下肾上[㊶]，共八寸[㊷]四分[㊸]，中虚四寸二分，而真炁[㊹]之根，又在四寸二分中之一寸二分焉。欲治疾者，皆从此起，此生药[㊺]、长药[㊻]，之真去处也。

（接：瘫痪[㊼]第二）

【语译】

傍晚时分，真人在闲暇之余，来到一片宽阔的地方，在松树下的一块石头上正襟危坐，合眼闭目，定心调息，静静地体察天地之情一会儿后，环顾四周，对诸位弟子们说：我看你们，放弃了荣华富贵、金钱利益，有的长途跋涉跟随我学习，有的不畏艰辛、崎岖、辗转地学习，时间也已经很长了，但一直没有听到大家有什么疑难问题，难道是都进入了忘言的境界了吗？今天晚上，正值皓月当空，金色的月光就像湍急的水流填满了山间的沟壑，正是剖析这些玄妙之法的美好夜晚，你们难道一个也没有这样的意愿吗？

在座的学生当中有一个叫养浩生的人，他从座位上站起并走出来，然后跪倒磕头、前额触地、感激涕零地说：我不顾自己的平庸和低下，想要探查玄妙之门的时间已经很久了。今天承蒙真人的慈悲怜悯，俯下身来度化吾辈后学，所以斗胆向您请教我内心的所有问题。看到古往今来的真人、仙师，在尚未获得延年妙法之前，先要进行祛病，疾病如果不祛除，修仙的根基就难以确立。故斗胆向您请教，祛除疾病的方法，如何才是正确的方法呢？

真人说：这个问题问得好！你这小子能为未来众生询问尚未发生的事情追源溯流。回想人在还未生成之前，本来就是天地间的一团气，等到与父母之精血结合之后，胎才形成，待受足天地之气而后才出生，所以人其实就是一团气而已。故程子说："天以阴阳五行化生万物，气以成形。"并且这个气在人而言，能做各种动作，能有悲欢、痛痒，没有不是由这个气的作用所致。所以这个气少了人就会病，这个气瘀滞了人也会生病，只有使这个气周流全身，才会健康、安宁、幸福。我为你讲这些，是想让你知道生成这个身体的不过是气，疾病侵扰身体也是这个气罢了。

所以想要明白和治疗疾病，首先要调节和治理这个气。现在医家用中药治疗人的疾病，不过是借用后天之气用来调剂它、滋补它罢了。并且草根树皮，它们辛、甘、咸、苦、酸五味，不过是寒、凉、温、热、平五种气，也就是天地的"偏气"而已，这都能够祛除疾病，更何况人的气与天地之气相通，是得到天地的"全气"。况且草木的性质有寒热的不同，运用不当，甚至能够杀人。我今天就是用"以其人之道，还治其人之身"的方法，就是所谓"此般药物家家有"的道理。

养浩生说：用气来祛除疾病，现在我已经听到您的指教了。祛病的时候，难道没有专门的方法吗？

真人说：怎么能没有想要认识气的呢？首先要知道藏气的地方。人在母亲腹中的时候，一呼一吸都与母体相通。出生剪断脐带之后，一点真气留落在了肚脐之间。肚脐位于心的下面、肾的上面（心肾之间），共有八寸四分，中间空虚的空间位于四寸二分处，而真炁的根就在这四寸二分中的一寸二分处。想要治病，都要从这里入手，这里也是生药、长药的真正之处。

【注释】

①息，指“关门息时”，约为戌时，即相当于现在19：00-21：00时。也可以理解为休息之时、那时等等，相当于佛经中常说的“尔时”。另或可断句为姓“息”的“真人”，《庄子》曰：“真人之息以踵。”息为呼吸之意，综观本书所传之法均以呼吸为要，故曰：息真人，于意也通。

②寰，音huán，广大的地域。古代指帝王京城周围千里以内的地方。

③暇，音xiá，指没有事的时候，空闲。

④危坐，即端坐，且有恭敬、谨慎之意。

⑤定息，使呼吸均匀、安定。

⑥窥，窥究，深入细致的观察。

⑦有间，片刻，过了一会儿。

⑧顾，环顾，向四周看。

⑨弟，依文义此处应为“弟子”。

⑩间关，形容旅途的艰辛，崎岖、辗转，如间关万里。

⑪庚月，指金色的月亮。庚，古文中为“金”的代称。

⑫迅湍，音xùn tuān，是指急湍。唐代岑参《冬夜宿仙游寺南凉堂呈谦道人》诗：“乱流争迅湍，喷薄如雷风。”

⑬壑，音hè，山沟或大水坑。

⑭剖晰，通剖析。

⑮稽颡，音qǐ sǎng。跪下磕头，前额触地。稽，古代一种跪拜礼，叩头到地。颡，额、脑门的意思。

⑯涕泗，涕，鼻涕、眼泪；泗，鼻涕。涕泗，指鼻涕眼泪。

⑰阃，音kǔn，门槛、门限、内室之意。

⑱慈悯，音cí mǐn，即慈愍，指仁慈怜悯。

⑲延年，延长寿命。《楚辞．屈原．天问》："延年不死，寿何所止。"

⑳却病，祛除病痛。

㉑病魔不除，疾病如果不祛除。

㉒溯，音sū。意思是逆着水流的方向走、逆水而行，逆流而上，后引申为追求根源或回想，比喻回首往事、探寻渊源。

㉓炁，即气，下同。

㉔搆，依文义应为"媾"。

㉕程子：宋代理学家程颢、程颐的尊称。

㉖阴阳：阴阳是中国古代哲学的一对范畴，含有朴素的辨证观点。最初的含义是指日光的向背，向日者为阳，背日者为阴。由此引申为气候的冷暖，方位的上下、左右、内外，运动状态的躁动和宁静等。用以代表事物对立和相互消长的正反两方面，进而阐述事物发生、发展和变化的规律。古代医家将阴阳学说与医疗实践相结合，用以解释人体生理功能和病理变化，阐明脏腑组织的部位和属性，区分药物性能，诊断疾病性质等，逐步发展为具有中医学特色的阴阳学说，是中医学理论体系的重要组成部分。其基本内容包括：（1）阴阳是自然界的根本规律，概括了事物发生发展变化的根源。《素问·阴阳应象大论》："阴阳者，天地之道也，万物之纲纪，变化之父母，生杀之本始，神明之府也。治病必求于本。"（2）阴阳相互对立并制约。《素问·阴阳应象大论》："阴胜则阳病，阳胜则阴病。"《类经附翼·医易》："动极者镇之以静，阴亢者胜之以阳。"（3）阴阳相互依存，互根互用。《医贯砭·阴阳论》："阴阳又各互为其根，阳根于阴，阴根于阳。"《素问·阴阳应象大论》："阴在内，阳之守也；阳在外，阴之使也。"（4）阴阳相互消长并转化。阴阳之间处于动态平衡。"阴消阳长"，"阳消阴长"。《灵枢·论疾诊尺》："四时之变，寒暑之胜，重阴必阳，重阳必阴。故阴主寒，阳主热。故寒甚则热，热甚则寒。故曰寒生热，热生寒。此阴阳之变也。"《素问·生气通天论》："阴平阳秘，精神乃治，阴阳离决，精气乃绝。"阴阳学说贯穿于中医学的脏象、经络、病因、病机、诊法、治则、药理等各个方面，是一种朴素的辨证思想和说理工具。

㉗五行：五行学说名词。五行指金、木、水、火、土五个古代哲学名

词。五行学说是古代自然哲学之一。医学上的五行学说主要是以五行配五脏为中心：肝木，心火，脾土，肺金，肾水。基本内容有二：一是在以五脏为中心的基础上，通过经络以联系全身，说明人体的整体性，并通过自然现象的观察与医学实践联系到五方、四时等，说明人与自然界的统一性。《素问·阴阳应象大论》："在天为风，在地为木，在体为筋，在脏为肝，在色为苍……在变动为握，在窍为目，在味为酸，在志为怒。"医疗实践证明，怒可以伤肝，肝病患者有易怒、头晕、目眩、抽搐以及筋和眼的一些症候，采用治肝的方药或针灸肝经的穴位，能收到效果。二是用五行的生、克和相乘、相侮等理论以阐述五脏之间的互相依存、互相制约的关系，与阴阳学说贯通一起，可以认识到一些防治疾病的道理。《类经》："造化之机，不可无生，亦不可无制。无生则发育无由，无制则亢而为害，必须生中有制，制中有生，才能运行不息，相反相成。"《素问·五运行大论》："气有余，则制己所胜，而侮所不胜；其不及，则己所不胜，侮而乘之，己所胜，轻而侮之。"

㉘气以成形：指气构成了人的形体。

㉙亏此气：指元气不足，全身或某些脏腑机能衰退的病理变化。气虚主要表现为元气不足，脏腑功能活动减退，以及机体抗病能力下降等。

㉚滞此气：气机阻滞而不畅，从而导致某些脏腑经络的功能失调或障碍所致。

㉛周流一身：在全身周转流行。周流，周遍流行。《楚辞·屈原·离骚》："览相观于四极兮，周流乎天余乃下。"

㉜福祚，音 fú zuò，汉语词语，意思是福禄、福分，也可指福利，赐予福禄。

㉝草根树皮，此处指中药。

㉞攻人疾苦，治疗人的疾病。攻，治疗。《周礼·天官·疡医》："凡疗疡，以五毒攻之。"

㉟后天之气，中医学名词。后天之精所化之气与肺吸入的自然界的清气相合而为后天之气，先天之气与后天之气相合而为人体一身之气。

㊱辛、甘、咸、苦、酸之五味，五味为中药学名词，即辛、酸、甘、苦、咸。药物以味不同，作用便不相同。辛味能散能行，酸味能收能涩，甘味能补能缓，苦味能泻能燥，咸味能软坚润下。

㊲寒、凉、温、热、平之五气，中药学名词，药性的寒、热、温、凉、

平药性分类，是根据药物作用于人体发生的反应归纳出来的。寒凉和温热是对立的两种药性；寒和凉之间、热和温之间，是程度上的不同，温次于热、凉次于寒。

㊳偏气，偏激之气与中药“偏性”相对。

㊴常与母通，都与母体相通。

㊵真气，又叫“元气”,《灵枢·刺节真邪》篇：真气者，所受于天，与谷气并而充身（者）也。说明“真气”是由先天之气（即受于先天的“原气”）和后天之气（得之于呼吸饮食的）相结合而成，是能充养全身的。人体各种机能活动以及抗病能力都和真气直接相关，故真气是人体生命活动的动力。真气实即正气充实，身体健康。

㊶心下肾上，心的下面、肾的上面（心肾之间）。

㊷寸，古代度量衡。按照中医骨度分寸法，歧骨到脐中为八寸，脐中至趾骨联合上缘为五寸。

㊸分，古代度量衡，十分等于一寸。

㊹真炁，即真气。

㊺生药，纯天然未经过加工或者简单加工后的植物类、动物类和矿物类中药材。

㊻长药，能够延年益寿的药物。

㊼瘫痪，又名瘫痪风，见《外台秘要》卷十四，指肢体痿弱不用的病证。《医贯·中风论》：“瘫者坦也，筋脉弛纵，坦然而不举也；痪者涣也，血气涣散而无用也。”多因肝肾亏虚，气血不足，复因风、寒、湿、热、痰、瘀等邪气侵袭经络所致。症见四肢痿废，不能运动，轻则手足虽能活动，但肢节缓弱无力，须靠扶持方能运用。治宜审察病因，采用药物、针灸、推拿等综合疗法。若一侧肢体偏废不用，称为偏枯，亦称为半身不遂。下肢瘫痪，属于半肢风的范畴。

瘫痪第二

养浩生曰：设有瘫痪之疾，其治、其病所属云何？仰祈慈座，分明剖晰，为后来众生，作大方便。

真人曰：夫瘫痪，始于中风[①]。原其病，皆由体气虚弱[②]，荣卫失调[③]。或为喜怒忧思悲惊[④]所伤，或为酒色劳力所致，因而真气耗散，腠理[⑤]不密，风邪[⑥]乘虚而入。故起有麻木疼痛者，乃风湿[⑦]也；有口眼歪斜者，乃风中经络[⑧]也；有左身不遂、手足瘫痪者，乃血虚与死血[⑨]也；有右身不遂、手足瘫痪者，乃气虚与湿痰[⑩]也；有左右手足皆瘫痪者，乃气血大虚也；有手足瘫痪口㖞[⑪]语涩等症者，乃血虚火盛[⑫]也。大抵气血乃一物，气行则血行[⑬]，气旺则血旺。年至五十以上得此疾者，宜用鼎器进炁之术（方见后延年部）。其人自己兼用积炁之方以补其虚行炁之法以导其滞或一百日或二百日立能却诸苦脑[⑭]，入快乐场。

养浩生曰：积炁行炁[⑮]之方云何？

真人曰：先令其人入室静坐[⑯]，或卧存神[⑰]脐间[⑱]，入一寸三分一呼一吸为一息[⑲]，调呼吸三百六十息。然后住息[⑳]，舌抵上腭[㉑]，内气不出，外气不入虽无呼吸，亦约定一呼一吸为一息，量气长短，得息多寡，必须默记。俟[㉒]气稍急，神运其气，自尾闾[㉓]、夹脊[㉔]，上升泥丸[㉕]，兼用鼻以气提之。入口化为甘津[㉖]，后放下舌漱之，分三口咽，如咽硬物送入脐间此名积炁也。此为一遍，如是再起。每三遍后，仍闭息[㉗]运脐间，所积之炁，置之痛处，或麻木处，左右旋绕，各三十六遍，或二十四遍，或十六遍，亦量长短气急，仍运气还脐，此名行气[㉘]也。每积气三遍行气一遍，为一周自用念珠暗记[㉙]，每次行五十周[㉚]，或三十周日行数次。百日自能从原，兼用鼎器[㉛]，其效更速。

（接：虚痨[㉜]第三）

【语译】

养浩生说：假设得了瘫痪这种疾病，它的治疗方法以及这种病是属于什么情况呢？恳请您能够详细解析，这也是为了方便以后的人们。

真人说：瘫痪，开始于中风。这种病的根本原因都是由于身体气血虚弱，营卫不和。有些人再加上喜、怒、忧、思、悲、惊等各种情志所伤的原因，有些人则是因为酒、色、劳累所致，因而使得真气耗散，腠理不密，风邪随之乘虚而入。所以发病时以麻木疼痛为主要症状的，多是风湿所致；以口眼歪斜为主要症状的，多是风中经络所致；以左侧身体不遂、手足瘫痪为主要症状的，多是血虚与死血所致；以右侧身体不遂、手足瘫痪为主要症状的，多是气虚与湿痰所致；以左右手足全部瘫痪为主要症状的，多是气血大虚所致；以手足瘫痪、口㖞语涩为主要症状的，多是血虚火盛所致。大致而言，气和血原本就是同一种物质，所以气行则血行，气旺则血旺。年龄在50岁以上得了这种病的人，可以用鼎器进气术，具体方法见后面《延年》部。病人自己则可以同时用积气的方法，以补益气虚的证候；用行气的方法，以疏导气滞的证候。有的用100天，有的用200天，就能够祛除各种苦恼，而进入到快乐的境界。

养浩生说：请问积气、行气的具体方法是什么呢？

真人说：先让他入室内安静地坐好或者躺下，把注意力集中在肚脐内一寸三分的地方。以一呼一吸称为一息，先调整呼吸共计360息。然后停止呼吸，用舌尖抵住上腭，身体内的气不呼出去，身体外的气也不要往进吸。虽然这个时候没有呼吸的出入，但还是用一呼一吸为一息的办法来计算时间，以度量闭气时间的长短，以及闭气多少个呼吸的时间，一定要默默地记清楚。等到闭气稍有点急促的时候，就用意念运行内气，从尾闾经夹脊而上升到头顶，同时用鼻子吸气助气上提。内气进入口中化生成甘甜的津液后，放平舌头，用津液漱口，然后再分成3口咽下，好像咽硬物一般，并把它送到肚脐内一寸三分的地方，这种练习方法就叫作积气法。这是一遍，按这样的方法然后再继续重复练习。按照上面的方法，每练习3遍之后，仍然用闭息的方法，并用意念将肚脐内所积的气，运行到身体疼痛或者麻木的地方，并意念气在该处左右画圆、旋绕，各36次，或24次，或16次，也需要考虑闭气时间的长短以及呼吸急促的问题，然后依旧运气返还到肚脐内一寸三分处，这种方法就叫作行气法。每积气3遍、行气1遍，为1周，自己可以用念珠暗暗记数，每次行50周，或30周，每日练习数次。百日之后，身体自可复原，如果同时用鼎器的方法，它的效果会更快。

【注释】

①中风，病名。出《灵枢·邪气藏府病形》。又名卒中，卒暴昏仆，不省人事，或突然口眼㖞斜，半身不遂，言语謇涩的病证。中风病因，历代医书论述不同。北宋前大多宗《灵枢》《素问》作外风论治，金元时期刘河间

谓中风非外中于风，乃因将息失宜，心火暴甚，肾水虚衰，不能制之；李东垣以中风非外来风邪，乃本气自病；朱丹溪谓中风大率主血虚有痰。王安道则谓刘、李、朱三说是以类中风之病视为中风立论，不知因于风者，为真中风；因于火、因于气、因于湿者，为类中风而非中风。中风辨证，分中络、中经、中腑与中脏。《金匮要略·中风历节病脉证并治》："邪在于络，肌肤不仁；邪在于经，即重不胜；邪入于腑，即不识人；邪在于脏，舌即难言，口吐涎。"猝然昏仆，不省人事者，又有闭证和脱证之分。

② 体气虚弱，身体气血虚弱。

③ 荣卫失调，荣、卫之气不和。荣气，是与血共行于脉中的精气。生于水谷，源于脾胃，出于中焦，有化生血液和营养周身的作用。卫气，属于阳气的一种。生于水谷，源于脾胃，出于上焦，行于脉外，其性刚悍，运行迅速流利；具有温养内外、护卫肌表、抗御外邪、滋养腠理、开阖汗孔等功能。《灵枢·本藏》"卫气者，所以温分肉，充皮肤，肥腠理，司开阖者也……卫气和则分肉解利，皮肤调柔，腠理致密矣。"消烁，消耗，消磨。

④ 喜怒忧思悲惊，情志活动。喜、怒、忧、思、悲、恐、惊常称七情，为人的精神意识对外界事物的反应。作为病因是指这些活动过于强烈、持久或失调，引起脏腑气血功能失调而致病。《素问·举痛论》："怒则气上，喜则气缓，悲则气消，恐则气下……惊则气乱……思则气结。"

⑤ 腠理，读音 còu lǐ，指皮肤、肌肉的纹理，分皮腠、肌腠等，有时又指皮肤和肌肉的交接处，合称皮腠。腠理是渗泄液体，流通和合聚元气的场所，有防御外邪侵袭的功能，腠理和卫气在生理、病理上有着密切的关系。卫气有温润、充养腠理、控制腠理开合的作用，若卫气平和，则腠理致密，开合有度，能抗御外邪的侵袭，若卫气不足，则腠理疏松，外邪得以随时侵入。

⑥ 风邪，病因，六淫之一，常与其他病邪结合而致病，如"风寒""风热""风湿""风燥"等。风为阳邪，发病症状每有游走性和多变性。《素问·风论》："风者善行而数变，腠理开，则洒然寒，闭则热而闷。其寒也，则衰食饮；其热也，则消肌肉。"

⑦ 风湿，人体感受风、寒、湿邪而致身痛或身重、关节疼痛，屈伸不利的疾病。见《金匮要略·痉湿暍病脉证治》："病者一身尽疼，发热，日晡所

剧者，名风湿。此病伤于汗出当风，或久伤取冷所致也，可与麻黄杏仁薏苡甘草汤。”“风湿，脉浮身重，汗出恶风者，防己黄芪汤主之。”“风湿相搏，骨节疼烦掣痛，不得屈伸，近之则痛剧，汗出短气，小便不利，恶风不欲去衣，或身微肿者，甘草附子汤主之。”

⑧风中经络，中风中经、中络的总称，见《寿世保元·中风》。症见口眼歪斜、肌肤麻木、半身不遂、言语不利等症，一般无神志改变，病情较中脏腑略轻。

⑨血虚与死血，血虚指体内血液亏虚不足，《素问·举痛论》：“脉泣则血虚，血虚则痛。”多因失血过多，思虑过度，或脏腑虚损，不能化生水谷精微所致。临床主要表现为面白无华、唇舌淡白、头晕眼花、心悸、失眠、手足发麻、脉细无力等症。死血即瘀血，指体内有血液停滞，包括离经之血积存体内，或血运不畅，阻滞于经脉及腑内的血液。瘀血既可以是疾病过程中的病理产物，又可以是某些疾病的致病因素。形成的原因主要有二：一是因气滞、气虚等引起之血行不畅而凝滞，二是因内外伤或血热妄行造成的离经之血。

⑩气虚与湿痰，气虚指包括元气、宗气、卫气的虚损，以及气的推动、温煦、防御、固摄和气化功能的减退，从而导致机体的某些功能活动低下或衰退，抗病能力下降等衰弱的现象。多由先天禀赋不足，或后天失养，或劳伤过度而耗损（“劳则气耗”），或久病不复，或肺脾肾等脏腑功能减退，气的生化不足等所致。气虚的病理反映可涉及全身各个方面，如气虚则卫外无力、肌表不固，而易汗出；气虚则四肢肌肉失养，周身倦怠乏力；气虚则清阳不升、清窍失养而精神委顿，头昏耳鸣；气虚则无力以率血行，则脉象虚弱无力或微细；气虚则水液代谢失调，水液不化，输布障碍，可凝痰成饮，甚则水邪泛滥而成水肿；气虚还可导致脏腑功能减退，从而表现一系列脏腑虚弱征象。湿痰，病理产物，多因坐卧卑湿之地，或感受雨湿，与体内水液交凝而致。

⑪口㖞，即口歪，嘴巴歪斜。

⑫血虚火盛，阴血亏虚而致虚火亢盛的症状。

⑬气行则血行，指气的推动作用是血液循行的动力。气一方面可以直接推动血行，另一方面又可促进脏腑的功能活动，通过脏腑的功能活动推动血

液运行。《血证论·阴阳水火气血论》："运血者即是气。"

⑭苦脑，按文义，应为"苦恼"。

⑮积炁行炁，气功学术语。指以意识引导内气在体内运行，此法可用以运气攻病。《养性延命录·服气疗病》篇："凡行气欲除百病，随所在作念之。……和气往攻之，从时至时，便自消矣。"

⑯静坐，安静地坐好。

⑰存神，气功术语与功法名。又称存想，或简称存，心神注意力集中于身体某处。《黄庭内景经·脾部章第十三》务成子注："注念存思，神状当然。"《天隐子·存想》篇："存谓存我之神，想谓想我之身。"大致可分两类：一类是以存思五脏为主，称"内视法"；一类是存思身中之神，有一定宗教色彩，即"存神"。

⑱脐间，肚脐周围。

⑲一息，一次呼吸为一息。

⑳住息，停止呼吸。

㉑舌抵上腭，操纵方法是：口唇轻闭，牙齿轻叩，舌尖自然轻轻地贴在口腔内上门牙根与上牙龈的交界处，如果将上下两唇轻轻开启时，则舌尖"吧嗒"一声就自然离开上腭，这样才算合乎标准。功夫深厚者，舌头会自然内缩后卷，紧抵上腭，甚至反抵喉咙，古人所谓"反锁鹊桥关"，则另当别论。社会上所传让初学者翘舌抵腭者，皆系讹传也，此不可不知。更不可刻意将舌头翘起，用力抵住上腭。该方法是沟通任督二脉的桥梁，俗称"搭鹊桥"。中医学认为，督脉循背，总督周身阳脉，为阳脉之海；任脉沿腹，总任一身阴脉，为阴脉之海，两脉各断于上腭和舌根。

㉒俟，音 sì，等待。

㉓尾闾，音 wěi lǘ，经穴名，长强穴别称，督脉之络穴，别走任脉，位于尾骨尖与肛门中点，主治遗精、阳痿、便血、痔疮、脱肛、泄泻、便秘、腰脊痛、小儿惊风、尾骶骨痛、痫症等疾病，现多用于癔症、腰神经痛等。

㉔夹脊，指背部脊椎两旁的穴位。《素问·缪刺论》："从项数脊椎侠脊，疾按之应手而痛，刺之旁，三痏立已。"杨上善注："脊有二十一椎，以两手侠脊当推按之，痛处即是足太阳络，其输两旁，各刺三痏也。"《华佗别传》："又有人病脚躄不能行……后灸愈。灸处夹脊一寸上下行，端直均调

如引绳也。”即指脊椎旁0.5寸处为穴位。近代诸书多同此说。即自第1胸椎至第5腰椎棘突下两侧，后正中线旁开0.5寸，左右共34穴，亦称华佗穴、华佗夹脊、佗脊、脊旁等。

㉕泥丸，指脑或脑神。《黄庭内景经·至道章》：“脑神精根字泥丸。”务成子注：“泥丸，脑之象也。”一说为上丹田异名，一说百会为泥丸。

㉖甘津，即口中津液，《本草纲目》中的“口津唾”，时珍曰：人舌下有四窍，两窍通心气，两窍通肾液。心气流入舌下为神水，肾液流入舌下为灵液。道家谓之金浆玉醴，溢为醴泉，聚为华池，散为津液，降为甘露，所以灌溉脏腑，润泽肢体。故修养家咽津纳气，谓之清水灌灵根。秦越人《难经》云：肾主五液。入肝为泪，入肺为涕，入脾为涎，入心为汗，自入为唾也。

㉗闭息，屏住气，停止呼吸。

㉘行气，见“瘫痪第二”⑮。

㉙念珠暗记，用念珠在心中默默记数。

㉚周，按上文，每积气3遍、行气1遍，为1周。

㉛鼎器，古代煮东西用的器物，圆形，三足两耳，也有方形四足的。

㉜虚痨，病名。出《金匮要略·血痹虚劳病脉证治》，又作虚劳。正气损伤所致的虚弱症和具传染性表现为虚弱证候的疾病（见《诸病源候论·虚劳病诸候》），前者称为虚损，后者称为劳瘵或传尸劳。

虚痨第三

养浩生曰：瘫痪之外，莫甚于痨，其治云何？

真人曰：痨也者，劳也。久视伤血①，久卧伤气②，久坐伤肉③，久立伤骨④，久行伤筋⑤。或七情⑥过多，或色欲越度，致令元炁不足，心肾有亏，渐致真阳虚损⑦，相火随旺⑧，火旺则销烁⑨真阳。为嗽为痰，为喘为热，为吐血衄血⑩，为盗汗⑪遗精⑫，为上盛下虚⑬，手脚心热，皮焦，午后怕寒，夜间发热⑭，或日夜不退⑮，或懵杂⑯怔仲⑰，呕哕⑱烦燥⑲，胸腹作痛，饱闷作泻，痞块⑳虚惊㉑，面白唇红，头目晕眩㉒，腰背酸痛，四肢困倦无力，小水赤涩，皆系阴虚火动[23]，水不上行、火不下降，故有种种疾患。悉宜用积炁之术，倘富足之家，虽年壮者，亦宜用鼎器进炁，或百日，或二百日，立能却诸苦恼，入快乐场。

养浩生曰：功夫与前异乎？

真人曰：异！瘫乃攻其客邪[24]，痨乃补其不足[25]，其法纯用文火[26]。置病者，于极静之处，滋味调理，饮食匀称。仍上奉祖师，以摄其邪妄之心[27]。令其人在静室中，或坐或卧，存神脐内一寸三分。先调极微三百六十息毕，舌抵上腭，内气不出[28]，外气不入[29]。虽无呼吸，亦约定一呼一吸为一息，量气长短[30]，得息多寡[31]，必须默记[32]。俟气稍急，神运其气[33]，自尾闾夹脊上升泥丸，兼用鼻以炁提之，入口化为甘津漱之，分三口，咽如咽硬物，送入脐内，再调呼吸起，此系一遍。胸中有痰[34]，乃运脐间气，自脐至胸，左右各运三十转，或二十转，或十六转，量气长短，以为多寡。每积炁三十遍，行炁一遍。如咳急[35]，则积气一遍，行炁一遍，俟其不嗽[36]。自用念珠暗记遍数，逐日行之。但呼吸出入之际，俱要微缓，心要闲静[37]，此文火[38]也。

养浩生曰：倘[39]虚症[40]而吐诸血，奈何？

真人曰：功夫与前稍异。但一切血症[41]，皆属于热，阳盛阴虚[42]，火载血上行，错经失血，故有吐血[43]之症。均于行功时，先调文息，三百六十息。每调十息，少停咽气三口，皆如咽硬物，用意引入脐内，腹中辘辘然响，此虚火下行[44]之验也。盖脐乃脾经[45]，脾为五脏八脉[46]之祖，内有八窍，能通诸络。火既下行，血自不失。直至真能不血，方行积气、行气[47]功夫。使邪气[48]酿为真气，各归本经，自尔痊愈。但行功每一遍毕，微呵气[49]六口，后吸气一口，咽津入脐[50]，此亦泄火添水[51]之助也。

养浩生曰：倘虚症[52]而麻木[53]，奈何？

真人曰：功夫与前无异。但一切麻木，俱属气血两虚[54]。行功每一遍毕，用两掌心，擦令极热，遍身摸搓[55]，干沐浴[56]之，令气脉得通[57]，自尔快乐。

养浩生曰：倘虚症而遗精[58]，奈何？

真人曰：功夫不过同前。但一切梦遗[59]，俱系邪客于阴，神不守舍[60]，故心有所感，而后泄也。其泄有三：或少年气盛鳏居[61]，蓄念因感而泄。此泄如瓶之满溢也，此还轻易。或心家气虚[62]，不能主宰，偶因本脏受热，阳气不收，此泄如瓶之侧出也，此为稍重。或脏腑亏弱[63]，真元久斫[64]，心不摄念[65]，肾不摄精[66]，此泄如瓶之罅[67]而漏也，此为最重。俱于前诀之外，未行功前，或夜半阳生时，急须披衣端坐，将左手捉住玉茎，提气一百度。每气一提，谷道[68]一撮，使淫欲[69]之水，不致下行，邪妄[70]之火，不能下迸，然后行功，永绝梦遗[71]之患。今人居常梦遗，宜用回阳[72]法。其法每夜半子时分，阳正兴时，仰卧[73]瞑目[74]，舌抵上腭，将腰拱起，用左手中指，顶住尾间穴，用左手大指，顶住无名指根拳着，又将两腿俱伸，两脚十指俱抠起，提气每一口，俱存想其气，自尾间夹脊上升泥丸[75]，慢慢下至中田[76]，方将腰腿手脚，从容放下。不二三遍，阳即衰也。但凡世人于睡时，阳多兴举[77]，清晨便溺赤色[78]，虽不梦遗，亦是走阳。即大便时，亦能带出。惟行功[79]，使小便清踰泉水，方无走失，尔辈不可不知。

（接：臓症[80]第四）

【语译】

养浩生说：痈痪以外，就要算痨病比较严重了，请问这种病该怎样治疗呢？

真人说：痨这种病，源自劳损。看东西的时间久了会伤血，躺的时间久了会伤气，坐的时间久了会伤肉，站立的时间久了会伤骨，行走的时间久了会伤筋。或者是七情过度的情绪变化，或者是色欲过度，导致元气不足，心肾亏虚，进而导致真阳虚损，相火随之旺盛，火旺就会进一步消耗真阳。咳嗽，痰，喘，热，吐血、衄血，盗汗，遗精，上盛下虚，手脚心热，皮肤干枯憔悴，午后怕寒，夜间发热，或日夜发热不退，或嘈杂、怔忡，呕哕、烦躁，胸腹作痛，饱闷作泻，痞块，虚惊，面白唇红，头目晕眩，腰背酸痛，四肢困倦无力，小便赤涩，这些都是阴虚火动，水不上行、火不下降，所以就会出现这种种的疾患。这些都适合用积气的方法，如果家中富足，虽然是壮年也可以用鼎器进气的方法，或 100 天，或 200 天，就能消除各种痛苦烦恼，进入快乐的境界。

养浩生说：功夫与前面讲的不同吗？

真人说：不同！因为治疗痈痪主要是攻伐从体外进入的邪气，而治疗痨证则主要是补充体内正气的不足，这种方法纯粹用的是文火。将患者安置在一个极其安静的地方，合理调整饮食、滋味的均衡。还要上奉祖师，以收摄患者邪妄不安的心。让患者在安静的室内，坐好或躺好，集中注意力于肚脐内一寸三分的地方。先调整呼吸至极微细到360个呼吸结束之后，将舌尖抵在上颚（闭住呼吸），身体内的气不往外呼出，身体外的气也不往内吸入。这时虽然没有呼吸出入，但还是用一呼一吸为一息的方法来计算时间，以衡量闭气时间的长短，以及闭气时间是多少次呼吸，一定要暗自记清楚。等到闭气感觉稍有点急的时候，就用意念运行内气，从尾闾经夹脊而上升到头顶，同时用鼻子吸气助气上提。内气进入口中化生成甘甜的津液后，放平舌头，用津液漱口，然后再分成3口咽下，好像咽硬物一般，并把它送到肚脐内一寸三分的地方。然后再开始调整呼吸，这是一遍。如果胸中有痰，就将肚脐内的气，从肚脐运送到胸部，然后在胸部左右旋转各30圈，或20圈，或16圈，根据闭气时间的长短，决定转动圈数的多少。每积气30遍，就行气1遍。如果咳嗽的比较急，就积气1遍，行气1遍，一直练习到他不咳嗽为止。练习时自己可以用念珠暗自进行记数，每天这样进行练习。但在呼吸出入的时候，都要微细、缓慢，心要闲适寡欲，这就是文火的练习方法。

养浩生说：倘若是虚症且吐血的病症，该怎么办呢？

真人说：功夫与前面讲的稍有不同。但是所有的血症，都属于热，阳盛则阴虚，火载血上行，导致经脉错乱而出血，所以有吐血之症。都要在练功的时候，先用文火调整呼吸360息。每调息10次，稍微停一会儿，咽气三口，都好像在吞咽硬物，用意念把气引入肚脐内，腹内有辘辘样的响声，这是虚火向下运行的证验。肚脐这个部位属于脾经，脾是五脏、八脉的源头，里面有八个窍道，能与诸络相通。火既然下行，血就不会往外流了，直到真正不出血的时候，才进行积气、行气功夫的练习。如果能够把邪气转化为真气，并将其归还到原本的经脉之中，疾病自然就痊愈了。但每次练功结束后，都要微微地呵气6口，然后再吸气1口，吞咽津液并用意送入脐内，这也是泄火、补水的辅助功法。

养浩生说：倘若是虚症兼有麻木的病症，该怎么办呢？

真人说：功夫与前面讲的没有什么区别，但一切麻木的症候，都是属于气血两虚。每练功一遍结束，都要用两掌心相对搓擦到很热，然后再摸搓全身各处，像干洗澡那样，能够使气脉通畅，自然身心愉悦。

养浩生说：倘若是虚症兼有遗精的病症，该怎么办呢？

真人说：功夫和前面讲的大致一样。但所有梦遗，都是邪气停留于阴分，导致神不守舍，所以心一旦受到诱惑，就会出现遗精的现象。一般而言，这种遗泄的原因有三种：一种是由于年少气盛，独居而无妻室，淫念蓄积日久因为有所感、所惑而造成遗泄。这种遗泄就好像瓶子里水满之后溢出来一样，这是比较轻的症状，也容易治疗。一种是由于心气虚，不能控制心神，偶尔因为本脏受热，阳气就收不住了，这种遗泄就好像瓶子倾斜之后水流出来一样，这种属于稍重的症状。一种是由于脏腑亏损、虚弱，真元长时间被消耗，心不能控制念想和欲望，肾也不能固摄精液，这种遗泄的现象就好像瓶子出现裂缝而漏水一样，是最严重的一种症状。全部按前面的方法进行练习之外，在每次练功之前，或者是在半夜阳生的时候，迅速披衣端坐，用左手握住阴茎，提气 100 次，每提气 1 次，同时肛门也要一起跟着缩、提，使淫欲之水不至于下行，使邪念、妄念之火不能下迸，然后再按照前面讲的方法进行练功，可以彻底断绝梦遗的病患。现在很多人经常出现梦遗，应该用回阳法。这种方法是在每天晚上子时，阳气正兴之时，仰面平躺，闭着眼睛，舌抵上腭，将腰拱起来，用左手的中指顶住尾闾穴，用左手的大指顶住无名指根并握拳，再将两腿全部伸直，两脚的 10 个指头都抠起，提气，每提一口气都要想气从尾闾、夹脊上升到头顶，慢慢地下落到中丹田，然后才把腰腿手脚从容放下来，不到二三遍，邪火就会衰退下来。但很多人在睡觉时，阴茎都会勃起，清晨的小便带有红色，虽然没有梦遗，但也是阳气外泄的现象。即便是大便时，也能带出阳气。只有通过练功，使得小便清澈如泉水，才是没有阳气走失，你们不能不知道这些。

【注释】

① 久视伤血，一种病理变化，与以下四种并称五劳。视、卧、坐、立、行是人生命活动的五种体态，有静有动，有劳有逸。生命活动既不能过静过逸，也不能过动过劳。过静过逸，久卧、久坐则气血不流通，会伤及人身。过动过劳，久视、久立、久行，超出了人体的正常调节和耐受范围，亦会损伤人体。久视，则伤害心所主管的人体的血脉。

② 久卧伤气，一种病理变化，久卧，则伤害肺所主管的人体的正气。

③ 久坐伤肉，一种病理变化，久坐，则伤害脾所主管的人体的肌肉。

④久立伤骨，一种病理变化，久立，则伤害肾所主管的人体的骨骼。

⑤久行伤筋，一种病理变化，久行，则伤害肝所主管的人体的筋脉。

⑥七情，泛指喜、怒、忧、思、悲、恐、惊等各种情绪变化。传统中医理论认为，情绪的过度变化与不调，可以直接影响人的生理功能及脏腑功能，故有怒伤肝、喜伤心、思伤脾、悲忧伤肺、惊恐伤肾之说，另可参见前述。

⑦真阳虚损，即肾阳虚损。多由素体阳虚，或年老肾虚，或久病伤肾，或房劳过度所致。

⑧相火随旺，相火随之旺盛。相火，生理学名词，指寄居于肝肾二脏的阳火，是人体生命活动的动力。《格致余论·相火论》："火内阴而外阳，主乎动也，故凡动皆属火。以名而言，形气相生，配于五行，故谓之君；以位而言，生于虚无，守位禀命，因其动而可见，故谓之相。"

⑨销铄，音 xiāo shuò。销，《说文解字》："销，铄金也。从金、肖声。"金融化相似而小是销之范式。后延伸为去掉的意思，如销赃、销售等。铄，意思是指温度极高，能将金石熔化，形容酷热。出自《新唐书·天文志》："中夜有大流星长数丈，光铄如电。"《周礼·考工记·总叙》："铄金以为刃。"销铄，后来借指因久病消瘦。

⑩吐血衄血，吐血指血从口中吐出，见《金匮要略·惊悸吐衄下血胸满瘀血病脉证并治》。多因嗜食酒热辛肥、郁怒忧思、劳欲体虚等，致胃热壅盛，肝郁化火，或心脾气虚，血失统御而成。亦有因外感引动者，非外伤性头部诸窍及肌表出血。《灵枢·百病始生》："阳络伤则血外溢，血外溢则衄血。"（阳络指在上或属表的络脉）

⑪盗汗，病名睡中出汗，醒后即止之证，出《金匮要略·血痹虚劳病脉证并治》《素问·藏气法时论》等篇名寝汗，多见于虚劳，证属阴虚。《医略六书·汗病》："盗汗属阴虚。""盗汗乃睡中汗出，醒则汗收。因阴气空虚，睡时卫气乘虚陷入，则表无护卫而营中之火独旺于外，蒸腾汗出；醒则卫气行阳而气固于表，其汗乃止，多见于虚劳之人。"

⑫遗精，在非性交的情况下精液自泄，称之为遗精，又名遗泄、失精，遗精多见于性神经衰弱、慢性前列腺炎、慢性消耗性疾患。

⑬上盛下虚，中医病证，邪气实于上而正气虚于下之证。

⑭夜间发热，夜间身体发热。

⑮日夜不退，日夜发热而不退。

⑯慒杂，按文义应为“嘈杂”。嘈杂，中医病名，是指胃中空虚，似饥非饥，似辣非辣，似痛非痛，莫可名状，时作时止。

⑰怔仲，心悸并有恐惧不安感。怔忡，指心悸，又名心忪、忪悸。《医碥》卷四：“悸即怔忡。悸者，心筑筑惕惕然而不安，俗名心跳。”

⑱呕哕，呕即呕吐，胃内之物上涌而出，有声有物。《卫生宝鉴·补遗》：“有物有声，名曰呕。”哕即呃逆，胃气冲逆而上，呃呃有声的症状。

⑲烦燥，郁闷发热。

⑳痞块，病名。痞块，泛指腹内肿块。《丹溪心法·积聚痞块》：“痞块在中为痰饮，在右为食（一云‘痰’），积在左为血块，气不能作块成聚，块乃有形之物也，痰与食积、死血而成也。”

㉑虚惊，病名。因内气先虚，故触事易惊。

㉒头目晕眩，病名。眩，视物黑暗不明、头觉昏乱；晕，感觉自身与周围景物旋转。两者并见，统称眩晕，见《三因极一病证方论·眩晕证治》，又称眩运、头旋眼花。《证治汇补·眩晕章》：“其状目暗，耳鸣，如立舟车之上，起则欲倒，不省人事。盖眩者言视物皆黑，晕者言视物皆转，二者兼有，方曰眩晕。”

㉓阴虚火动，阴精亏损而致虚火亢盛。

㉔客邪，体外进入的邪气。

㉕补其不足，补充体内正气的不足。

㉖文火，气功内丹术术语，指练功中用意轻柔缓行之谓，与武火相对而言。《金仙证论》：“微缓谓之文火。”《海琼传道集》以“专气致柔，含光默默，温温不绝，绵绵若存”为文火之要。《性命圭旨》：“得丹时借文火养之。”此时须意随气转，微微观照。用文火温养，称为文烹。

㉗邪妄之心，邪妄不安的心。

㉘内气不出，体内的精气不会泻出。内气，体内的精气，是构成人体和维持生命活动的最基本物质。

㉙外气不入，外界的空气不会进入。

㉚量气长短，衡量闭气时间的长短。

㉛ 得息多寡，闭气时间是多少次呼吸。

㉜ 默记，暗自记清楚。

㉝ 神运其气，用意念运行内气。

㉞ 胸中有痰，胸腔中有痰。痰，病理性产物。《医碥》卷二："痰本吾身之津液，随气运行……苟气失其清肃而过于热，则津液受火煎熬，转为稠浊；或气失其温和而过于寒，则津液因寒积滞，渐至凝结，斯痰成矣。"

㉟ 咳急，咳嗽急促。

㊱ 嗽，咳嗽。

㊲ 闲静，闲适寡欲。《淮南子·本经》："质真而素朴，闲静而不躁。"

㊳ 文火，见"虚痨第三"㉖。

㊴ 傥，同倘。

㊵ 虚症，人体精气、营血不足或脏腑虚证出现的虚弱证候。《素问·通评虚实论》："邪气盛则实，精气夺则虚。"

㊶ 血症，病名。症病之一。《杂病源流犀烛·积聚症瘕痃癖痞源流》："其有脏腑虚弱，寒热失节，或风冷内停，饮食不化，周身运行之血气，适与相值，结而生块，或因跌仆，或因闪挫，气凝而血亦随结，经络壅瘀，血自不散成块，心腹胠胁间苦痛，渐至羸瘦，妨于饮食，此之谓血症。"

㊷ 阳盛阴虚，阳热过盛，往往耗伤阴津。《素问·阴阳应象大论》："阳胜则阴病。"

㊸ 吐血，见"虚痨第三"⑩。

㊹ 虚火下行，阴虚之虚火向下运行。

㊺ 脾经，十二经脉之一。《灵枢·经脉》："脾足太阴之脉。起于大指之端，循指内侧白肉际，过核骨后，上内踝前廉，上踹内，循胫骨后，交出厥阴之前，上膝股内前廉，入腹，属脾，络胃，上膈，挟咽，连舌本，散舌下；其支者，复从胃别，上膈，注心中。"该经自足大趾的内侧端（隐白）起始，经核骨（第一跖趾关节）后面，向上到达内踝骨的前边（商丘），在三阴交穴处与足厥阴、足少阴两经交会，再沿胫骨内缘，向上交叉浅出足厥阴肝经的前边，经过膝关节，沿大腿内侧前边，进入腹腔，入属脾脏，联络胃腑，再向上贯穿膈肌，挟食道两旁，连系舌根，散布舌下。它的支脉从胃部分出，通过膈肌，流注心中，脉气由此与手少阴心经相接。

㊻五脏八脉，五脏，人体器官名，指心、肝、脾、肺、肾五个脏器。脏是指胸腹腔内那些组织充实致密，并能贮存、分泌或制造精气的脏器。《素问·五藏别论》："所谓五脏者，藏精气而不泻也，故满而不能实。"《灵枢·本脏》："五脏者，所以藏精神血气魂魄者也。"八脉，奇经八脉的简称。《难经·二十七难》："凡此八脉者，皆不拘于经，故曰奇经八脉也。"

㊼行气，见"瘫痪第二"⑮。

㊽邪气，病因学名词。即病邪，泛指各种致病因素。《素问·通评虚实论》："邪气盛则实，精气夺则虚。"

㊾呵气，呼气时配合发出"呵"字音。中医认为，"呵"字诀与心相应，口吐"呵"字具有泻出心中浊气、调理心脏功能的作用。通过捧掌上升，翻掌下插，外导内行，使肾水上升，以制心火；心火下降，以温肾水，达到心肾相交，水火既济，调理心肾功能的作用。两掌的捧、翻、插、拨，肩、肘、腕、指各个关节柔和连续地屈伸旋转运动，锻炼了上肢关节的柔韧性、功能的协调性，有利于防止中老年人的上肢关节退化等病症。

㊿咽津入脐，吞咽津液并用意送入脐内。

(51)泄火添水，泄火补水的功法。

(52)虚症，见"虚痨第三"㊵。

(53)麻木，肌肤感觉障碍。麻，肌肤蚁走感，或如触电感；木，皮肉不仁如木厚之感。由气血俱虚，经脉失于濡养，或气血凝滞，经络失畅，或寒湿痰瘀留阻脉络所致。《杂病源流犀烛·麻木源流》："麻木，风虚病亦兼寒湿痰血病也。麻，非痒非痛，肌肉之内，如千万孑虫乱行，或遍身淫淫如虫行有声之状，按之不止，搔之愈甚，有如麻木之状。木，不痒不痛，自己肌肉如人肌肉，按之不知，掐之不觉，有如木之厚。"

(54)气血两虚，气虚不能生血，血虚不能化气，气血两虚同时存在的一种证候。

(55)遍身摸搓，摸搓全身各处。

(56)干沐浴，不用水而干洗澡。

(57)气脉得通，能够使气脉通畅。

(58)遗精，见"虚痨第三"⑫。

(59)梦遗，睡梦中遗精的病证，见《普济本事方》卷三，又称梦失精、梦泄精、梦泄。多因见情思色，相火妄动，或思考过度，心火亢盛所致。《类证治裁》："心为君火，肝肾为相火。君火一动，相火随之，而梦泄焉。"

⑥⓪神不守舍，神魂不在躯体上。比喻心神恍惚，无法专一。清代纪昀《阅微草堂笔记·卷一五·姑妄听之一》："盖疲困之极，神不守舍，真阳飞越，遂至魂魄与形离，是即鬼类。"

⑥①鳏居，音 guān jū，意思为独身无妻室，出自《北里志·郑合敬先辈》。

⑥②心家气虚，由老年脏气日衰，汗下太过，或劳心过度心气耗损所致。症见心悸，短气（活动时加剧），自汗，胸闷不舒或痛，面色㿠白，体倦乏力，舌质淡、舌体胖嫩、苔白，脉虚等。

⑥③脏腑亏弱，脏腑亏损、虚弱。

⑥④真元久斫，真元长时间被消耗。真元，指人的元气。斫，音 zhuó，用刀斧砍。

⑥⑤心不摄念，心不能控制念想和欲望。

⑥⑥肾不摄精，肾不能固摄精液。

⑥⑦罅，音 xià，缝隙，裂缝，也用来比喻事情的漏洞。

⑥⑧谷道，即肛门，出自《备急千金要方》卷二十三。

⑥⑨淫欲，色欲、邪欲。

⑦⓪邪妄，邪恶的，不合常理的。

⑦①梦遗，见"虚痨第三"⑤⑨。

⑦②回阳，中医学名词，使衰微的阳气复苏。

⑦③仰卧，仰面平躺。

⑦④瞑目，闭上眼睛。

⑦⑤泥丸，见"瘫痪第二"㉕。

⑦⑥中田，中丹田，道家有称人身脐下三寸为丹田，认为这个部位是男子精室、女子胞宫所在处。气功意守部位名词，其部位有三：脐下的叫"下丹田"，心窝部的名"中丹田"，两眉之间的称"上丹田"。

⑦⑦阳多兴举，阴茎都会勃起。

⑦⑧溺赤色，清晨的小便颜色发红。

⑦⑨行功，运行功法，即练功之意。

⑧⓪臌症，指腹部膨胀如鼓的病证。臌通鼓，后世亦名臌胀。《灵枢·水胀》："鼓胀者，腹胀，身皆大，大与胀肤等也；色苍黄，腹筋（指腹壁静脉）起，此其候也。"《素问·腹中论》："有病心腹满，旦食则不能暮食，名为鼓胀。"《医林绳墨》卷五："臌胀者，如鼓之形，外坚中空，击之有声，按之有形，皮肉之急胀……"

臌症第四

养浩生曰：虚痨之外，莫重于臌疾，其治云何？

真人曰：原夫臌症，皆由脾胃[①]之气虚弱，不能运化[②]，致使水谷聚而不散[③]，故成臌也。或饮食失节[④]，不能调养，则清气下降，浊气[⑤]填满胸腹，湿热[⑥]相蒸，遂成胀满。经曰臌胀是也，中空无物，有似于鼓也。或怒气忧恼[⑦]，郁而不伸，使邪气溢入旁经，日积月累，久成兹疾，皆为臌疾也。

养浩生曰：其法奈何？

真人曰：真气长而邪气自消[⑧]。宜令病者，密室静坐，瞑目握固[⑨]，存神脐内一寸三分，调武火[⑩]三百六十息，每三十六息呼气六口，补气六口调毕，舌抵上腭，内气不出，外气不入，虽无呼吸，亦约定一呼一吸为一息[⑪]，量气长短[⑫]，得息多寡[⑬]，必须默记。俟气稍急，神运其气[⑭]，自尾闾夹脊上升泥丸[⑮]，兼用鼻以气提之，入口化为甘津[⑯]，分三口咽如咽硬物，送入脐间。自用念珠暗记遍数。每次行五十遍，或三十遍，日行数次[⑰]。凡行功毕，俱宜用掌心摸腹[⑱]百十次。一月之外，自尔快乐。若脐凸肉硬[⑲]，肚大青筋[⑳]，足背手掌俱平者，或男从脚下肿上，女从头上肿下者，并难治[㉑]之。

（接：噎膈第五）

【语译】

养浩生说：虚痨之外，就要数臌症严重了，该怎样治疗呢？

真人说：臌症，都是由于脾胃的气虚弱，不能将水谷化为精微并将其转输，导致饮食进入体内聚在一起不能化散，就形成了臌症。或者是由于饮食没有节制，不注意调养，使身体的清气下降，而浊气却把胸、腹部都填充得满满的，再加上湿气与热气相互的作用，就形成了胀满的症状。经上说："臌胀是也，中空无物，有似于臌也。"或者是由于怒气、忧愁、烦恼，导致情绪、气机郁而不畅，迫使邪气流溢到经脉之中，日积月累，时间长了就形成了这种疾病，这些都是臌病形成的原因。

养浩生说：有什么方法解决呢？

真人说：真气增长，邪气自然消亡。需要让患者在密室中静坐，闭上眼睛，两手握固，把注意力集中在肚脐内一寸三分的地方，用武火的形式调息360次，每36息的时候呼气6口，补气6口，调整结束后，舌抵上腭，体内的气不向外呼出，体外的气不向内吸入，虽然不进行呼吸，也要按照正常一呼一吸的时间为一息，来衡量闭气时间的长短，闭气时间有多少息，一定要暗自计数。等到闭息稍有急促的时候，就用意念将气从尾闾、夹脊，向上提升到头顶，同时可以用鼻子配合进行提气，等气到达口腔并化成甘甜的津液后，分3口咽下，好像咽硬的东西一样，并用意念将其送到肚脐间。在这个过程中，自己可以用念珠暗记遍数。每次练习50遍，或30遍，一天要练习多次。每次练功结束，都要用手掌心摸腹100次左右。1个月之后，自然身体轻快。如果患者的肚脐外凸，并且凸出来的肉是硬的，肚子很大并布满青筋，而脚背、手掌都是平的；或者男性从脚下往上肿，女性从头上往下肿的，都属于难治之症。

【注释】

①脾胃，脾，五脏之一。为"仓廪之官"，主运化水谷，升清降浊，主肌肉、四肢。合胃，开窍于口，其华在唇。藏"意"，主"思"，与精神意识活动有一定关联。经脉属足太阴，与足阳明胃经表里相合。阴阳属性为阴，五行属土。胃，六腑之一，主受纳与腐熟水谷，所化生的水谷精微通过脾的运化，输布于五脏六腑，营养全身。

②运化，脾的生理功能，运，即转运输送；化，即消化吸收。脾主运化，指脾具有将水谷化为精微，并将精微物质转输至全身各脏腑组织的功能。

③聚而不散，聚在一起不能化散。

④饮食失节，饮食没有节制。

⑤浊气，与清阳相对而言的重浊物质。《素问·阴阳应象大论》："浊气在上，则生䐜胀。"

⑥湿热，病因学名词。指一种病邪，湿和热相结合的病邪，致病可分别引致脾胃、肝胆及下焦大肠、膀胱等脏腑或皮肤筋脉的病证。《素问·生气通天论》："湿热不攘，大筋软短，小筋弛长，软短为拘，弛长为痿。"

⑦怒气忧恼，怒气、忧愁、烦恼。

⑧邪气自消，邪气自然消亡。

⑨瞑目握固，闭上眼睛两手进行握固。握固为道教养生修炼中常用的一种手式，出《老子》"骨弱筋柔而握固"。方法为以余四指握大拇指成拳，仿胎儿之状，男左女右。《道枢·众妙》篇："握固者何也？吾以左右拇指掐其三指之文，或以四指总握其拇，用左右手以拄腰腹之间者也。"这种手式有促使心气归一、辟邪毒之气的作用。《寿世青编·十二段动功》："两手当屈，两大指抵食指根，余四指捻定大指，是为两手握固。"

⑩武火，气功内丹术术语，指练功中用意重紧急运之谓，与文火相对而言。《金仙证论》："紧重谓之武火。"用武火时须配合舐吸撮闭四诀。《海琼传道集》以"奋迅精神，驱除杂念"为武火之要。采药及昏沉时需用武火。《性命圭旨》："未得丹时借武火凝之。"用武火采炼，称为武炼。

⑪一息，见"瘫痪第二"⑲。

⑫量气长短，见"虚痨第三"㉚。

⑬得息多寡，见"虚痨第三"㉛。

⑭神运其气，见"虚痨第三"㉝。

⑮泥丸，见"瘫痪第二"㉕。

⑯甘津，见"瘫痪第二"㉖。

⑰日行数次，一天要练习多次。

⑱摸腹，按摩腹部。

⑲脐凸肉硬，（患者的）肚脐外凸，并且凸出来的肉是硬的。

⑳肚大青筋，肚子很大且布满青筋。

㉑难治，难以治疗的病症。

膈噎第五

养浩生曰：臌症之外，莫甚于膈，其治奈何？

真人曰：夫膈有数种有气虚[①]而膈者，有血虚[②]而膈者，有食积[③]而膈者，有脾泄[④]而膈者，有因痰而膈者皆系七情[⑤]内伤、六淫[⑥]外克，或醉饱饥饿失节，或房劳过度[⑦]，则脾胃虚而受伤，转输不及，穀难运化，故阴自降[⑧]，而阳自升[⑨]，乃成天地不交之否[⑩]也。

养浩生曰：其治云何？

真人曰：夫天地不交气通则交。虽积气令脾元气氤氲[⑪]化其余积，余积既化，气自上升，相为摩荡，自迩通泰。宜令病者，密室静坐，瞑目握固[⑫]调文火[⑬]三十六息，咽气三口，用意坠下[⑭]。又调武火三十六息，咽气三口，用意坠下。一文一武，周而复始共三百六十息终然后舌抵上腭[⑮]内气不出，外气不入虽无呼吸，亦约定一呼一吸为一息，量气长短，得息多寡，必须默记。不俟气急速运气上胸膈左右，运三十遍或二十遍或十六遍毕。送气归脐[⑯]，提上尾闾夹脊升泥丸，兼微用鼻以气提，入口化为甘津[⑰]，分三口咽，如咽硬物，送入脐内[⑱]，此系一遍。暗用念珠记之每次行五十遍或三十遍，日行数次。不过一月自尔快乐兼用鼎器[⑲]，其效更速。

（接：寒疾[⑳]第六）

【语译】

养浩生说：臌症之外，就数膈噎症了，该如何治疗呢？

真人说：膈有好多种，有气虚引起的膈，有血虚引起的膈，有食积引起的膈，有脾气下泄引起的膈，有痰引起的膈。这些都是由于“七情”对身体造成伤害，再加上外界“六淫”的侵袭，或者是醉酒、饥饱等饮食失节，或者是房劳过度，从而导致脾胃虚弱而受到伤害，致使转化运输的功能不足，饮食难化，所以体内出现了阴性的物质自动往下降，阳性的物质自动上升的现象，就好像卦象中表示天地不交的否卦一样。

养浩生说：那该怎么治呢？

真人说：天地不交，如果气通了就能交合。于是用积气的方法使脾的元气凝聚，借以运化体内的积滞，积滞如果化开了，气自然就会上升，阴性物质自然下降，阴阳、上下相互摩擦、涤荡，体内自然就变得通泰了。让患者进入密室中静坐，闭上眼睛，双手握固，先用文火调息36次，咽气3口，并用意念引气下行。再用武火调息36次咽气3口，并用意念引气下行。这样文火、武火交替调息，周而复始，共360次结束。然后舌抵上腭，体内的气不向外呼出，体外的气不向内吸入，虽然不进行呼吸，也要按照正常一呼一吸的时间为一息，来衡量闭气时间的长短，闭气时间有多少息，一定要暗自计数。不等到呼吸急促，迅速运气到胸膈，并意念左右各旋转30圈，或20圈，或16圈。结束之后，运气返回肚脐内，再提气从尾闾、夹脊，上升到头顶，同时微微用鼻子配合提气，等气到达口腔并化成甘甜的津液后，分3口咽下，好像咽硬的东西一样，并用意念将其送到肚脐内，这是1遍。暗自用念珠计数，每次练习50遍，或30遍，每天要练习多次。不到1个月，自己就会感觉到身体轻快。如果同时用鼎器，它的效果会更加迅速。

【注释】

①气虚，见“瘫痪第二”⑩。

②血虚，见“瘫痪第二”⑨。

③食积，饮食所伤饮食不节，暴饮暴食，损伤脾胃，饮食停滞，《素问·痹论》篇曰：“饮食自倍，肠胃乃伤。”

④脾泄，病名，又名脾泻，指饮食或寒湿伤脾，引致脾虚泄泻。《素问·至真要大论》：“太阴之胜，湿化乃见，善注泄。”《难经·五十七难》：“脾泄者，腹胀满，泄注，食即呕吐逆。”《丹溪心法·泄泻》指出：“老人奉养太过，饮食伤脾。”

⑤七情，见“虚痨第三”⑥。

⑥六淫，病因病理学名词，风、寒、暑、湿、燥、火六种病邪的合称。六气太过、不及或不应时，影响到人体的调节适应机能及病原体的滋生传播，成为致病的邪气，属于外感病（包括一些流行性病和传染病）的病因。六淫致病，自外而入，称为外因。《三因极一病证方论》：“然六淫，天之常气，冒之则先自经络流入，内合于脏腑，为外所因。”

⑦房劳过度，病因学名词。指性生活过度，耗伤肾精，肾之真阴元阳俱亏。是虚劳病因之一。

⑧阴自降，阴性的物质自动下降，阴阳见“总论”㉖。

⑨阳自升，阳性的物质自动上升。

⑩天地不交之否，否，《易经》六十四卦之一，象天地不交，表厄运。

⑪元气氤氲，元气交合汇聚。元气，又名“真气”，包括元阴和元阳之气。由先天之精所化生，而赖后天水谷精气的滋养，它发源于肾（包括命门），藏于丹田，借三焦之道，通达全身。它的主要功能，是推动人体的生长和发育，温煦和激发各个脏腑、经络等组织器官的生理活动，是人体生命活动的原动力，是维持生命活动的最基本物质。《难经·三十六难》：“命门者，诸精神之所舍，原气之所系也。”氤氲，古时指阴阳二气交会和合的样子。

⑫握固，握固的方法是先将大拇指屈曲，再将其余四个手指头弯曲，简单说就是握拳，把大拇指握在里边。在著名养生学著作《云笈七签》中记载：“拘魂门，制魄户，名曰握固与魂魄安户也，此固精明目，留年还魂法，若能终日握之，邪气百毒不得入。”意思是说，握固之法，就好像把房门关上一样可以静心安魂，固护精气，明目延年；经常进行握固的锻炼，还可以辟邪防毒。可见，握固对于人体三宝“精气神”的固守具有一定的作用。从中医学角度讲，将大拇指扣在手心，指尖位于无名指“第四指”的根部，那里有一根细细的筋，按揉会非常酸痛，这是肝脏的风窍所在，肝主筋，在变动为握。如果注意看婴幼儿的手势，就会发现他们经常是握固的姿势，这是由于小孩子五脏肝心脾肺肾及神魂意魄志尚未发育完全，出于自我保护，往往会本能地紧握拳头以“固魂”。而当人的生命结束的那一瞬间，却是“肝魂尽失，撒手人寰”。握固为道教养生修炼中常用的一种手式，出《老子》“骨弱筋柔而握固”。《寿世青编·十二段动功》：“两手当屈，两大指抵食指根，余四指捻定大指，是为两手握固。”

⑬文火，见“虚痨第三”㉖。

⑭用意坠下，用意念引气下行。

⑮舌抵上腭，见“瘫痪第二”㉑。

⑯送气归脐，运气返回肚脐内。

⑰ 甘津，见“瘫痪第二”㉖。

⑱ 脐内，肚脐之内。

⑲ 鼎器，见“瘫痪第二”㉛。

⑳ 寒疾，指因感受寒邪所致的疾病。

寒疾第六

养浩生曰：膈症之外莫重于寒，其疾奈何？

真人曰：寒者天地杀厉之气[①]。因人于冬[②]失于调理，此气入肌肤，伏乎荣卫[③]，至春因温暖气逼而成疾，曰温疾[④]；至夏因暑热[⑤]之气逼而成疾，曰热疾[⑥]；总之寒也。至于疫厉[⑦]，稍有不同。盖春应温而反凉，夏应热而反冷，秋应凉而反热，冬应寒而反温，有此四时不正之气[⑧]，故有瘟疫[⑨]。其法俱于将起，发寒作热，及头眩眼胀[⑩]、腹闷胸饱[⑪]、四肢作倦[⑫]，即为寒疾，将发时速依法治之，汗出自尔快乐。

养浩生曰：其法云何？

真人曰：令病者厚着衣服，瞑目握固，存神脐内一寸三分，武火[⑬]调息[⑭]三百六十息，每三十六息一呵，呵出[⑮]口中热气，勿使上攻眼目。每呵毕，咽津补之。调毕[⑯]，舌抵上腭[⑰]，内气不出，外气不入，虽无呼吸，亦约定一呼一吸为一息。量气长短，得息多寡，必须默记。俟气稍急，神运其气，自尾闾夹脊上升泥丸，兼用鼻以气提之，入口化为甘津，漱之分三口咽下，如咽硬物，送入脐间，再调呼吸起。如此五十遍，或三十遍毕。用两手擦面[⑱]令极热[⑲]，次两大指背擦两目[⑳]，次用两大指背擦鼻[㉑]两边。仍闭目呵气[㉒]三口，咽漱津液三口补之。行功既完，方搓热两手心[㉓]，将身曲膝侧卧，将两热手紧抱阴囊[㉔]，闭息[㉕]而卧，皆用武火。所谓武火者，心神欲奋[㉖]，呼吸欲猛[㉗]，两齿紧咬[㉘]，筋骨强立[㉙]是也。如此行功，方得汗出，寒邪自去。如未大便，又有他法。

养浩生曰：如欲大便，又有何法？

真人曰：傥寒疾虽经出汗，然犹未便，即系寒邪有未净处，切不可乱餐饮食[㉚]。可于行积气[㉛]功夫，一完时，便须住意中宫[㉜]，闭息少顷[㉝]，神运其气，自中宫至肾，即提至喉，又送下肾，如此数十次。凡下即用力咽，上即用力提，不六七遍，腹中自辘辘然响，自然便也。如此行持[34]，自尔快乐。

（接：痰[35]症第七）

【语译】

养浩生说：膈症之外，没有比寒症重的了，这种病该如何治疗呢？

真人说：寒，是天地间对人体具有伤害性质的一种气。因为人们在冬天的时候没有调理好，让这种气进入皮肤肌肉，潜伏在机体的荣卫之内，到了春天因温暖的气对其进行逼迫而形成疾病，称之为温病；到了夏天因暑热的气对其进行逼迫而形成疾病，称之为热疾（伏气温病），总之都是寒的缘故。至于疫疠，稍有不同。大多是由于春天应该温暖但反而寒凉，夏天应该热却反而冷，秋天应该凉却反而热，冬天应该寒冷却反而温暖，这些四季不正常的气候，就会滋生瘟疫。这些疾病都是在刚发病时出现或冷或热，以及头晕、眼胀、腹胀、胸闷、四肢倦怠等症状，这些都属于寒疾的症状。在寒疾将要发作时，迅速按照相应的方法治疗，出点汗，很快就好了。

养浩生说：那么具体治疗方法是什么呢？

真人说：让患者穿着得厚一些，闭上眼睛，两手握固，把注意力集中在肚脐内一寸三分的地方，用武火调息 360 次，每 36 息的时候呵气 1 口，以呵出口中的热气，防止热气上攻眼目。每呵气结束后，通过吞咽津液的方式进行补充。调息结束后，舌抵上腭，不往外呼气，也不往内吸气，虽然不进行正常的呼吸，还是要按正常呼吸的一呼一吸为一息为标准，用来衡量闭气时间的长短，闭气过程中的息数多少，一定要暗自计数。等到呼吸稍有急促的时候，用意念将气从尾闾、夹脊向上运到头顶，同时可以用鼻子协助提气，气进入口中化为甘津之后，用津液漱口，然后分 3 口咽下，就好像咽硬的东西一样，并用意念将其送到肚脐内，然后再次开始调息进行第二遍的练习。这样练习 50 遍，或者 30 遍。结束后，用双手擦面做“干洗脸”，致使面部非常热；接着再用两个大拇指的指背摩擦两眼，接着再用两大拇指指背摩擦鼻子的两侧。之后仍然闭目呵气 3 口，漱咽津液 3 口进行补充。练功完毕之后，才搓热双掌心，将身体屈膝侧卧，将搓热的两手紧紧抱住阴囊，闭住呼吸躺着，都采用武火的方法。所谓武火，就是心神是要兴奋的，呼吸是要猛烈的，上下牙齿要紧紧咬着，筋骨也相对要用劲。按这样的办法进行练功，才能获得出汗的效果，寒邪自然随之而去。但如果没有大便，还有其他的办法。

养浩生说：如果想让患者大便，又有什么办法呢？

真人说：倘若寒症虽然已经出了汗，但仍然没有解大便，这是寒邪尚有未排干净的地方，切记不可以胡乱饮食。可以于行积气功夫一完时，就把注意力放在中丹田，闭住呼吸停留一会儿，用意念运气，从中丹田运到肾，再将气提到喉部，再送到肾中，就这样重复数十次。凡是气往下运的时候就要用力咽，气往上运的时候就用力提，不到六七遍，腹中就会发出辘辘的响声，自然而然就有便意了。这样练习，自然身体轻快。

【注释】

①杀厉之气，对人体具有伤害性质的一种气。

②冬，冬季。

③荣卫，荣气与卫气的合称。荣气，是与血共行于脉中的精气。生于水谷，源于脾胃，出于中焦，有化生血液和营养周身的作用。卫气，属于阳气的一种。生于水谷，源于脾胃，出于上焦，行于脉外，其性刚悍，运行迅速流利；具有温养内外，护卫肌表，抗御外邪，滋养腠理，开阖汗孔等功能。《灵枢·本脏》“卫气者，所以温分肉，充皮肤，肥腠理，司开阖者也……卫气和则分肉解利，皮肤调柔，腠理致密矣。”

④温疾，温病，此处指伏气温病。伏气温病，病名。感受外邪，蕴伏于里，经过一定时期而发的温病。见《温热经纬》卷二。以《素问·阴阳应象大论》“冬伤于寒，春必病温”为理论根据，此处为温病学中的春温。

⑤暑热，夏季的暑热之气。

⑥热疾，此处指伏气温病，见“寒疾第六”④。

⑦疫厉，即疫疠，具有强烈传染性，流行一时一地的疾病，见《诸病源候论》卷十，又名瘟疫、时气。《医学入门》卷四：“疫疾如有鬼疠相似，故曰疫疠，又曰时气。”

⑧四时不正之气，四季不正常的气候。

⑨瘟疫，即疫疠，具有强烈传染性，流行一时一地的疾病，见《诸病源

候论》卷十，又名瘟疫、时气。《医学入门》卷四："疫疾如有鬼疠相似，故曰疫疠，又曰时气。"

⑩ 头眩眼胀，头晕，眼睛发胀。

⑪ 腹闷胸饱，腹胀胸闷。

⑫ 四肢作倦，四肢倦怠。

⑬ 武火，见"臌症第四"⑩。

⑭ 调息，运用意识，通过调整呼吸使意气相合，以后天气换取先天气。

⑮ 呵出，见"虚痨第三"㊾。

⑯ 调毕，调息结束后。

⑰ 舌抵上腭，见"瘫痪第二"㉑。

⑱ 两手擦面，双手擦面做"干洗脸"。

⑲ 极热，非常热的状态。

⑳ 擦两目，摩擦两眼。

㉑ 擦鼻，摩擦鼻子的两侧。

㉒ 闭目呵气，闭上眼睛做呵气。呵气，见"虚痨第三"㊾。

㉓ 搓热两手心，摩擦两手心，使其发热。

㉔ 阴囊，人体部位名。男性外阴部下垂的囊状物，内有睾丸、附睾和精索等器官。

㉕ 闭息，见"瘫痪第二"㉗。

㉖ 心神欲奋，心神需要兴奋。

㉗ 呼吸欲猛，呼吸需要猛烈。

㉘ 两齿紧咬，上下牙齿需要紧紧咬住。

㉙ 筋骨强立，筋骨需要用劲。

㉚ 乱餐饮食，胡乱地饮食。

㉛ 积气，养气和蓄气。

㉜ 住意中宫，把注意力集中在中宫，中宫，指中丹田，在心窝部位。金松岑《心声》："夫士，国之肝肾；夫士之言，国之声息也。肢体惫而声息雄，议论不少倦。中宫之气必完，干必终固。"

㉝ 闭息少顷，闭住呼吸停留一会儿。

㉞ 行持，练习。

㉟痰，指致病因素、病理性产物，有时则指病证。《医碥》卷二："痰本吾身之津液，随气运行……苟气失其清肃而过于热，则津液受火煎熬，转为稠浊；或气失其温和而过于寒，则津液因寒积滞，渐至凝结，斯痰成矣。"《医林绳墨》卷二："痰者，人身之痰饮也。人之气道贵乎清顺，其痰不生，设若窒塞其间，痰必壅盛。或因风、寒、暑、湿、热之外感；或因七情、饮食之内伤。以致气逆液浊，而变为诸证之所生焉。"痰可演变为多种病证。

痰症第七

养浩生曰：寒症之外，莫甚于痰，其治云何？

真人曰：痰乃秽浊[①]之物。火痰[②]黑色，老痰[③]胶色，湿痰[④]白色，寒痰清。其病亦自多端，或头晕目眩[⑤]耳鸣[⑥]；或口眼蠕动[⑦]，眉棱骨痛，耳轮[⑧]俱痒；或四肢游风肿鞕[⑨]；或齿浮而痛痒；或噫气吞酸[⑩]，心下嘈杂[⑪]；或痛或唠；或咽嗌不利，咯之不出，咽之不下，其痰似黑墨，如破絮桃胶、蚬肉[⑫]之状；或心下如停冰，心气冷痛；或梦奇怪之状；或足软腕酸；或腰肾骨节卒痛[⑬]；或四肢筋骨疼痛；或手足麻痹[⑭]臂痛[⑮]，状如风湿[⑯]；或脊上一条，每日如红线起；或浑身习习[⑰]，如卧芒刺[⑱]；或眼粘涩痒[⑲]，口噤[⑳]喉痹[㉑]；或绕项结核；或胸腹间，如有二气结纽噎塞[㉒]烦闷；或喘嗽呕吐；或吐冷涎[㉓]，绿水黑汁，甚为肺痈疮毒，皆痰所致。依法行持，立跻快乐，尔其识之。

养浩生曰：其法云何？

真人曰：医书云：善治痰者兼治气[㉔]。且百病中，多有兼痰者，世所不知也。宜令病者，不拘早晚[㉕]，安坐瞑目[㉖]，存神脐间[㉗]一寸三分，调息先文后武[㉘]，三百六十息。每三十六息，运胸间气一次。调毕，舌抵上腭，内气不出，外气不入，虽无呼吸，亦约定一呼一吸为一息。量气长短，得息多寡，必须默记[㉙]。俟气稍急，神运其气[㉚]，自尾闾夹脊上贯泥丸，兼用鼻以气提之，入口化为甘津，分三口咽，如咽硬物，送入脐中三次。后如前法，运胸间气一次。自用念珠暗记，每次行五十周，或三十周，日行数次，百日之内[㉛]，自能复原[㉜]。

养浩生曰：胸膈有痰气胀痛[33]者，何也？

真人曰：此痰与气相结[34]也，如不速治，必有膈噎，依前法行持，自尔快乐。

养浩生曰：浑身有肿块[35]者，何也？

真人曰：此系湿痰[36]流注经络[37]。大凡人骨体患痛，或作寒热者，皆是此症。依前法行持，自尔快乐。

养浩生曰：痰在胸膈间痛而有声[38]者，何也？

真人曰：此名痰饮[39]，乃死血[40]与痰相结而成，依前法行持，自尔快乐。

养浩生曰：人身上下结核[41]不散者，何也？

真人曰：此痰块[42]也。依前法行持，自尔快乐。

养浩生曰：咳嗽[43]吐黄痰[44]者，何也？

真人曰：此脾胃有热[45]也。依前法行持，自尔快乐。

养浩生曰：咯吐黑痰[46]成块者，何也？

真人曰：此劳伤心肾[47]也。依前法行持，自尔快乐。

养浩生曰：痰症[48]之中，又有咳嗽[49]哮吼[50]喘急[51]，其治亦与此同乎？

真人曰：治法稍异。但痰而无声者，用武火；痰而有声者，用文火。如喘急不能行积炁功夫者，宜令其人以舌拄上腭，取华池神水[52]，漱满口[53]吞下，用意坠至下田，送出大便。连吞十数口，少停又吞。清晨仍空心服童便[54]二三瓯[55]，自然水润火降[56]，气息宁帖[57]，方行前功。补完精气[58]，永绝痰火之症。按咳嗽之患，四季不同。春是上升之气，夏是火炎上，秋是湿热伤肺[59]，冬是风寒外束[60]，各因时而文武之。喘者，因火所郁，痰在脾胃。哮吼，乃肺窍中有痰气也。宜用后法坠之，自尔快乐。

（接：脾胃第八）

【语译】

养浩生说：寒症之外，就数痰症重了，该怎么治疗呢？

真人说：痰是一种污秽重浊的物质。由火导致的痰大多是黑色的，积久难治的痰大多是胶色的，由湿导致的痰大多是白色的，由寒导致的痰大多是清稀的。由痰导致的疾病其症状也有很多，有的头晕、目眩、耳鸣；有的口眼蠕动，眉棱骨痛，整个耳郭瘙痒；有的四肢游风肿如鲠一般；有的牙齿浮动且痛痒；有的嗳气吞酸，心下嘈杂；有的或疼痛或呕哕；有的咽喉不利，咯也咯不出来，咽也咽不下去，痰的颜色好像黑墨汁，又好像破棉絮、桃胶、蚬肉一样；有的心下如停有一块寒冰，心冷而痛；有的梦到奇形怪状的东西；有的脚软、腕酸；有的腰肾、骨节突然疼痛；有的四肢筋骨疼痛；有的手足麻木、上肢疼痛，好像风湿的症状；有的背脊一条，每天好像起来一条红线；有的觉得全身痒痛、如同躺在芒刺上；有的眼睛黏、涩、痒，口不能张开，喉痹；有的绕着脖子有结核状的疙瘩；有的觉得胸腹之间好像有两股气拧结在一起，吞咽之时哽噎不顺，烦闷；有的咳嗽、气喘、呕吐；有的口吐冷唾沫，如绿水、黑汁，甚至肺痈疮毒；这些都是由痰导致的疾病。按照方法进行练习，很快就能获得快乐，你要知道这些。

养浩生说：具体的方法是什么呢？

真人说：医书中说“善治痰者兼治气”，并且很多疾病中，多夹杂着痰，这是世人所不知的。让患者不分早晚，安神静坐，闭上眼睛，把注意力集中在肚脐内一寸三分的地方，先文火、后武火调息360次，每36息，运胸中的气1次。调息结束，舌抵上腭，闭气，不把体内的气呼出去，也不把体外的气吸进来，虽然不进行正常的呼吸，依然要以正常时的一呼一吸为一息，用来衡量闭气时间的长短，闭气息数多少，一定要暗自记好。等感到气稍有急促，就用意念把气从尾闾、夹脊，向上运至头顶，同时可以用鼻子协助提气，气在口中化生成甘甜的津液后，分3口咽下，好像咽硬物一样，用意送入肚脐中3次。然后再用前面的办法，运胸中的气1次。自己用念珠暗暗记数，每次做50遍，或30遍，每天练习多次。100天之内，身体自会康复。

养浩生说：胸膈之间有痰气胀痛的，是什么原因呢？

真人说：这是痰与气相互凝结在一起的症状，如果不迅速治疗，必然会出现膈噎的症状，按照前面讲的办法进行练习，自然就会轻快。

养浩生说：浑身有肿块的，是怎么回事儿呢？

真人说：这是湿痰流注于经络的症状，大凡人体骨骼疼痛，或者有发寒、发热的症状，都是这个原因导致的症状。按照前面讲的方法去做，自然身体轻快。

养浩生说：痰在胸膈间伴有疼痛，而且有声响，是什么原因呢？

真人说：这叫痰饮，是死血与痰相互凝结在一起形成的，按照前面讲的方法进行练习，自然就会轻快。

养浩生说：如果人身体上上下下都有散不开的结核，是什么原因呢？

真人说：这是痰块，按照前面讲的方法进行练习，自然就好了。

养浩生说：咳嗽兼吐黄痰，是什么原因呢？

真人说：这是脾胃有热的原因，按照前面讲的方法进行练习，自然就好了。

养浩生说：如果咯吐黑色的痰块，是什么原因呢？

真人说：这是劳伤心肾的症状，按照前面讲的方法进行练习，自然就好了。

养浩生说：痰症之中，又兼有咳嗽、哮吼、喘急等症，治疗方法与前面讲的方法相同吗？

真人说：治疗方法稍有不同。如果有痰而没有声音的，宜用武火；有痰兼有声的，宜用文火。如果喘急不能练习行气功夫的，可以让此人舌抵上腭，候取口中的津液，并用漱口的方法使津液满口，然后用意念将其引下丹田，意念从大便处送出。连续吞咽十几口，稍停一会儿之后再吞咽。早晨仍然可以在空腹时，服童便二三杯，自然水润火降，气息安宁平稳，然后才练习前面讲的功夫。补足精气，可以永远断绝痰火之症。咳嗽的疾病，四季各有不同，春天是上升的气，夏天是炎上的火，秋天是湿热而易伤肺，冬天是风寒而易使肺卫受束，根据不同的季节，灵活使用文火、武火。喘，是因为火被郁阻，痰在脾胃所致。哮吼，是肺窍中有痰的表现，可以用后面的方法使其下坠，自然就会好起来。

【注释】

①秽浊，污秽重浊。

②火痰，由火证而生的痰。

③老痰，气火郁结，凝结胶固，积久难治之痰症。《丹溪心法附余·痰》："因火邪炎上，熏于上焦，肺气被郁，故其津液之随气而升者为火熏蒸，凝浊郁结而成。岁月积久，根深蒂固……"

④湿痰，湿痰有外感、内伤之分。《医学入门》卷五："生于脾，多四肢倦怠，或腹痛、肿胀、泄泻，名曰湿痰。"

⑤头晕目眩，自觉身体飘忽不定、眼花缭乱。

⑥耳鸣，指自觉耳中作响。耳鸣有虚实之分。《素问·脉解》：“所谓耳鸣者，阳气万物盛上而跃，故耳鸣也。”《灵枢·海论》：“髓海不足，则脑转耳鸣。”《景岳全书》卷二十七：“凡暴鸣而声大者多实，渐鸣而声细者多虚；少壮热盛者多实，质清脉细，素多劳倦者多虚。”《医贯》卷五认为：“耳鸣以手按之而不鸣，或减轻者，虚也；手按之而愈鸣者，实也。”

⑦蠕动，像虫类爬行的样子。

⑧耳轮，解剖部位名，见《针灸大成》卷十，系指耳郭边缘部分。

⑨肿鲠，肿如鲠一般。鲠，原文为“腰”，同鲠，（鱼骨头等）卡在喉咙里。

⑩噫气吞酸，噫气即嗳气，见《丹溪心法·嗳气》，指气从胃中上逆。胃出而作声，多见于饱食之后。《伤寒指掌》卷三引邵仙根谓：“嗳气者，因气抑遏不宣，上逆作声而嗳气，每有饱食之后而作者，可知其因于胃气郁滞也。”吞酸，胃内酸水上攻口腔、咽溢，不及吐出而下咽，见《诸病源候论·脾胃病诸候》，又称咽酸。《医林绳墨·吞酸吐酸》：“吞酸者，胃口酸水攻激于上，以致咽溢之间，不及吐出而咽下，酸味刺心，有若吞酸之状也。”

⑪嘈杂，见《丹溪心法》。指心脘间懊憹、难受，莫可名状的证候。《医林绳墨》卷二：“夫嘈杂者，似饥不饥，似痛不痛，有若热辣不宁之状，或兼痞满恶心，渐至胃脘作痛。”

⑫蚬肉，蚬，音 xiǎn，软体动物，两扇贝壳如心脏形，生活在淡水中，肉味鲜美，中国南北方均产。

⑬卒痛，突然疼痛。

⑭手足麻痹，手足肌肤麻木，不知痛痒。

⑮臂痛，指上下臂关节、筋肉、肌肤疼痛。疼痛部位多与经络循行有关，多由风寒湿邪侵袭、痰饮留滞、气滞血瘀、血虚不能荣筋、阳虚不能温煦或提挈重物损伤所致。《证治要诀·臂痛》：“臂为风寒湿所搏，或饮液流入，或因提挈重物，皆致臂痛，有肿者，有不肿者。……外有血虚一证，血不荣于筋，或致臂痛。”

⑯风湿，人体感受风、寒、湿邪而致身痛或身重、关节疼痛，屈伸不利的疾病。见《金匮要略·痉湿暍病脉证治》：“病者一身尽疼，发热，日晡所剧者，名风湿。此病伤于汗出当风，或久伤取冷所致也。可与麻黄杏仁薏

苡甘草汤。”

⑰浑身习习，全身感觉痛痒。形容辛辣、痛痒等感觉。

⑱卧芒刺，如同躺在芒刺上。芒刺，草木、茎叶、果壳上的小刺。

⑲眼粘涩痒，眼睛出现黏、涩、痒。

⑳口噤，牙关紧闭，口不能张开的症状。

㉑喉痹，中医耳鼻喉科疾病咽喉病名词。指以咽部红肿疼痛，或干燥、异物感，或咽痒不适，吞咽不利等为主要临床表现的疾病。“喉痹”一词，最早见于《内经》，如《素问•阴阳别论》：“一阴一阳结，谓之喉痹。”

㉒噎塞，指吞咽之时哽噎不顺。

㉓涎，唾沫，口水。

㉔治气，治疗气病。

㉕不拘早晚，不分早晚。

㉖安坐瞑目，安神静坐，闭上眼睛。

㉗存神脐间，存神于脐间。存神，见“瘫痪第二”⑰。

㉘先文后武，先用文火，后用武火。

㉙默记，暗自记好。

㉚神运其气，见“虚痨第三”㉝。

㉛百日之内，100 天之内。

㉜复原，身体康复。

㉝胀痛，症状名，痛且有胀感。在身体各部位都可以出现，但以胸胁、胃脘、腹部较为多见，多因气机郁滞所致。

㉞痰与气相结，痰与气相互阻结，以情志抑郁，失眠多梦，自觉咽中有物梗阻，吞之不下，吐之不出，胸胁满闷，痰多，苔白腻，脉弦滑等为常见症的证候。

㉟肿块，皮肤表面的结节或肿胀。

㊱湿痰，见“痰症第七”④。

㊲流注经络，流动注入于经络中。

㊳痛而有声者，疼痛并伴有声响。

㊴痰饮，多种水饮病的总称，泛旨体内水液转输不利，停积于体腔、四肢等处的一类疾病。饮停胃肠者为痰饮，水流胁下者为悬饮，淫溢肢体者为

溢饮，侵犯胸肺者为支饮，此处为悬饮。

㊵死血，见“瘫痪第二”⑨。

㊶结核，病名。指核样肿物生于皮里膜外者，与现代医学的结核病不同，指形如果核，坚而不痛，由风火气郁，结聚而生的肿物。

㊷痰块，病理性产物，由痰凝结而成。

㊸咳嗽，病名，因外感六淫，脏腑内伤，影响于肺所致有声有痰之证。见《素问·五脏生成》篇。《素问病机气宜保命集》：“咳谓无痰而有声，肺气伤而不清也；嗽是无声而有痰，脾湿动而为痰也。咳嗽谓有痰而有声，盖因伤于肺气动于脾湿，咳而为嗽也。”因外邪犯肺，或脏腑内伤，累及于肺所致。

㊹黄痰，呈黄色的痰。

㊺脾胃有热，脾胃部有热邪影响。

㊻黑痰，呈黑色的痰。

㊼劳伤心肾，因过度消耗导致的虚劳病症，损伤部位在心肾。

㊽痰症，《医林绳墨》卷二：“痰者，人身之痰饮也。人之气道贵乎清顺，其痰不生，设若窒塞其间，痰必壅盛。或因风、寒、暑、湿、热之外感；或因七情、饮食之内伤。以致气逆液浊，而变为诸证之所生焉。”痰可演变为多种病症，参见有关条目。

㊾咳嗽，与“痰症第七”㊸同，但兼症不同。

㊿哮吼，病名。呼吸急促，喉中有哮吼之声，即哮证，见《万病回春·哮吼》。《医宗金鉴》卷四十一：“呼吸气出急促者，谓之喘急；若更喉中有声响者，谓之哮吼。”

51喘急，即喘证，指呼吸喘促。《内经》有丰富的载述，包括有多种实喘与虚喘。《医林绳墨》卷上：“气之壅盛而不能接续者，谓之喘。”《杂证会心录》卷上：“喘者息促，气急不能平卧也。”

52华池神水，在内丹学中有不同的含义与解释，这里系指口中津液而言。

53漱满口，用漱口的方法使津液满口。

54童便，小男孩的尿。旧时中医以十二岁以下，健康男孩的小便。

55瓯，音ōu。本义为盆盂类瓦器，这里指杯子，如茶瓯。

56水润火降，肾水上升、心火下降。

⑰气息宁帖，气息安宁平稳。

⑱精气，构成生命和维持生命的基本物质和功能体现。《素问·生气通天论》："阴平阳秘，精神乃治，阴阳离绝，精气乃绝。"

⑲湿热伤肺，湿和热相结合的病邪侵犯肺脏。

⑳风寒外束，风寒袭表，内侵于肺，肺气失于宣发，出现肺卫证候。

脾胃第八

养浩生曰：痰喘之外，莫甚于脾胃[1]，其治云何？

真人曰：夫脾者，五脏八脉[2]之总关也。居常，薄滋味[3]、节饮食[4]，则气得周流[5]，一身顺畅；居常，滋味过厚[6]、饮食过多[7]，则填塞脾间，传送不及，故壅滞而成病。久则作痞[8]，胀痛难消[9]，故恶心不食，嗳气作酸，下泄臭屁，或腹痛吐泻，重则发热头痛，皆由伤于食也。

养浩生曰：其法云何？

真人曰：气盛[10]则脾盛[11]脾盛则诸脏宣通[12]，食气自消[13]。宜令患者入室静坐[14]，瞑目握固[15]，存神脐内[16]一寸三分调武火三百六十息。每三十六息补气一口，呼气一口，先呼后补[17]。调毕，舌抵上腭，内气不出，外气不入，虽无呼吸，亦约定一呼一吸为一息。量气长短，得息多寡，必须默记。俟气稍急神运其气[18]自尾闾夹脊上贯泥丸，兼用以气提之[19]入口漱为甘津，分三口咽，如咽硬物送入脐中。如此数次，自然打嗳[20]。凡嗳时，仍用口呼气三口，补气三口。自用念珠暗记[21]每行五十周，或三十周，日行数次。轻则目下立愈[22]，痞疾之类[23]，一月复原[24]。

养浩生曰：饮食不思痞闷[25]者，何也？

真人曰：乃胃寒[26]也。依前法行持，自尔快乐。

养浩生曰：饮食不化[27]作饱者，何也？

真人曰：乃脾虚[28]也，依前法行持，自尔快乐。

养浩生曰：饮食自多[29]者，何也？

真人曰：乃胃间伏火[30]也依前法行持自尔快乐。

（接：痔疾[31]第九）

【语译】

养浩生说：痰喘之外，就要数脾胃病严重了，不知该怎样治疗呢？

真人说：脾，是五脏八脉的总开关。生活中饮食清淡且规律，则体内的气就会周流全身，一身顺畅；如果生活中饮食肥甘厚腻且过量，就会把脾胃的空间填塞，消化道的传送功能就会不足，所以造成壅滞而形成疾病。时间久了则形成痞积，胀痛且难以消化，因而恶心不食，嗳气作酸，下泄臭屁，或腹痛吐泻，严重时发热头痛，这些病症都是伤于饮食的原因而造成的。

养浩生说：那么具体方法是什么呢？

真人说：人体的气充足，脾胃的功能就强大，脾胃的功能强大，各个脏腑则宣达通畅，积食之气也就自然消散了。让患者室内静坐，闭上眼睛，双手握固，把注意力集中在肚脐内一寸三分的地方，调武火 360 息。每 36 息，补气一口，呼气一口，先呼气再吸气。调息结束，舌抵上腭，不呼气，也不吸气，虽然不进行正常的呼吸，也要按正常呼吸的一呼一吸为一息，来衡量闭气时间的长短，闭气期间的息数多少，一定要暗自记清楚。待气稍有急促，即用意念运气，从尾闾、夹脊向上到头顶，同时用鼻子吸气的方式助气提升，气进入口内化为甘津之后，分 3 口咽下，好像咽硬东西一样，并意念将其送入肚脐内。这样练习数次，自然就会出现打嗝的现象。打嗝的时候，依然用口呼气 3 口，再补气 3 口。自己用念珠暗自记数，每次行 50 周，或 30 周，每日数次。轻症患者，眼下就会痊愈，痞证之类，1 个月的时间就会恢复正常。

养浩生说：不想吃饭而胸腹痞闷，是什么原因呢？

真人说：这是胃寒的原因，按照前面的方法进行练习，自然轻快。

养浩生说：饮食不消化且总有饱的感觉，是什么原因呢？

真人说：这是脾虚的原因，按照前面的方法进行练习，自然轻快。

养浩生说：饮食总是不自主地过量，是什么原因呢？

真人说：这是胃中有伏火，也按照前面的方法进行练习，自然轻快。

【注释】

① 脾胃，见“臌症第四”①。

② 五脏八脉，见“虚痨第三”㊻。

③薄滋味，生活中饮食清淡。

④节饮食，生活中饮食有规律。

⑤气得周流，体内的气可以周流全身。周流，周转；周遍流行。《楚辞·屈原·离骚》："览相观于四极兮，周流乎天余乃下。"

⑥滋味过厚，生活中饮食过于肥甘厚腻。

⑦饮食过多，生活中饮食过量。

⑧痞，指胸腹部有癖块，属积聚类。《临证指南医案·痞》徐灵胎评："痞有二义。痞结成形之痞，是病胸膈痞满。是症痞结之痞，即积聚之类，另立一门亦可。"《杂病源流犀烛》："痞者，闭也。痞必有块，块则有形，总在皮里膜外，其源皆由伤于饮食。"

⑨胀痛难消，胀痛且难以消化。

⑩气盛，人体的气充足。

⑪脾盛，脾胃的功能强大。

⑫诸脏宣通，各个脏腑则宣达通畅。

⑬食气自消，积食之气也自然消散。

⑭入室静坐，在室内安静地坐好。

⑮瞑目握固，见"臌症第四"⑨。

⑯存神脐内，存神于肚脐之内。存神，见"瘫痪第二"⑰。

⑰先呼后补，先呼气再吸气。

⑱神运其气，见"虚痨第三"㉝。

⑲兼用以气提之，此处改为"兼用鼻以气提之"原文此处无"鼻"字，疑为漏写，兹据上下文增补之。

⑳自然打嗳，自然就会出现嗳气的现象，嗳气，见"痰症第七"⑩。

㉑念珠暗记，见"瘫痪第二"㉙。

㉒目下立愈，眼下很快就会痊愈。

㉓痞疾之类，见"脾胃第八"⑧。

㉔复原，恢复正常，康复。

㉕痞闷，见"脾胃第八"⑧。

㉖胃寒，指脾阳虚衰，过食生冷，或寒邪直中所致阴寒凝滞胃脐的病症。

㉗饮食不化，饮食物不消化。

㉘ 脾虚，出《素问·脏气法时论》。泛指脾之阴阳、气血不足的各种病证。多因饮食失调、寒温不适、忧思、劳倦过度或久病伤脾所致。

㉙ 饮食自多，饮食总是不自主地过量。

㉚ 胃间伏火，胃中有伏火。

㉛ 痔疾，病名。《素问·生气通天论》："因而饱食，筋脉横解，肠澼为痔。"近代认为：痔系直肠下端黏膜下和肛管皮肤下痔静脉扩大、曲张所形成的静脉团。

痔疾第九

养浩生曰：疮疾[①]之内，莫甚于痔，其治云何？

真人曰：肠热[②]为痔。凡人九窍[③]中，但有小肉突起，皆曰痔，不特于肛门边为然。医家分痔为五种，乃牡、牝、脉、肠、气[④]是也。牡痔[⑤]者，肛门边发露肉珠，状如鼠奶，时时滴溃脓血；牝痔[⑥]者，肛门边生疮肿突出，一日数枚，脓溃即散是也；脉痔[⑦]者，肠口颗颗发瘟[⑧]，且痛且痒血出淋漓；肠痔[⑨]者，肛门内结核有血寒热往来[⑩]，登溷[⑪]脱肛[⑫]气痔者，遇怒则发肛门肿痛，气散则愈又有酒痔[⑬]，每遇饮酒发动，疮即肿痛而流血血痔者，遇大便则血出，而不止也久而不治，必穿为漏[⑭]。

养浩生曰：其法云何？

真人曰：此疾盖因邪热之火[⑮]下降而与气凝结。治夫此者，宜提邪火化为真气。宜令病者，密室静坐，慎喜怒[⑯]，薄滋味[⑰]，及五辛[⑱]煿炙、酒蘖[⑲]诸物。然后随令其人，安神[⑳]脐内一寸三分，调文火三百六十息，每三十六息，撮谷道[㉑]提气[㉒]六口，随呼出其气三口、补气三口调毕，舌抵上腭，内气不出，外气不入虽无呼吸，亦为定一呼一吸为一息量气长短。得息多寡，必须默记。俟气稍急，仍撮谷道[㉓]，提气[㉔]三口，干咽气一口，神运其气[㉕]，自尾闾[㉖]夹脊[㉗]上升泥丸[㉘]，兼用鼻以气提之[㉙]，入口化为甘津，分三口咽，如咽硬物，送入脐中。自用念珠暗记遍数，每行五十周，或三十周，日行数次，或十日，或半月，令其病者，自尔快乐。

（接：种子第十）

【语译】

养浩生说：在疮病中，就数痔疮严重了，该怎样治疗呢？

真人说：肠有热就会生形成痔疮。凡是人九窍之中，有小肉一样的突起，都叫作痔，不只是肛门边上的才叫作痔。医家把痔分为五种，分别是牡痔、牝痔、脉痔、肠痔、气痔。牡痔，是指肛门边生出发亮的肉珠，像老鼠的乳头，且时时滴着溃破的脓血；牝痔，是指肛门边上生出了疮肿样的突起，一日就会有数枚，里面的脓溃破之后，痔就散了；脉痔，是指肠口起着一颗颗像鸡皮疙瘩样的小颗粒，又痛又痒，并且还淋淋漓漓的出血；肠痔，是指肛门内凝结出核样的疙瘩且会出血，身体一会儿冷一会儿热，甚至伴有便时脱肛的症状；气痔，是指每遇发怒时就会发作，肛门肿痛，怒气消了之后就会自己愈合；还有酒痔，是指每次遇到饮酒就会发作，痔疮肿痛并且会流血；血痔，是指每次大便时就会出血不止，若长时间不治愈，必定会发展成瘘疮。

养浩生说：治疗方法是什么呢？

真人说：这种疾病都是因为邪热之火下降，而与气凝结在一起形成的。治疗这种病，需要提炼邪火，使其化成真气。让患者在密室中静坐，节制喜怒等情绪，调节饮食要清淡以及不吃五辛、煎炸、火烤、酒制等各种食物。然后让患者把注意力集中在肚脐内一寸三分的地方，调文火 360 息，每 36 息的时候，收缩肛门同时提气 6 口，随着呼吸出气 3 口、吸气 3 口。调息结束，舌抵上腭，不呼气，也不吸气，虽然不进行正常的呼吸，也要按正常呼吸时一呼一吸的时间定为一息，用来衡量闭气时间的长短。闭气时间的息数，一定要暗自记清楚。等到呼吸稍有急促时，仍要收提肛门，提气 3 口，干咽气 1 口，用意念运气，从尾闾、夹脊上升到头顶，同时可以用鼻子吸气帮助提气，气入口内化为甘津后，分 3 口咽下，好像咽硬物一样，并用意念将其送入肚脐内。自己用念珠暗自记数，每次 50 遍，或 30 遍，每日数次。有的 10 天，有的 15 天，就能让患者身体轻快。

【注释】

①疮疾，病名，皮肤感染与肌肤创伤等之总称。出《素问·至真要大论》："诸痛痒疮，皆属于心。"《素问·五常政大论》："故适寒凉者胀之，

温热者疮，下之则胀已，汗之则疮已。”

② 肠热，多因过食辛辣燥热之品，外感热邪或肺移热于大肠所致。

③ 九窍，人体部位名，即头部七窍及前、后阴。

④ 牡、牝、脉、肠、气，痔的五种分类，有牡痔、牝痔、脉痔、肠痔、气痔。

⑤ 牡痔，病名，肛门痔之一种。出马王堆汉墓出土医书《五十二病方》：“牡痔，有羸肉出，或如鼠乳状，末大本小，有孔其中……疾灸热。”

⑥ 牝痔，病名，肛门痔漏之一种，出《五十二病方》。牝，雌性。《五十二病方》：“牝痔之入窍中寸……后而溃出血。”

⑦ 脉痔，病名，肛门痔之一种，出《五十二病方》。有“脉者”，释为脉痔。《诸病源候论》卷三十四：“肛边生疮，痒而复痛出血者，脉痔也。”相当于肛裂。

⑧ 癗，音 lěi，瘟的异体字。《玉篇》：皮起也。《集韵》：小肿。《五音集韵》：痱瘟，皮外小起。

⑨ 肠痔，病名。肛门部痈疽。出《诸病源候论》卷三十四，“诸痔皆由伤风”“肛边肿核痛，发寒热而血出者，肠痔也”。即因肛门周围因痈疽形成周围脓肿，并由此而伴有恶寒发热者。

⑩ 寒热往来，见《诸病源候论·冷热病诸候》。巢元方认为：寒气并于阴则发寒，阳气并于阳则发热。阴阳二气虚实不调，则邪气更作而寒热往来。

⑪ 登溷，排便。溷，音 hùn，混的异体字。本意是指混浊，也指混乱，还指污秽物，粪便。该文字在《南史·范缜传》和《五人墓碑记》等文献均有记载。

⑫ 脱肛，直肠或直肠黏膜脱出肛门外。《诸病源候论·痢病诸候》：“脱肛者，肛门脱出也。”因气虚下陷，或胃肠湿热下注所致。

⑬ 酒痔，病名，见《外台秘要》卷二十六。有：“若肛边肿痛生疮者酒痔也。”相当于肛门周围脓肿，其病多在过量饮酒后发作。

⑭ 漏，即漏痔，病名，指肛漏日久，气血衰败，脓水淋滴者。见《疮疡经验全书》卷七，相当于结核性肛漏或因肛漏失治发展而成者。

⑮ 邪热之火，因感受外邪所致的发热。

⑯慎喜怒，节制喜怒等情绪。

⑰薄滋味，见“脾胃第八”③。

⑱五辛，五种辛味的蔬菜，也称五荤，佛教僧侣按戒律不许吃五辛。

⑲酒蘖，音 niè，译为生芽的米。酿酒的曲：媒蘖（喻定计陷害，使别人落下罪名，亦作“媒糵”）。

⑳安神，养生术语。指安定神志，摄养精神。《后汉书·仲长统传》：“安神闺房，思老氏之玄虚；呼吸精和，求至人之仿佛。”

㉑撮谷道，收缩肛门。

㉒提气，指呼吸。

㉓撮谷道，与“痔疾第九”㉑同，指重复此动作。

㉔提气，与“痔疾第九”㉒同，指重复此动作。

㉕神运其气，见“虚痨第三”㉝。

㉖尾闾，见“瘫痪第二”㉓。

㉗夹脊，见“瘫痪第二”㉔。

㉘泥丸，见“瘫痪第二”㉕。

㉙以气提之，通过呼吸的方法推动气的运行。

种子第十

养浩生曰：时俗之人，艰于子嗣[①]，其治云何？

真人曰：种子[②]之法，亦不过一气，故气合[③]则成胎[④]，气不合则不成胎。气虽合焉，间有其人精气衰弱[⑤]，故虽生而亦不育[⑥]，虽育而亦不长，虽长而亦多疾病。经云：顺则成人[⑦]，逆则成丹[⑧]。老子云：凡人生多疾病者，是风日之子[⑨]；生而早死者，是晦日[⑩]之子；在胎而伤者，是朔日[⑪]之子；生而母子俱死者，是雷霆霹雳日之子；能行步有知而死者，是下旬[⑫]之子；兵血死者，是月水尽之子，又是月蚀之子[⑬]；能胎不成者，是弦望之子[⑭]；命不长者，是大醉之子[⑮]；不痴必狂者，是大劳之子[⑯]；生而不成者，是平晓之子[⑰]；意多恐悸者，是日出之子[⑱]；好为盗贼贪欲者，是禺中之子[⑲]；性行不良者，是日中之子[⑳]；命能不全者，是日映之子[㉑]；好诈歹妄者，是晡时之子[22]；不喑必聋者，是人定之子[23]。天地闭，气不通，其子死；夜半中合会阴阳，生子上寿[24]贤明；夜半后合会，生子中寿[25]聪明智慧；鸡鸣合会，生子下寿[26]克父母，此乃天地之常理也。今人或因无嗣[27]，广置侍妾，以致真阳之炁[28]，因过于交合，胎愈不成。或服热药过多，烧竭真气，枯渣之质，胎亦不成，悲哉！求嗣首于寡欲[29]，寡欲则相火[30]伏，而君火[31]用事，精壮气盛，更选经调脉和之女，一交必成胎也。螽斯[32]之法，此其宜焉。

养浩生曰：其法云何？

真人曰：首宜培根。培根者，培气[33]也，气为人之根本。宜令其人，择日入室，选定滋味，绝欲除梦[34]，安神脐内一寸三分，调文火三百六十息，每三十六息，咽气六口，日行四遍，得气二十四口。如此三口，共得气七十二口。三日之后，方调息[35]起，亦三百六十口，每二十六息，咽气三口。调毕，舌抵上腭[36]，内气不出，外气不入，虽无呼吸，亦约定一呼一吸为一息。量气长短[37]，得息多寡[38]，必须默记[39]。俟气积[40]急，神运其气[41]，自尾间夹脊上升泥丸，兼用鼻以气提之，入口化为甘津[42]，分三口咽，如咽硬物，送入脐间[43]。自用念珠暗记，每行五十周，或三十周，日行数次。百日后，方用调经如法之鼎，一交即生男，聪慧寿康[44]，永得快乐。

养浩生曰：交感有候[45]乎？

真人曰：有，大约用妇人经水[46]净时。经有两日半净者，有三日净者，亦有血旺[47]之女六七日始净者，不可拘定[48]。但用洁白棉，或帛，夹之宝田户内，取而目之。金色者，乃佳期也；鲜红者，未净不洁也；浅淡者，大过也。如金色，乃新红已生，于此交合，再无不成。若先期而交，则金水太盛，子宫淤塞[49]，无受精[50]之处；后期而交，则子宫已闭，施精亦无门而入。又云：单日成男[51]，双日成女[52]，四日已后不成矣，施精要子时中，方可。

养浩生曰：今种子[53]家，有钩缩存提吸闭[54]六诀者，何也？

真人曰：此诀虽善，但元阳之泄[55]，疾若奔马，安可使之停止？且精在身中，本属一气，泄而为精，已有形也，如勉强收入后泄，倍于寻常，是使至阳之气[56]，变为驳杂之物，安可种子？脱如欲泄不泄[57]，轻则为淋[58]，重则为毒，所谓火发必刻者，是也，安可从之！

养浩生曰：又有转女成男[59]之法，其意何居乎？

真人曰：此皆意外之奇谭[60]，不可以常理测者也。其术亦不一，或传东南桃作斧柄[61]，置孕妇床下，刃向上，勿令人见，则男胎可成者；或传弓弦系腰[62]百日，内可转女成男者；或传雄鸡长尾[63]，插二茎于床下，转女成男者；或有佩雄黄[64]者，盖即古佩宜男萱草[65]之遗法也。扩而论之，人之阳气旺成男，衰成女，此理甚明。设衰弱[66]之人，总佩仙草，何济于事[67]？

（接：疟症[68]第十一）

【语译】

养浩生问：世上之人，难于生育子嗣，该如何治疗呢？

真人说：繁育子嗣的方法，也不过是一个气的问题，所以当气合的时候就会形成胎，气不合的时候就不会形成胎。气虽然合了，但有些人的精气衰弱，所以虽然形成了胎，但也不能正常发育，虽然发育了却也不会正常生长，虽然生长但却总是疾病缠身。经云“顺则成人，逆则成丹”。老子讲过：凡人生而多疾病的人，是刮风之日受的孕；生而早夭的孩子，是农历某月最后一天受的孕；在胎中即受伤的孩子，是农历某月初一受的孕；生下来，母、子俱死的，是在打雷之日受的孕；已经能走路且开始懂事时死掉的孩子，是某月下旬受的孕；死于战争、格斗的孩子，是女子月经结束那天受的孕，也可能是月食时受的孕；虽能成胎但终究不能平安降生的，是某月初七八或二十二、二十三日或十五日受的孕；短命的孩子，是酒后受的孕；痴呆、癫狂孩子，是极度疲劳时受的孕；发育不良的孩子，是黎明时分受的孕；时常惊恐害怕的孩子，是太阳升起时受的孕；喜欢偷盗、贪欲重的孩子，是靠近中午时受的孕；品行不端的孩子，是中午时受的孕；寿命和才能不周全的孩子，是太阳偏西时受的孕；奸诈、恶劣、狂妄的人，是下午三点到五点时受的孕；盲儿、聋儿，是夜深人静时受的孕。天地之气闭塞不通时受孕，生的孩子难以存活；半夜时分交媾受孕，生的孩子高寿、贤德、聪慧；后半夜交媾受孕，生下的孩子能寿命中等、聪明智慧；鸡鸣时交媾受孕，生下的孩子寿命要短些，且克父母，这是人世间的一般道理。现在有些人或许是因为妻子没有生育子女，就又找了好多侍妾，导致自己的真阳之气，因为过度的交合而消耗，反而使胎更难形成。也有的人因为服用了很多大热的补药，使体内的真气被烧竭耗散，身体就好像枯渣一样，胎也无法形成，真是让人悲哀！求子，首先要欲望少，欲望少则体内的相火自然潜伏，而君火才能发挥作用，精壮气盛，再选择女子月经调和、脉象正常的时候，一旦交合必定怀胎。这是多子多孙的适宜方法啊！

养浩生说：具体治疗方法是什么？

真人说：首先要培养根本。培补根本，就是补气，气是人的根本。让这个人选择适宜的时间进入静室，调整好饮食，摒除欲望及杂念，静心存神肚脐内部一寸三分的地方，调文火360息，每36息，咽气6口，每天练习4遍，得气24口。按这样的方法进行3次，就是72口。3天之后，再进行一次新的调息，也是用文火的形式进行360息，每26息的时候，咽气3口。调息结束，舌抵上腭，不要将体内的气呼出去，也不要把体外的气吸进来，虽然不进行正常的呼吸，也要把正常的一呼一吸作为一息，用来衡量闭气时间的长短，闭气时间的息数，一定要暗自记清。等到呼吸稍有急促，就用意念运气，从尾闾、夹脊向上到头顶，同时用鼻子把气辅助往上提，当气进入口内化生成甘甜的津液后，分3口咽下，好像咽硬东西一样，并用意念送入肚脐内。自己用念珠暗自记数，每次进行50周，或30周，每天进行数次。100天之后，才选择月经调和等符合要求的女子，一交合就会怀孕而生男孩，并且聪明、长寿、健康，永远享受快乐。

养浩生说：交合的时间有要求吗？

真人说：有，大约在妇人月经结束的时候。月经有两天半结束的，有三天结束的，也有一些血旺的女子六七天才能结束，具体时间不要拘泥。或者可以用干净的白棉或帛，夹在女子的阴部内，然后取出来观察上面分泌物的颜色。金色的，是交合的最佳时期；鲜红色的，是月经还没有完全结束；颜色浅淡的，已经过了交合之期。如果是金色，说明新红已经生成，在这个时候进行交合，没有不成功的。如果在这个时间段之前进行交合，由于月经太多，子宫瘀塞，没有受精的地方；如果在这个时间段之后进行交合，则子宫已经闭合，就是精子过去也没有入口可以进入。又有说法是单日交合可生男，双日交合成女，4天之后交合将不会受孕，交合要在子时，才是最佳时间。

养浩生说：现在繁育子嗣的专家有钩、缩、存、提、吸、闭六种诀窍，怎么样呢？

真人说：这个口诀虽然很好，但元阳泄的时候，快得就好像急奔的骏马一样，如何能让它停下来呢？而且精在身体中，本来就属于气，泄的时候才化为精，已经成为有形之物，如果勉强将其收回，延迟寻常泄的时间数倍，这样会使纯阳之气，变为驳杂之物，如何可以繁育子嗣呢？将要泄而强制不泄，轻者会成为淋病重者会在体内生成毒，这就是所谓“火发必刻”的道理，怎么能听从他们讲的呢？

养浩生说：还有转女成男的方法，这种方法有什么依据吗？

真人说：这些都是异于寻常的传说，不可以用常理来推测。这类方法也不一样，有的传言用东南方桃木做成斧柄，放在孕妇的床底下，斧刃向上，不要让人看到，就可以成为男胎；也有传言说把弓弦系在腰上100天，肚里的女胎就可以转变为男胎；也有传言说用雄鸡尾巴上的长羽毛两根插在床底下，可以让女胎转变为男胎；也有说佩戴雄黄易成男胎，这大概是古代男人们佩戴萱草易怀男胎遗留下来的说法吧！总体而言，人的阳气旺盛容易怀男胎，阳气不足容易怀女胎，这个道理是非常明白的。假如阳气衰弱的人，即便总是佩戴着仙草，那又有什么用呢？

【注释】

① 艰于子嗣，难于生育子嗣。

② 种子，繁育子嗣。

③ 气合，男女交合。

④ 成胎，形成胎儿。

⑤ 精气衰弱，精气长期被消耗而不足的状态。

⑥ 不育，不能正常发育。

⑦ 顺则成人，顺着自然规律能起到养生作用。

⑧ 逆则成丹，气血内敛、五气归元则结为内丹。

⑨ 风日之子，多风之日受的孕。

⑩ 晦日，农历每月的最后一天。

⑪ 朔日，农历每月初一。

⑫ 下旬，十日为旬，每月最后的十天，称为“下旬”。

⑬ 月蚀之子，地球运行到太阳与月球之间，三者正好成一直线时，地球阴影遮蔽月球，使月亮上出现黑影的现象，称为“月蚀”。此时受的孕。

⑭ 弦望之子，弦望日受的孕。弦望，指农历每月初七八，廿二三和十五

（有时是十六七）。

⑮ 大醉之子，酒后受的孕。

⑯ 大劳之子，极度疲劳时受的孕。

⑰ 平晓之子，黎明时分受的孕。

⑱ 日出之子，太阳升起时受的孕。

⑲ 禺中之子，靠近中午时受的孕。

⑳ 日中之子，中午时受的孕。

㉑ 日昳之子，太阳偏西时受的孕。

㉒ 晡时之子，下午三点到五点时受的孕。

㉓ 人定之子，夜深人静时受的孕。

㉔ 上寿，寿命较长。

㉕ 中寿，寿命中等。

㉖ 下寿，寿命较短。

㉗ 无嗣，没有生育子女。

㉘ 真阳之炁，肾的阳气。真阳，即肾阳。

㉙ 寡欲，保持心地清净，头脑清醒冷静，欲望少。

㉚ 相火，生理学名词。指寄居于肝肾二脏的阳火，是人体生命活动的动力，常因失却肾阴滋养而妄动。

㉛ 君火，生理学名词。指心火，因心为君主之官，故名。君火居于上焦，主宰全身；相火居于下焦，温养脏腑。二者各安其位，共同维持机体正常功能。

㉜ 螽斯，螽，音zhōng，螽斯，昆虫，种类很多。体窄长，绿或褐色，触角细长，雄虫以翅摩擦发声，善跳跃，大多是害虫。这种昆虫产卵极多，所以后来借指子孙众多的意思，而称之为“螽斯之征”。《三国志·魏志·高柔传》：“臣愚以为可妙简淑媛，以备内官之数，其余尽遣还家。且以育精养神，专静为宝。如此，则螽斯之征，可庶而致矣。”

㉝ 培气，即补气。

㉞ 绝欲除棼，摒除欲望及杂念，棼，音fén，纷乱之意。

㉟ 调息，见“寒疾第六”⑭。

㊱ 舌抵上腭，见“瘫痪第二”㉑。

㊲量气长短，见“虚痨第三”㉚。

㊳得息多寡，见“虚痨第三”㉛。

㊴默记，见“痰症第七”㉙。

㊵积，按照文义，“积”应为“稍”，同前文“俟气稍急”。

㊶神运其气，见“虚痨第三”㉝。

㊷甘津，见“瘫痪第二”㉖。

㊸脐间，见“瘫痪第二”⑱。

㊹聪慧寿康，聪明、长寿、健康。

㊺交感有候，交合的时间有要求。

㊻经水，月经的别称。

㊼血旺，经血旺盛。

㊽拘定，限定、拘泥。

㊾子宫淤塞，子宫因为瘀血而闭塞。

㊿受精，精细胞和卵细胞结合的过程。

51单日成男，单日交合可以生男孩。

52双日成女，双日交合可以生女孩。

53种子，见“种子第十”②。

54钩缩存提吸闭，古代房中术的方法。

55元阳之泄，元阳泄的时候。元阳，指肾阳。

56至阳之气，最盛的阳气，纯阳之气。

57欲泄不泄，将要泄而强制不泄。

58淋，病名。小便涩痛，滴滴不尽，常伴见小便急迫、短数者，又称淋病或淋证，出《素问·六元正纪大论》。《医学入门·淋》：“淋，小便涩痛，欲去不去，不去又来，滴滴不断。”

59转女成男，把女孩转变成男孩。

60奇谭，异于寻常的传说。

61东南桃作斧柄，东南方桃木做成斧柄。

62弓弦系腰，把弓弦系在腰上。

63雄鸡长尾，雄鸡尾巴上的长羽毛。

64雄黄，中药名。为硫化物类矿物雄黄族雄黄，主含二硫化二砷。分布于湖南、贵州等地，具有解毒杀虫，燥湿祛痰，截疟之功效。常用于痈肿疔疮，蛇虫咬伤，虫积腹痛，惊痫，疟疾。

㊽萱草，中药材名。本品为百合科萱草属植物萱草和黄花菜，以根入药。夏秋采挖，除去残茎、须根，洗净泥土，晒干，具有清热利尿、凉血止血之功效。用于腮腺炎，黄疸，膀胱炎，尿血，小便不利，乳汁缺乏，月经不调，衄血，便血，外用治乳腺炎。

㊾衰弱，不再强健或兴盛。

㊿何济于事，那又有什么用呢。

68疟症，病名。简称为疟，出《素问·疟论》。以间歇性寒战、高热、出汗为特征的传染病，多发于夏秋季节及山林多蚊地带。《内经》又名痎疟，《金匮要略》名为疟病，《太平圣惠方》始有"疟疾"之名。发病多因风寒暑湿之邪客于营卫所致，多发于夏秋季节及山林多蚊地带。

疟症第十一

养浩生曰：种子之外，疾莫甚于疟，其治何也？

真人曰：疟也者，外感风寒暑湿[1]，内伤饮食劳倦[2]，或饥饱色欲过度[3]，以致脾气不和[4]，痰留中脘[5]，夫无痰不能成疟。疟将来时，呵欠怕寒，手足皆冷，发寒作战，大热口渴，头痛腰胯骨节酸疼，或先寒后热[6]，或先热后寒[7]，或单寒单热[8]，或寒多热少，或热多寒少。一日一发[9]者，受病浅也；间日一发[10]者，与二日连，三日一发[11]者，皆受病深也。俗用截疟[12]诸法，截者，止也，谓止之而不发也。如火在草上，去火则草不焚。如强以物压之[13]，必作他患，宁可截之乎？

养浩生曰：其法奈何？

真人曰：宜先养正气[14]，而客邪[15]自去。宜令病者，于未发之先，密室静坐，重衣厚服[16]，着令极暖[17]。方瞑目握固，存神脐间，调武火三百六十息，每三十六息一咽。调毕，舌抵上腭[18]，内气[19]不出，外气不入[20]，虽无呼吸，亦约定一呼一吸为一息。量气长短，得息多寡，必须默记。俟气稍急，神运其气，自尾闾夹脊上升泥丸，兼用鼻以气提之，入口化为甘津，分三口咽如硬物，咽之送入脐中。自用念珠暗记，每行五十周，或三十周毕。便以两掌搓热[21]极，抱住阴囊，侧身闭息而卧。日行数次，不二三日，自尔快乐。但呼吸出入之间，俱要武火[22]，务令汗出[23]，使邪气从十万八千毛孔[24]出，方为的诀。

养浩生曰：或有成疟母[25]者，何也？

真人曰：元炁衰惫，则成疟母。或当发疟日，不择生冷荤腥[26]，停食在腹，皆能成之。治法不过如前，但凡疟症增寒[27]者，宜用火观[28]法；增热者，宜用水火观法[29]。

养浩生曰：敢问何谓水火观法？

真人曰：凡行水观[30]法，先令病者行前功，外便如前瞑目，不必舌抵上腭，定息移神涌泉穴[31]中，存此穴内，有一径寸水；少顷流出浸足，清凉如冰，洞心彻骨[32]；少顷又浸至膝，以至浸胸、浸顶，及六合上下[33]，皆化为水，并无此身。呼吸之间，觉有冷气，一二日，热症自退[34]。其火观法，亦复如是[35]。此法不止治疟一切寒热，均可治之。

（接：痢症[36]第十二）

【语译】

养浩生说：除了繁育子嗣之外，疾病方面就数疟疾严重了，它的治疗方法是什么呢？

真人说：疟疾这种病，大多是由于外感风、寒、暑、湿等邪气，内伤于饮食、劳倦，或者饥饱、色欲过度而不节制，导致脾胃的气机失和，痰湿停滞在了中脘，所以说无痰不成疟。疟疾将要发作时，常常出现打呵欠，怕冷，手脚都是冰凉的，打冷战，大热口渴，头痛，腰胯骨节酸疼，有的先寒后热，有的先热后寒，有的单纯的寒、单纯的热，有的寒多热少，有的热多寒少。一天发作一次的，说明是病情轻；隔一天发作一次，或两天连续发作、三天发作一次的，都是病情严重的表现。平时人们所用截疟的各种方法，截就是止的意思，就是让其停止不再发作的意思。如果火在草的上面燃烧，只要把火拿去，草就不会被烧着了。如果强行用其他东西进行压制，一定会引起其他病患，哪里能让病停止下来呢？

养浩生说：有什么办法吗？

真人说：应该先培养人体的正气，正气充足了，外面进来的邪气自然就出去了。让患者在疾病还没有发作之前，在密室内静坐，要穿上厚点的衣服，保证让患者感觉是非常暖和的。接下来闭上眼睛，双手握固，将注意力集中在肚脐内，调武火 360 息，每 36 息咽气一次。调息结束，舌抵上腭，体内的气不要呼出去，外面的空气也不要吸入体内，虽然没有正常的呼吸，也要按照正常的一呼一吸作为一息，用来衡量闭气时间的长短，闭气时长的息数，一定要暗自记清。等到气息稍有急促，用意念运气，从尾闾、夹脊向上到头顶，同时可以用鼻子辅助提气，当气入口化生成甘津后，分 3 口，好像咽硬东西一样，咽下时用意念将其送入肚脐内。自己用念珠暗自记数，每次练习 50 遍，或 30 遍。结束之后，将两手搓到很热，抱住阴囊，闭气，侧卧。每日练习数次，用不了两三天的时间，病自然就好了。但要注意再呼吸出入的时候，都要用武火的方法，一定让患者出汗，使邪气从全身十万八千毛孔排出，才是重要的口诀。

养浩生说：有的严重者还形成疟母这种病症，是什么原因呢？

真人说：人体元气衰弱，就会形成疟母。或者是当疟疾发作的时候，没有忌口而食生冷、荤腥，使得饮食停滞在腹中，都会导致疟母的形成。治疗的方法大致与前面所讲的一样，如果在疟疾发作时，寒的症状加重者，应该用火观法；热的症状加重者，应该用水火观法。

养浩生说：请问什么是水火观法呢？

真人说：进行水观法的时候，先让患者练习前面讲授的功法之外，再如前闭上眼睛，不用舌抵上腭，调匀呼吸，把注意力转移到脚底的涌泉穴，观想涌泉穴内，有径长寸许的一团清水；过了一会儿，观想这些水流出来浸泡双脚，清凉的水好像冰水一样，清凉的感受深入身体内部；又过了一会儿，观想水向上浸泡到膝关节，慢慢向上直到胸部、头顶，以及上下、左右、前后，都化成了水，并且没有了这个身体的存在。呼吸之间，都能感觉到冷气，一两天的时间，热症自然消退。火观法，也是这样（即在炼前功之后，又微闭双目，澄心入静，调气定息，意守涌泉穴中，想象穴中有一团烈火，火焰缓缓上升扩大，围绕双足，温暖舒适，继而火焰升至双膝、腹部、腰部、胸部、项部，以至于头顶，感觉自我天地之间，皆化为火焰，自己的身体也消逝了。如此练习，一两天的时间，寒症自消）。这种方法不仅仅可以治疗疟疾，所有的寒症、热症，都可以治疗。

【注释】

①风寒暑湿，六淫中的四种，见“噎膈第五”⑥。

②饮食劳倦，因饮食物和劳累疲倦致病的。

③色欲过度，色欲过度而不节制。

④脾气不和，脾胃出现消化机能障碍而导致的脘腹胀闷、食不消化、厌食、呃逆等症状。

⑤痰留中脘，痰停留在中脘。中脘，胃的中部。

⑥先寒后热，先恶寒再发热。

⑦先热后寒，先发热再恶寒。

⑧单寒单热，单纯的恶寒，单纯的发热。

⑨一日一发，一天发作一次。

⑩间日一发，隔一天发作一次。

⑪三日一发，三天发作一次。

⑫截疟，治疟疾方法之一。在疟疾发作前的适当时间，使用内服药或针刺等方法，以制止疟疾的发作。

⑬以物压之，用其他东西对其进行压制。

⑭正气，生理学名词，指真气。人体机能的总称，但通常与病邪相对来说，指人体的抗病能力。《素问·刺法论》：“正气存内，邪不可干。”

⑮客邪，泛指由外侵入人体的邪气。因邪气从外而来，非人体本身所固有，故称之客邪。

⑯重衣厚服，比较厚实的衣服。

⑰着令极暖，保证让患者感觉是非常暖和的。暖，原文为“煖”，系暖之异体字。

⑱舌抵上腭，见“瘫痪第二”㉑。

⑲内气不出，见“虚痨第三”㉘。

⑳外气不入，见“虚痨第三”㉙。

㉑两掌搓热，见“寒疾第六”㉓。

㉒武火，见“臌症第四”⑩。

㉓汗出，汗液流出。

㉔毛孔，汗腺在皮肤表面上的细孔。

㉕疟母，疟疾日久不愈，顽痰挟瘀结于胁下所形成的痞块。《金匮要略·疟病脉证并治》："病疟以月一日发，当以十五日愈，设不差，当月尽解。如其不差，当云何？师曰：此结为癥瘕，名曰疟母。急治之，宜鳖甲煎丸。"

㉖生冷荤腥，未熟或冷的食物，肉类或有强烈气味的食物。

㉗疟症增寒，在疟疾发作时，恶寒的症状加重。

㉘火观，一种功法。

㉙水火观法，两种功法，即练习的方式。

㉚水观，一种功法。

㉛涌泉穴，经穴名，出《灵枢·本输》，属足少阴肾经，井（木）穴。在足底部，卷足时足前部凹陷处，约当足底二三趾趾缝纹头端与足跟连线的前三分之一与后三分之二交点上。布有第二趾底总神经，深层为足底弓。主治昏厥，头顶痛，眩晕，喉痹，衄血，舌平，失声，小儿惊风，癫痫，足心热，五趾尽痛，及休克，中暑，神经衰弱，高血压，精神分裂症等。

㉜洞心彻骨，清凉的感觉深入身体内部。

㉝六合上下，指上下和四方，泛指天地宇宙。

㉞热症自退，热症自然消退。

㉟亦复如是，也是这样。

㊱痢症，病名，见《济生方》。《医碥》卷三："痢由湿热所致，或饮食湿热之物，或感受湿热之气，积于肠胃，则正为邪阻，脾胃之运行失常，于是饮食日益停滞，化为败浊，胶黏肠胃之中，运行之机，益以不利，气郁为火，与所受湿热之气混合为邪，攻刺作痛……"有腹痛泻次频仍，下利赤白黏冻，里急后重等症。后世更明确指出痢疾多由饮食不洁，感受疫毒之气，使肠道产生积滞，传导失常所致。中医所说之痢疾，既等同于现代医学的痢疾，也包括阿米巴病、溃疡性结肠炎、过敏性结肠炎及其他一些肠道感染、中毒等引致的肠道传化、吸收功能失调的疾病。

痢症第十二

养浩生曰：疟症之外，莫甚于痢，其治奈何？

真人曰：痢也者，皆由脾胃失调[①]，饮食停滞[②]，积于肠胃之间，多是夏月暑湿伤脾[③]，平日则大肠积热[④]，故作斯疾。起初之时，肚腹疼痛，大便里急后重[⑤]，小水短赤不长[⑥]，便为痢疾。

养浩生曰：其法奈何？

真人曰：其法大抵宜调元炁[⑦]，元炁足，而暑湿肠热[⑧]自除[⑨]。宜令病者，密室静坐，瞑目握固，存神脐内一寸三分，调文息三十六度，咽气一口，三文一武，足三百六十息毕。舌抵上腭，内气不出，外气不入，虽无呼吸，亦约定一呼一吸为一息，量气长短，得息多寡必须默记。俟气稍急，神运其气[⑩]，自尾闾[⑪]夹脊[⑫]上升泥丸[⑬]，兼用鼻以气提之，入口化为甘津，漱之分三口咽如咽硬物送入脐间，自用念珠暗记遍数。凡未行此法之先，须令其人瞑目握固[⑭]，极力提气五十口，方行前功。如此或五十遍，或三十遍逐日行数次，不必半月，自尔快乐。

养浩生曰：疾有不同者，何也？

真人曰：大抵痢疾均属脾胃。有噤口[⑮]者，乃脾虚脾热[⑯]也；痢如绿豆汁者，乃湿气伤脾[⑰]也；痢作痛者乃热流下[⑱]而伤脾也；虚坐努力[⑲]者，乃血虚[⑳]而脾无力也。一依前法行持，自尔快乐。

（接：呃逆嗳气[㉑]第十三）

【语译】

养浩生说：除了疟疾之外，就数痢疾严重了，该如何治疗呢？

真人说：痢疾，都是由于脾胃的功能失调，饮食停滞体内，积存在肠胃之间，大多是夏季暑湿之气损伤脾胃，平时大肠内又积存有邪热，所以形成了痢疾这种病。开始的时候，肚腹疼痛，大便有里急后重的感觉，小便短赤，这就是痢疾的症状。

养浩生说：治疗方法是什么呢？

真人说：治疗原则，大概是以调补元气为主，元气充足，则体内的暑湿、肠内的热邪自会祛除。让患者在密室静坐，闭着眼睛，双手握固，把注意力集中在肚脐内一寸三分的地方，调文火 36 次，然后咽气 1 次，每调文火 3 次就调武火 1 次，共调息 360 息。结束之后，舌抵上腭，体内的气不要呼出去，外面的空气也不要吸入体内，虽然没有正常的呼吸，也要按照正常的一呼一吸作为一息，用来衡量闭气时间的长短，闭气的息数，一定要暗自记清。等到闭气稍急的时候，用意念运气，从尾闾、夹脊向上到头顶，同时可以用鼻子辅助提气，当气入口化生成甘津之后，漱口，然后分3口咽下，好像咽硬东西一样，并用意念将其送入肚脐内，自己可以用念珠暗自记数。凡是没有练习这个功法之前，必须要让患者先闭目、握固，用力提气50口，然后再练习这个功法。这样每次练习50遍，或30遍，每天都练习数次，不到半月的时间，自然轻快。

养浩生说：疟疾有什么不同类型，是什么原因呢？

真人说：大多数的痢疾都是脾胃的问题。有噤口痢，是脾虚、脾热导致的；大便好像绿豆汁一样的，是湿气伤脾所导致；有的痢疾时腹痛，是邪热下注而伤脾导致；有的蹲坐而大便困难的，是血虚而脾无力的表现。按照前面所讲的方法进行练习，自然身心轻快。

【注释】

①脾胃失调，脾胃的功能失调，以不思食，食而不易消化为主症。

②饮食停滞，饮食物停滞于体内。

③暑湿伤脾，暑湿之气损伤脾胃，常见疲倦乏力、头胀头晕、胸闷恶心、口中淡黏等症状。

④大肠积热，大肠积聚了热邪。

⑤里急后重，临床常见症状之一，表现为下腹部不适，很想解大便，然而又无法一泄为快。里急，是形容大便在腹内急迫，窘迫急痛，欲解下为爽；后重，是形容大便至肛门有重滞欲下而不下之感，肛门、直肠及髓尾部坠胀，且有“排便不尽感”。

⑥短赤不长，小便量少且颜色深黄。

⑦元炁，即元气，又名“真气”，包括元阴和元阳之气，由先天之精所化生，而赖后天水谷精气的滋养。它发源于肾（包括命门），藏于丹田，借三焦之道，通达全身。它的主要功能，是推动人体的生长和发育，温煦和激发各个脏腑、经络等组织器官的生理活动，是人体生命活动的原动力，是维持生命活动的最基本物质。《难经·三十六难》：“命门者，诸精神之所舍，原气之所系也。”炁，古同“气”。

⑧暑湿肠热，暑湿之气困于大肠，聚而生热，出现腹痛、腹泻、大便黏腻热臭、肛门灼热的症状。

⑨自除，自然会祛除。

⑩神运其气，见“虚痨第三”㉝。

⑪尾闾，见“瘫痪第二”㉓。

⑫夹脊，见“瘫痪第二”㉔。

⑬泥丸，见“瘫痪第二”㉕。

⑭瞑目握固，见“臌症第四”⑨。

⑮噤口，即噤口痢。噤口痢是属于痢疾中的一种类型，临床上除了下痢的症状之外，主要是以饮食不进，或呕不能食，或食入即吐等不能正常饮食为主要的症状，故名噤口痢。噤，即噤口、闭口的意思。噤口痢，常见于疫痢、湿热痢等重症。

⑯脾虚脾热，脾虚见“脾胃第八”㉘。脾热，指脾受邪热而致的病证。《素问·刺热》：“脾热病者，先头重，颊痛，烦心，颜青，欲呕，身热。热争则腰痛不可俯仰，腹满泄，两颔痛……刺足太阴、阳明。”又云：“脾热病者，鼻先赤。”

⑰湿气伤脾，脾气虚弱，运化功能失调，湿邪犯脾，中阳受困的一种表现，临床特点有脘腹痞闷，食少便溏，恶心，呕吐，口淡不渴，头身困重，面色萎黄，或肌肤面目发黄，黄色晦暗，或肢体浮肿，小便短少。

⑱热流下，邪热下注。

⑲虚坐努力，蹲坐而大便困难。

⑳血虚，见“瘫痪第二”⑨。

㉑呃逆嗳气，见“虚痨第三”⑱、“痰症第七”⑩。

呃逆嗳气第十三

养浩生曰：呃逆嗳气[①]之症，有以异乎？

真人曰：异。呃逆，乃胃火上冲[②]，而逆随口应。又有自脐下上直出于口者，乃阴火上冲[③]也，俗名打呃是也。若夫嗳气者[④]，乃胸膈之气上升也。

有胃中有火而嗳者，有胃中有痰而嗳者，有胃中有寒而嗳者。总而言之，法当理气[5]，气理则呃逆嗳气之症，均可除也。

养浩生曰：其法奈何？

真人曰：凡有此般疾症，皆系邪气逆行[6]。首宜降邪气，次宜积真气。真气既积，则五脏之气[7]，各自归宗自然其疾如同冰解[8]。先令病者，密室静坐[9]，瞑目握固[10]，存神脐内[11]一寸三分，调文火[12]每三十六息一咽，如咽极硬之物，用意坠下，至于下田[13]，如巨石沉海[14]之状。如此三百六十息毕，舌抵上腭，内气不出，外气不入，虽无呼吸，亦约定一呼一吸为一息。量气长短，得息多寡，必须默记[15]。俟气稍急，神运其气[16]，自尾间夹脊上升泥丸，兼用鼻以气提之[17]，入口化为甘津，漱之分三口咽，如咽硬物，送入脐中。自用念珠暗记遍数，如此或五十遍，或三十遍，日行数次[18]，自尔快乐[19]，不必半月[20]。

（接：吞酸[21]第十四）

【语译】

养浩生说：呃逆与嗳气这种病症，有什么不一样的吗？

真人说：不一样，呃逆是胃火上冲，而上逆随口而出。也有从脐下上逆直接从口而出的现象，这是阴火上冲的原因，俗称“打呃”。嗳气，是胸膈之中的气上升，有的是胃中有火而向上会引起嗳气的，有的是胃中有痰而向上引起嗳气的，有的是胃中有寒而向上引起嗳气。总而言之，对治的方法是应当理气，气理顺了，呃逆、嗳气的病症都可以消除。

养浩生说：具体的方法是什么呢？

真人说：所有这些病症，都是邪气逆行所引起的。首先应该降邪气，其次应该积真气。真气蓄积到一定的程度，五脏的气就会各自归位，自然这些疾病就好像冰解一样消散了。先让患者，进入密室静坐，闭上眼睛，双手握固，把注意力集中在肚脐内部一寸三分的地方，调文火，每 36 息咽气 1 次，好像咽硬的东西一样，并用意念引其往下，降至下丹田，好像巨石沉到海底一样。这样调息 360 次结束后，舌抵上腭，体内的气不要呼出去，外面的空气也不要吸入体内，虽然没有进行正常的呼吸，也要按照正常的一呼一吸作为一息，用来衡量闭气时间的长短，闭气时的息数，一定要暗自记清。等到闭气稍急的时候，用意念运气，从尾间、夹脊向上到头顶，同时可以用鼻子辅助提气，当气入口化生成甘津后，用甘津漱口，然后分 3 口咽下，好像咽硬东西一样，并用意念将其送入肚脐内。自己用念珠暗自记数，这样可以练习 50 遍，或 30 遍，每天练习数次，不用半个月的时间，自然轻快。

【注释】

① 呃逆嗳气，见“痢症第十二”㉑。

② 胃火上冲，是指饮食不节，过食辛热煎炒，醇酒厚味，或过用温补之剂，燥热内生，腑气不行，胃火上冲所表现出来的呃声洪亮有力，口渴，苔黄燥，脉滑数一类病证。

③ 阴火上冲，李东垣《内外伤辨惑论》：“是热也，非表伤寒邪皮毛间发热也。乃肾间受脾胃下流之湿气，闭塞其下，致阴火上冲，作蒸蒸而燥热。”其症状是“上彻头顶，旁彻皮毛，浑身燥热作，须待袒衣露居，近寒凉处即已，或热极而汗亦解”。

④ 嗳气者，见“痰症第七”⑩。

⑤ 理气，治法之一，即调理气机，调整脏腑功能，用于治疗气病的方法。常用具有行气解郁、降气调中、补中益气作用的药物，治疗气滞、气逆、气虚。气虚宜补，气滞宜疏，气逆宜降，故又分补中益气、疏郁理气、和胃理气、降逆下气等。

⑥ 邪气逆行，不正常的气逆向而行。

⑦ 五脏之气，指五脏之五行属性。《灵枢·顺气一日分为四时》：“脏独主其病者，是必以脏气之所不胜时者甚，以其所胜时者起也。”

⑧ 冰解，消失、消除。

⑨ 密室静坐，在密闭的房间安静地坐好。

⑩ 瞑目握固，见“臌症第四”⑨。

⑪ 存神脐内，见“脾胃第八”⑯。

⑫ 文火，见“虚痨第三”㉖。

⑬ 下田，下丹田，道家有称人身脐下三寸为丹田，认为这个部位是男子精室、女子胞宫所在处。丹田，气功意守部位名词，其部位有三：脐下的叫“下丹田”，心窝部的名“中丹田”，两眉之间的称“上丹田”。

⑭ 巨石沉海，巨石沉到海底。

⑮默记，见“痰症第七”㉙。

⑯神运其气，见“虚痨第三”㉝。

⑰以气提之，见“痔疾第九”㉙。

⑱日行数次，一天要练习多次。

⑲自尔快乐，身心自然处于轻快愉悦的状态。

⑳不必半月，不用半个月的时间。

㉑吞酸，胃内酸水上攻口腔、咽溢，不及吐出而下咽。见《诸病源候论·脾胃病诸候》，又称咽酸。《医林绳墨·吞酸吐酸》：“吞酸者，胃口酸水攻激于上，以致咽溢之间，不及吐出而咽下，酸味刺心，有若吞酸之状也。”《寿世保元·吞酸》：“饮食入胃，被湿热郁遏，食不得化，故作吞酸。”

吞酸第十四

养浩生曰：吞酸之症，有以异乎？

真人曰：异。有吞酸，有吐酸[①]。吞酸者，乃酸水刺心[②]也；吐酸者，乃吐出酸水也。俱饮食入[③]胃，脾虚不能运化[④]，郁积[⑤]已久，湿中生火，湿热相蒸[⑥]，故相蒸而作酸也。一依前法治之，自尔快乐。

（接：嘈杂[⑦]第十五）

【语译】

养浩生说：吞酸的病症，有什么不同吗？

真人说：有不同，其中有吞酸，也有吐酸。吞酸，是酸水刺心的感觉；吐酸，是吐出酸水。都是饮食进入胃之后，由于脾的功能虚弱而不能运化饮食，郁积的时间长了，湿郁而化火，湿热相互蒸腾，蒸腾而形成吞酸、吐酸，仍然参照前面讲的方法进行治疗，自然轻快。

【注释】

①吐酸，口吐酸水之症，出《素问·至真要大论》，因宿食、湿痰、热郁、停饮等所致。因宿食所致者，兼见气闷饱胀，嗳气腐臭等证。

②酸水刺心，如同酸水刺激到心的不适感觉。

③饮食入，饮食物进入。

④运化，脾的生理功能，指脾具有消化饮食、吸收水谷精微并将其传输至全身的功能。

⑤郁积，积聚不顺畅。

⑥湿热相蒸，是指湿热蕴结熏蒸，以身热发黄，汗出热不退，或但头汗出，咽痛腮肿，肢酸困倦，尿短黄，舌红苔黄，脉濡数或滑数等为常见症的证候。

⑦嘈杂，见“痰症第七”⑪。

嘈杂第十五

养浩生曰：嘈[①]杂之症，有以异乎？

真人曰：异。夫嘈杂者，俗谓之心嘈[②]也。其疾有三：有因胃中痰为火动[③]而嘈者，有因心血少[④]而嘈者，有因食郁[⑤]而嘈者。俱宜先降邪气，邪气既降，则火自然清，气自然平，而气降[⑥]也，疾宁不痊乎？一依前法治之，无不快乐者。

（接：怔忡第十六）

【语译】

养浩生说：嘈杂的病症，有不同之处吗？

真人说：有不同。嘈杂，俗称心嘈，这种疾病原因有三种：有因为胃中的痰被火引动而导致嘈杂的，有因为心血不足而导致嘈杂的，有因为饮食郁积而导致的嘈杂的。都应该先降邪气，邪气被降了，那么火也就自然清了，气也就自然平和了，所以邪气下降之后，疾病能不痊愈吗？仍然按照前面所讲的方法进行治疗，没有不轻快的。

【注释】

①嘈，原文中为+ ，疑是“嘈”的异体字。

②心嘈，即嘈杂，见“痰症第七”⑪。

③痰为火动，体内的痰被火所引动。

④心血少，多由失血，过度劳神，或血的生化之源不足所致。症见心悸，心烦，易惊，失眠，健忘，眩晕，面色苍白，唇舌色淡，脉细弱等。

⑤食郁，饮食郁积。

⑥气降，指邪气下降。

怔忡第十六

养浩生曰：或有其人无事，怏怏[①]若奋[②]若怒[③]，此属何疾？

真人曰：此七情[④]不平，而生客气[⑤]也。夫气之在人身，宜周流顺适，不宜击发扼送。若七情内攻，过于喜则气散[⑥]，过于怒则气逆[⑦]，过于忧则气陷[⑧]，过于思则气结[⑨]，过于悲则气消[⑩]，过于恐则气怯[⑪]，过于惊则气耗[⑫]。若六感外淫，风伤气则为疼痛，寒伤气则战栗[⑬]，暑伤气则为热闷[⑭]，湿伤气则肿满[⑮]，燥伤气则为闭结[⑯]。大抵一身之中，气为之主。若内气有余，客邪中伐[⑰]，不觉奋怒。久而不治，侵胸则为膈，侵腹则为臌也。

养浩生曰：其法奈何？

真人曰：内气乃无形无迹[⑱]之物，欲调内气[⑲]，先调呼吸。盖呼吸者，标也；祖气者，本也，治其标[⑳]而本自宁[㉑]。宜令患者，密室静坐，平心和气[㉒]，瞑目握固，存神脐间一寸三分，调文火[㉓]每三十六息，不必舌抵，住息[㉔]于却四火，存此神充满虚空[㉕]，气稍急，从新又调。俟三百六十息毕，方舌抵上腭，内气不出，外气不入，虽无呼吸，亦约定一呼一吸为一息。量气长短，得息多寡，必须默记。俟气稍急，神运其气，自尾闾夹脊[㉖]，上升泥丸[㉗]，兼用鼻以气提之[㉘]，入口化为甘津[㉙]，漱之，分三口咽，如咽硬物，送入脐间。自用念珠暗记遍数，或五十遍，或三十遍，日行数次，不必半月，自尔快乐。

（接：积聚[㉚]第十七）

【语译】

养浩生说：有些人看起来没有什么问题，但总是觉得不满意，好像有一种冲动或者想发怒的感觉，这是什么疾病呢？

真人说：这是由于内在各种情绪不平衡而产生的邪气。气在人身体内，应该周流顺畅，不应该发生相互的冲突、抑制。如果七情向内攻击，过于高兴则会导致气散，过于发怒则会导致气逆，过度忧愁则会导致气陷，过度思虑则会导致气结，过度悲伤则会导致气消，过度恐惧则会导致气虚胆怯，过度惊吓则会导致气耗。如果是六种外感的邪气侵入身体，风伤了气则表现为疼痛；寒伤了气则表现为战栗，暑伤了气则表现为热闷，湿伤了气则表现为肿满，燥伤了气则表现为闭结。大概人体之中，气最为重要。如果体内之气过盛，再加上邪气侵入对人体造成的克伐，就会不由得产生冲动或想要发怒的感觉。如果长时间不治疗，这种邪气侵犯到胸部就会形成膈症，侵犯到腹部就会形成臌症。

养浩生说：那该怎么治疗呢？

真人说：体内的气是一种摸不着、看不到的物质，想要调节体内的气，首先调整的就是呼吸。呼吸，是标；祖气，是本。把标调整好了，本自然就会安宁。需要让患者在密室中静坐，心情平静、气息调和，闭上眼睛，双手握固，把注意力集中在肚脐内一寸三分的地方，调文火，每 36 息的时候，不用舌抵上腭，摒弃喜、怒、哀、乐（四火）各种情绪而闭气，并存想意识充满整个虚空的宇宙。等到呼吸稍有急促的时候，就按照前面的方法重新开始调整呼吸。等到 360 息结束，再用舌抵上腭，体内的气不要呼出去，外面的空气也不要吸入体内，虽然没有正常的呼吸，也要按照正常的一呼一吸作为一息，用来衡量闭气时间的长短，闭气所得的息数，一定要暗自记清。等到呼吸稍有急促，用意念运气，从尾闾夹脊，向上到头顶，同时可以用鼻子辅助提气，当气入口化生成甘津后，用甘津漱口，分 3 口咽下，好像咽硬东西一样，并用意念将其送入肚脐内。自己可以用念珠进行记数，每次可以练习 50 遍，或 30 遍，每天练习数次，不到半个月的时间，自然轻快。

【注释】

①怏怏，音 yàng yàng，本处有不服气，不满意的意思，如怏怏不乐，形容不满意的神情；怏然不悦，形容不高兴的样子。

②若奋，想要兴奋、冲动。

③若怒，想要愤怒。

④七情，见“虚痨第三”⑥。

⑤客气，外邪侵入体内。《素问·标本病传论》：“人有客气，有同气。”

⑥喜则气散，指过度喜乐伤心，导致心气涣散不收，甚则心气暴脱或神不守舍的病机变化。

⑦怒则气逆，指暴怒而致肝气疏泄太过，气机上逆，甚则血随气升，并走于上的病机变化。

⑧忧则气陷，指过度忧伤悲哀，可以耗伤肺气，导致气虚无力升举而反致下陷的病机变化。

⑨思则气结，指过度思虑伤心脾，导致心脾气机结滞，运化失职的病机变化。

⑩悲则气消，指过度悲忧伤肺，导致肺气抑郁及肺气耗伤的病机变化。

⑪恐则气怯，指过度恐惧伤肾，致肾气失固，气陷于下的病机变化。

⑫惊则气耗，指猝然受惊伤心肾，导致心神不定，气机逆乱，肾气不固的病机变化。

⑬战栗，身体抖动，感觉怕冷。因暴感寒邪，或心火热甚，阳气被遏所致。见于外感热病、疟疾、暴受寒冷、饮酒、恐惧等情况。《素问玄机原病式·六气为病》：“战栗动摇，火之象也。”

⑭热闷，指发热、发闷的病理变化。

⑮肿满，指让身体浮肿胀满的病理变化。

⑯闭结，指闭塞、郁结的病理变化。

⑰客邪中伐，邪气侵入对人体造成的克伐。

⑱无形无迹，没有形态、没有痕迹，看不见摸不着。

⑲内气，体内的精气，是构成人体和维持生命活动的最基本物质。

⑳治其标，标调整好。

㉑本自宁，本自然就会安宁。

㉒平心和气，心情平静、气息调和。

㉓文火，见“虚痨第三”㉖。

㉔住息，见“瘫痪第二”⑳。

㉕虚空，天空、太空。《庄子·徐无鬼》：“夫逃虚空者，藜藋柱乎鼪鼬

之径。”

㉖夹脊，见“瘫痪第二”㉔。

㉗泥丸，见“瘫痪第二”㉕。

㉘以气提之，见“痔疾第九”㉙。

㉙甘津，见“瘫痪第二”㉖。

㉚积聚，病名，积病与聚病的合称，见《灵枢·五变》。是腹内结块，或痛或胀的病证。积属有形，结块固定不移，痛有定处，病在血分，是为脏病；聚属无形，包块聚散无常，痛无定处，病在气分，是为腑病。因积与聚关系密切，故两者往往一并论述。西医学中，凡多种原因引起的肝脾肿大、增生型肠结核、腹腔肿瘤等，多属“积”之范畴；胃肠功能紊乱、不完全性肠梗阻等原因所致的包块，则与“聚”关系密切。积聚的病位主要在于肝脾。基本病机为气机阻滞，瘀血内结。聚证以气滞为主，积证以血瘀为主。《难经·五十五难》：“病有积有聚，何以别之？然。积者，阴气也，聚者，阳气也，故阴沉而伏，阳浮而动。气之所积名曰积，气之所聚名曰聚，故积者五藏所生，聚者六府所成也。积者阴气也，其始发有常处，其痛不离其部，上下有所终始，左右有所穷处；聚者阳气也，其始发无根本，上下无所留止，其痛无常处，谓之聚。”

积聚第十七

养浩生曰：尝观今人，又有积聚者，其病云何？

真人曰：医家有五积[①]六聚[②]。五积者，五脏所积也；六聚者，六腑所聚也。积有常形，乃血结[③]所成，血故有形也；聚无定位，乃气结[④]所成，气故无形也。又有积块，乃痰与食积[⑤]死血所成也。大约中为痰块，左为血块，右为食积，不可不知也。

养浩生曰：其治奈何？

真人曰：治法与痞疾颇同。但此疾，三运气，而一积气，朝暮行之，不必一月，自尔快乐。

（接：疸症第十八）

【语译】

养浩生说：经常看到现在的人，多有患积聚病的，这种病是怎么回事呢？

真人说：医学家有五积、六聚之说。五积，就是五脏所造成的积聚；六聚，就是六腑造成的积聚。积，固定有形，是由血结而成，因为血就是有形的；聚，没有固定位置，是由气结而成，因为气是无形的。也有积块，是痰和体内积食、死血凝积而成的。一般来说中间多是痰块，左边多是血块，右边多是积食，这些内容不可以不知。

养浩生说：具体治疗方法是什么呢？

真人说：治法与痞证类同，但这种疾病，应该是运气3次、积气1次，早、晚练习，用不了一个月的时间，自然轻快。

【注释】

① 五积，积为五脏病，所以称五积。

② 六聚，聚为六腑病，所以称六聚。

③ 血结，血的结滞产生的病理变化。

④ 气结，气的结滞产生的病理变化。

⑤ 食积，饮食物的积聚产生的病理变化。

疸症第十八

养浩生曰：积聚之外，莫甚于疸，其疾奈何？

真人曰：夫疸，有黄汗[①]有黄疸[②]，有酒疸[③]，有谷疸[④]，有女劳疸[⑤]，其名虽有五，俱是脾胃水谷湿热相蒸[⑥]，故尔腹胸饱闷[⑦]，面目俱黄，小水短赤[⑧]，如皂荚汁者，就如盦曲[⑨]相似，故湿热而生黄也。用功到小水清白时，其疾即愈也。

养浩生曰：其治奈何？

真人曰：宜令病者，密室静坐，瞑目握固[⑩]，存神脐内[⑪]一寸三分，调文火三百六十息，每三十六息呼气三口，补气三口。调毕，舌抵上腭，内气不出，外气不入，虽无呼吸，亦约定一呼一吸为一息。量气长短，得息多寡，必须默记。伺气稍急，神运其气，自尾闾夹脊上升泥丸，微用鼻以气提之，入口化为甘津，漱之分三口咽，如咽硬物，送入脐间。自用念珠暗记遍数，或五十遍，或三十遍，日行数次。或半月或二十日，自尔快乐。

（接：霍乱[12]第十九）

【语译】

养浩生问：积聚病之外，就数疸症严重了，这类疾病是怎么回事儿呢？

真人说：疸症，有黄汗、有黄疸、有酒疸、有谷疸、有女劳疸，名称虽然有五种，但都是由于脾胃水谷湿热相蒸所致，所以出现胸腹饱闷，面目俱黄，小便短赤，好像皂荚汁，就如酒曲相似，所以是因为湿热而生出了黄色的症状。当练功练到小便变得清白时，说明疾病已经痊愈。

养浩生说：那该怎么治疗呢？

真人说：需要让患者在密室中静坐，闭上眼睛，双手握固，注意力集中在肚脐内一寸三分的地方，调文火 360 息，每 36 息呼气 3 口，补气 3 口。调息结束，舌抵上腭，体内的气不要呼出去，外面的空气也不要吸入体内，虽然没有正常的呼吸，也要按照正常的一呼一吸作为一息，用来衡量闭气时间的长短，闭气时所得的息数，一定要暗自记清。等到闭气稍急的时候，用意念运气，从尾闾、夹脊向上到头顶，同时可以用鼻子辅助提气，当气入口化生成甘津后，用甘津漱口，分 3 口咽下，好像咽硬东西一样，并将其用意念送入肚脐内。自己可以用念珠暗自记数，每次可以练习 50 遍，或 30 遍，每天练习数次。或许半个月，或许 20 天，自然轻快。

【注释】

① 黄汗，是指汗出如水，水、热互郁于肌表，因而导致身肿、发热、汗出沾衣且色黄如柏汁的病症。《金匮要略》中说“以汗出沾衣，色如黄柏汁，故名”。

② 黄疸，主要是以目黄、身黄、小便黄为主要症状，其中目睛黄染尤为本病的主要特征。

③ 酒疸，属黄疸类型之一，指因过度饮酒，以致脾胃受伤，运化失常，湿

浊内郁生热，湿热交蒸而形成的疸症。主要症状有身目发黄、胸中烦闷而热、不能食、时欲吐、小便赤涩、脉沉弦而数等，酒疸之名最早见于《金匮要略》。

④谷疸，属于黄疸类型之一，指因饮食失节、饥饱失宜，湿热、食滞阻遏中焦而形成的疸症，主要症状有食即头眩、烦闷、胃中不适、腹满、大便溏泄、小便不利、身面发黄等。《金匮要略·黄疸病脉证并治》："谷疸之为病，寒热不食，食即头眩，心胸不安，久久发黄。"

⑤女劳疸，属于黄疸类型之一，古人认为此证是由于过度的房劳醉饱所导致的，故名，症见身黄、额上微黑、膀胱急、少腹满、小便通利、大便色黑、傍晚手足心发热而反觉恶寒等。根据临床经验来看，本证多出现在黄疸病的后期，是气血两虚、浊邪瘀阻的黄疸类候，常伴有胁下积块胀痛、肤色暗黄、额上色素沉着、舌质暗红、脉弦细等，严重的发生臌胀等症。

⑥湿热相蒸，见"吞酸第十四"⑥。

⑦腹胸饱闷，胸腹部堵塞不舒、痞硬胀闷的一种感觉，犹如饮食过饱后的感觉。

⑧小水短赤，小便量少且颜色深黄。

⑨盦曲，盦，音 yǎn，酒味苦，盦曲，即酒曲。原文此处盦字写作奩，疑为盦字之误。

⑩瞑目握固，见"臌症第四"⑨。

⑪存神脐内，见"脾胃第八"⑯。

⑫霍乱，病名，又称触恶。泛指突然剧烈吐泻，心腹绞痛的疾病。《灵枢·五乱》："清气在阴，浊气在阳，营气顺脉，卫气逆行，清浊相干，乱于胸中，是谓大悗。……乱于肠胃，则为霍乱。"《诸病源候论·霍乱病诸候》："霍乱者，由人温凉不调，阴阳清浊二气有相干乱之时，其乱在于肠胃之间者，因遇饮食而变发。"

霍乱第十九

养浩生曰：常见世人有霍乱之疾者，何也？

真人曰：夫霍乱者，有湿乱①，有干乱②，此症皆由内伤生冷，外感风寒暑湿[③]，而成霍乱。其疾忽然心腹疼痛[④]，或上吐，或下泻，或吐泻齐作[⑤]，搅乱不安，四肢厥冷[⑥]，六脉沉欲绝[⑦]，此名湿霍乱，俗名为“虎狼病”是也。因风则怕风有汗，因寒则怕寒无汗，因暑则烦燥热闷，因湿则身体重著，因食则胸膈饱闷[⑧]。若吐泻[⑨]，烦渴不止[⑩]，厥冷痛甚[⑪]，转筋入腹者死。此疾夏月因伏暑热霍乱吐泻者甚多。其干霍乱者，忽然心腹搅痛，手足厥冷，六脉沉细[⑫]，欲吐不得吐，欲泻不得泻，阴阳乖隔[⑬]，升降不通，俗名之为搅肠沙[⑭]也。此为难治。若吐泻不出，胸腹胀硬，面白唇青，手足冷过肘膝，六脉伏绝[⑮]，气息喘急[⑯]，舌干囊缩[⑰]者，死症也。

养浩生曰：其治奈何？

真人曰：此二种疾出于仓卒[⑱]，急用功为难。如素有此疾者，或疾将起之时，速令病者，密室静坐，瞑目握固，存神脐间一寸三分，细细调息[⑲]，切勿气息粗索[⑳]，动其病处。如此调三百六十息，每三十息，轻轻呼出三口，微微补气三口。调毕[㉑]，舌抵上腭，内气不出，外气不入，虽无呼吸，亦约定一呼一吸为一息。量气长短[㉒]，得息多寡[㉓]，必须默记。俟气稍急，神运其气，自尾闾夹脊上升泥丸，兼用鼻轻以气提之，入口化为甘津，漱之分三口咽，如咽硬物，送入脐间。自用念珠暗记遍数，或五十遍数，或三十遍数，顷刻之间，自尔快乐。如此功不能行，则止令病者存神脐间[㉔]，住息定气[㉕]，气急调息[㉖]，又为使其脏腑安静[㉗]，脉络各定[㉘]，自然快乐。

（接：呕吐[㉙]第二十）

【语译】

养浩生说：经常看到人们得霍乱这种疾病，不知是什么原因？

真人说：霍乱，有湿霍乱，有干霍乱，这种疾病都是由于内伤生冷，外感风寒暑湿，而形成霍乱。这种病如果忽然出现心腹部位的疼痛，或者上吐，或者下泻，或者吐泻齐发，搅乱不安，四肢厥冷，六脉沉，感觉要断绝，这就是湿霍乱，俗称“虎狼病”。因为有风邪所以怕风而有汗，因为有寒邪所以怕寒而无汗，因为有暑邪所以烦躁热闷，因为有湿邪所以感觉身体沉重，因为有积食所以胸膈饱闷。如果吐泻，烦渴不止，厥冷且疼痛得厉害，出现肚腹内转筋者，可能严重到危及生命。这种疾病多是因为夏季的时候暑热潜伏在了体内，所以霍乱、吐泻的症状很多。干霍乱，是忽然心腹绞痛，手足厥冷，六脉沉细，想吐却吐不出来，想泻也泻不下来，阴阳阻隔，气机升降不通，俗称为“搅肠痧”。这是难治的一种病，如果吐泻不出来，胸腹胀硬，面色发白，口唇发青，手足冷的过了肘膝部，六脉沉伏欲绝，呼吸急促而喘，舌头干燥，阴囊挛缩，这些都是死症的表现。

养浩生说：那该怎么治疗呢？

真人说：这两种疾病出现的都比较急迫，马上用练功的方法来对治是比较困难的。如果平素就有这种疾病，或者在疾病刚开始的时候，赶快让患者在密室中静坐，闭上眼睛，双手握固，把注意力集中在肚脐内一寸三分的地方，细细地调整呼吸，切记不要使呼吸粗重，以免引动病处而发作。就这样调息 360 次，每 30 息轻轻地呼气 3 口，再微微地补气 3 口。调息结束，舌抵上腭，体内的气不要呼出去，外面的空气也不要吸入体内，虽然没有正常的呼吸，也要按照正常的一呼一吸作为一息，用来衡量闭气时间的长短，闭息所得的息数，一定要暗自记清。等到闭气稍急的时候，用意念运气，从尾间、夹脊向上到头顶，同时可以用鼻子辅助提气，当气入口化生成甘津后，用甘津漱口，分 3 口咽下，好像咽硬东西一样，并用意念将其送入肚脐内。自己用念珠暗自记数，每次练习 50 遍，或 30 遍，顷刻之间，就会自觉快乐。如果这样练功不能进行的话就停下来，让患者把注意力集中在肚脐内，闭气停息，等到闭气急促时再进行调息，也是为了使脏腑安静，脉络安定，自然轻快。

【注释】

①湿乱，病名，见《外台秘要》卷六。指饮食生冷，或感受湿、寒、暑邪，发病时有吐利、腹痛、转筋等症，与干霍乱之欲吐泻不得、病情较重者有别。《医林绳墨·霍乱》：“若吐利并行而腹中绞痛，坐卧不安，甚则转筋，名之曰湿霍乱。”

②干乱，病名。突然腹中绞痛，吐泻不得，俗称搅肠痧、斑痧、乌痧胀。多因冷气搏于肠胃，或邪恶污秽之气郁于胸腹，闭塞经隧，气滞血凝，中气拂乱所致。《诸病源候论·干霍乱候》：“干霍乱者，是冷气搏于肠胃，致饮食不消，但腹满烦乱、绞痛、短气，其肠胃先挟实，故不吐利。”

③风寒暑湿，见“疟疾第十一”①。

④心腹疼痛，心腹部位的疼痛。

⑤吐泻齐作，吐泻一齐发作。

⑥四肢厥冷，四肢冷至肘膝以上的症状，也叫“手足逆冷”，或简称“四逆”。

⑦脉沉欲绝，脉象沉，感觉将要断绝。沉脉，脉象之一。指轻取不应。重按始得之脉象。《脉经》：“沉脉举之不足，按之有余。”主里证，有力为里实，无力为里虚。

⑧胸膈饱闷，胸膈部堵塞不舒、痞硬胀闷的一种感觉，犹如饮食过饱后的感觉。

⑨吐泻，上吐下泻。

⑩烦渴不止，烦躁干渴而不止。

⑪厥冷痛甚，四肢厥冷且疼痛得厉害。

⑫六脉沉细，六脉脉象沉细。六脉，两手寸关尺三部脉的合称，见《脉经》。沉脉，脉象之一，指轻取不应，重按始得之脉象。《脉经》：“沉脉举之不足，按之有余。”主里证，有力为里实，无力为里虚。细脉，脉象之一，脉细如丝线，应指明显。主气血两虚，诸虚劳损。《素问·脉要精微论》：“细则气少。”

⑬阴阳乖隔，阴阳之间相阻隔。

⑭搅肠沙，即搅肠痧，干霍乱的别称。

⑮六脉伏绝，六脉沉伏欲绝。伏脉，脉学名词，指一种脉象。脉来伏隐，重按推筋着骨始得，见于邪闭、厥证、痛极等病证。《难经·十八难》：“伏者，脉行筋下也。”

⑯气息喘急，呼吸急促而喘。

⑰舌干囊缩，舌头干燥，阴囊挛缩。

⑱仓卒，急促匆忙的样子。《文选·李陵·答苏武书》：“前书仓卒，未尽所怀。”

⑲细细调息，细细地进行调息。调息，见“寒疾第六”⑭。

⑳气息粗索，呼吸粗放沉重。

㉑调毕，调息结束后。

㉒量气长短，见“虚痨第三”㉚。

㉓得息多寡，见“虚痨第三”㉛。

㉔存神脐间，见“痰症第七”㉗。

㉕住息定气，停止呼吸，闭气。

㉖气急调息，等到闭气急促时再进行调息。

㉗脏腑安静，脏腑气息平稳，沉静无事。

㉘脉络各定，各条脉络平稳安定。

㉙呕吐，出《素问·六元正纪大论》。古代文献将呕吐加以区别，谓声物俱出为呕，有物无声为吐，有声无物为干呕。现一般将胃内容物经食道口腔吐出，总称呕吐。

呕吐第二十

养浩生曰：或有其人本无疾病，忽然之间常作呕吐者，其病何也？

真人曰：吐有数种，总皆胃气受伤[①]，故有呕唠[②]清水冷涎者，是寒吐也；有烦渴而呕[③]唠者，是热吐也；有呕唠痰者，是痰火[④]也；有饱闷作酸呕吐者，是停食[⑤]也，均属胃气[⑥]病也。久而不治，必成翻胃[⑦]。

养浩生曰：其法奈何？

真人曰：胃者，脾之门户脾者，胃之根本也。如胃气受伤[⑧]，脾气必绝[⑨]，脾气绝，而人能生乎？如脾气坚固，胃气必强，胃气强而病能生乎？此疾首降下胃气，方可积气归脾。宜令病者，密室静坐[⑩]，瞑目握固[⑪]，存神脐内一寸三分，先调文息[⑫]三十六息，呼气三口，补气三口。于补气时，极力咽下，如咽最硬之物坠下丹田。方又调武息[⑬]三十六息，如前呼补[⑭]。三百六十息毕，方舌抵上腭，内气不出，外气不入，虽无呼吸，亦约定一呼一吸为一息。量气长短，得息多寡，必须默记。俟气稍急，神运其气，自尾闾、夹脊，上升泥丸，兼用鼻以气提之，入口化为甘津，漱之，分三口咽，如咽硬物，送入脐间。自用念珠暗记遍数，或五十遍，或三十遍，日行数次。或半月，或廿日，病根除，真气实[⑮]，永尔快乐[⑯]。

（接：头痛[⑰]第二十一）

【语译】

养浩生说：或许这个人本来没有什么疾病，忽然之间就出现经常呕吐的现象，这种病是什么原因呢？

真人说：呕吐有数种，但总地来说都是因为胃气受伤导致的。凡是呕吐清水冷涎的，是寒导致的呕吐；出现烦躁口渴而呕吐的，是热导致的呕吐；呕吐物主要是痰的，是痰火导致的呕吐；饱闷反酸而呕吐的，是食物停滞在胃导致的，这些都是胃气出现了问题。如果长时间不治疗，一定会发展成翻胃的毛病。

养浩生说：那治疗方法是什么呢？

真人说：胃，是脾的门户；脾，是胃的根本。如果胃气受伤，脾气一定会断绝，如果脾气都绝了，那人还能活着吗？如果脾气坚固，胃气必强，胃气强健，那病怎么能产生呢？这种疾病，首先要做的就是使胃气下降，然后才能积气而归脾中。让患者在密室中静坐，闭上眼睛，双手握固，注意力集中在肚脐内一寸三分的地方，先调文火 36 息，呼气 3 口，补气 3 口。在补气的时候，要用力咽下，好像咽硬的东西一样，并用意念将其坠入丹田。然后再调武火 36 息，按照前面的方法进行呼气、补气。调息 360 息结束后，舌抵上腭，体内的气不要呼出去，外面的空气也不要吸入体内，虽然没有正常的呼吸，也要按照正常的一呼一吸作为一息，用来衡量闭气时间的长短，闭气时所得的息数，一定要暗自记清。等到闭气稍急的时候，用意念运气，从尾闾、夹脊向上到头顶，同时可以用鼻子辅助提气，当气入口化生成甘津后，用甘津漱口，分 3 口咽下，好像咽硬东西一样，并用意念将其送入肚脐内。自己可以用念珠暗自记数，每次练习 50 遍，或 30 遍，每天数次。或许半个月，或许 20 天的时间，病根就会彻底清除，体内真气就会充实，自然可以长期身体健康、心情愉悦。

【注释】

① 胃气受伤，胃气受到损害。胃气，生理学名词，指胃的正常功能，如脾气主升，胃气主降。

② 呕哕，见“虚痨第三”⑱。

③ 烦渴而呕，烦躁干渴而呕吐。

④ 痰火，体内痰浊与火邪互结或痰浊郁久化火的病理变化。

⑤ 停食，食物停滞在胃。

⑥胃气，生理学名词。指胃的正常功能。

⑦翻胃，指大便溏利，每食必吐之膈症。《医宗己任·膈症》："有一种大便甚利且溏，每食必吐，是名翻胃。王太仆云：食入反出，是无火也，八味丸主之。此验症全在大便，如一干结，便非无火，一味滋润如前法。"

⑧胃气受伤，见"呕吐第二十"①，泛指胃气受损的病症。

⑨脾气必绝，脾气一定会断绝。脾气，指脾的功能及其赖以产生的精微物质或动力。《素问·生气通天论》："是故味过于酸，肝气以津，脾气乃绝。"《素问·玉机真脏论》："恐则脾气乖矣。"

⑩密室静坐，见"呃逆嗳气第十三"⑨。

⑪瞑目握固，见"臌症第四"⑨。

⑫文息，用文火调息。

⑬武息，用武火调息。

⑭呼补，呼气及补气。

⑮真气实，真气又叫"元气"，《灵枢·刺节真邪》篇：真气者，所受于天，与谷气并而充身（者）也。说明"真气"是由先天之气（即受于先天的"原气"）和后天之气（得之于呼吸饮食的）相结合而成，是能充养全身的。人体各种机能活动以及抗病能力都和真气直接相关，故真气是人体生命活动的动力，真气实即正气充实，身体健康。

⑯永尔快乐，长时间保持精神愉悦的状态。

⑰头痛，头痛分为外感头痛和内伤头痛。外感头痛：根据外感病邪的性质不同，可以分为风寒头痛、风热头痛、暑湿头痛等，其治疗分别采用疏风散寒、疏风清热、祛暑利湿的方法。内伤头痛：根据牵涉的脏腑不同可以分为血虚头痛，肝阳头痛，阴虚头痛，瘀血头痛，气虚头痛等类型，根据具体情况可以采用补血，平肝潜阳，滋阴活血通络的方法进行治疗。

头痛第二十一

养浩生曰：今人多有头痛之疾，其病何也？

真人曰：头为诸阳之首[①]，其痛有各经之不同。有气虚而头痛者，耳鸣，九窍不利[②]也；有湿热而头痛[③]者，头重如石，属湿也；肥人头痛者，多是气虚湿痰[④]也；瘦人头痛者，多是血虚痰火[⑤]也；遇风寒，恶心，呕吐，头痛者，乃头风[⑥]也。凡头痛偏左者，属风与血虚[⑦]也；偏右者，属痰与气虚[⑧]也；左右俱痛者，气血两虚也。头旋眼黑恶心者，痰厥头痛[⑨]也；偏正头痛者，风气[⑩]上攻也；颈项强痛[⑪]者，风邪[⑫]所干也；眉棱骨痛者，风热并痰也。头痛而起核块[⑬]者，名雷头风[⑭]也。真头痛乃脑尽而痛，为不可治。其痛时手足冷至节[⑮]者，不治之也。

养浩生曰：其治云何？

真人曰：大抵头为众阳聚会之所，痛者均是客邪[⑯]不能下降，真气不能上达，故作疼痛。宜令其人，密室[⑰]静坐，瞑目握固[⑱]，存神脐间一寸三分，调文火[⑲]三百六十息，每三十六息，咽气一口，如咽硬物，直坠至下田[⑳]。调毕，舌抵上腭[㉑]，内气[㉒]不出，外气不入，虽无呼吸，亦约定一呼一吸为一息。量气长短，得息多寡，必须默记。俟气稍急，神运其气，自尾闾[㉓]、夹脊[㉔]，上升泥丸[㉕]，兼用鼻以气提之，入口化为甘津，漱之分三口咽，如咽硬物，送入脐间[㉖]。自用念珠暗记遍数，或五十遍，或三十遍，日行数次。或二十日，或三十日，自尔快乐[㉗]。盖气也、血也、风也、痰也、火也、湿也，均统于气。气既下行，则诸邪皆随之而下降，故先用咽降之法[㉘]。气既降，不更积其气，则此下之物必不坚固，故后必积此真气[㉙]，以充满之、坚固之[㉚]而已，此祛头痛之全法也。

（接：耳聋第二十二）

【语译】

养浩生说：现在有好多人有头痛的疾病，这种病是什么原因呢？

真人说：头是所有阳经汇聚的地方，这里疼痛有不同经络的区别。有气虚导致的头痛，多伴有耳鸣、九窍不利；有湿热导致的头痛，自觉头部重得好像压了一块石头，这些都是湿气导致的；肥胖的人头痛，多是气虚或者湿痰的原因；瘦人头痛，多是血虚、痰火的原因；遇到风寒就恶心、呕吐、头痛的，是头风的症状。凡偏左侧头痛的，多属于风邪、血虚；偏右侧头痛的，多属于痰湿、气虚；左右两侧都痛的，是气血两虚。头晕、目眩、眼黑、恶心是痰厥头痛；偏于正头痛，是风气上攻所致；颈项强痛，是邪气侵袭干扰所致；眉棱骨痛，是风热与痰邪所致。头痛时，头部生起核块的，称为雷头风。真头痛是脑中精气将尽而导致的头痛，属于不治之症的范畴，如果头痛的时候手足冷到肘膝关节的时候，是不可治的症候。

养浩生说：具体治疗方法是什么呢？

真人说：大概头是众多阳气汇聚的地方，这个地方疼痛都是由于邪气停滞而导致头部的气不能下降，而体内的真气也不能上达头部，因而导致疼痛。让患者在密室中静坐，闭上眼睛，双手握固，把注意力集中在肚脐内一寸三分的地方，调文火 360 息，每 36 息咽气 1 口，好像咽硬东西一样，直接下坠到下丹田。调息结束，舌抵上腭，体内的气不要呼出去，外面的空气也不要吸入体内，虽然没有正常的呼吸，也要按照正常的一呼一吸作为一息，用来衡量闭气时间的长短，闭气所得的息数，一定要暗自记清。等到闭气稍急的时候，用意念运气，从尾闾、夹脊向上到头顶，同时可以用鼻子辅助提气，当气入口化生成甘津后，用甘津漱口分 3 口咽下，好像咽硬东西一样，并用意念将其送入肚脐内。自己可以用念珠暗自记数，每次练习 50 遍，或 30 遍，每天数次。大约 20 天，或者 30 天，自然轻快。气、血、风、痰、火、湿，都统属于气的范畴。所以气下降，则各种邪气都会随之下降，所以先用咽降的方法。气下降之后，如果不跟着进行积存气的方法，降下去的气就一定不会坚固，所以降气之后一定要进行积气法的练习，以使真气充满、坚固，这才是祛除头痛完整的治疗方法。

【注释】

①诸阳之首，头部为手足三阳经汇聚之处，因此中医认为头部为人体“诸阳之会”，《临证指南医案》指出：“头为诸阳之首，耳目口鼻皆系清空之窍。”凡五脏六腑清阳之气，皆上注于头，而头部属人体最高处，故而称之为诸阳之首。

②九窍不利，九窍功能异常，九窍指眼二、耳二、鼻孔二、口、前阴尿道和后阴肛门。

③湿热而头痛，头痛因于湿热蒙蔽清窍所致，除头痛外，每有心烦，身重肢痛，或见面目、四肢浮肿，舌苔黄腻、舌质红，脉多濡数。《兰室秘藏·头痛门》：“心烦头痛者，病在膈中，过在手巨阳、少阴，乃湿热头痛

也。”治以清热化湿为主，用清空膏或温胆汤加黄连、薏苡仁。

④气虚湿痰，气虚清阳不升所致或痰湿上蒙清窍，可能导致头痛、头晕等症状。

⑤血虚痰火，因血虚所致的痰证。《症因脉治》卷二：“血虚痰，五心烦热，形体消瘦，六脉细数。”治宜养血化痰，用加减四物汤加贝母、杏仁、青黛等。

⑥头风，指头痛日久不愈、时发时止，甚至一触即发的病症。由风寒侵入头部经络，或因痰涎风火，郁遏经络，以致气血壅滞所致。症见头部剧烈掣痛，痛连眉梢、眼睛，甚则目昏不能睁开，头不能抬举，头皮麻木，有的患者可以兼见眼的症状。

⑦血虚，中医名词，指体内阴血亏损的病理现象。可由失血过多，或久病阴血虚耗，或脾胃功能失常，水谷精微不能化生血液等所致。由于气与血有密切关系，故血虚每易引起气虚，而气虚不能化生血液，又为形成血虚的一个因素。血虚主症为面色萎黄、眩晕、心悸、失眠、脉虚细等，是血液失常的一种表现，是指血液生成不足或血的濡养功能减退的一种病理状态。

⑧气虚，包括元气、宗气、卫气的虚损，以及气的推动、温煦、防御、固摄和气化功能的减退，从而导致机体的某些功能活动低下或衰退，抗病能力下降等衰弱的现象。多由先天禀赋不足，或后天失养，或劳伤过度而耗损（“劳则气耗”），或久病不复，或肺脾肾等脏腑功能减退，气的生化不足等所致。气虚的病理反映可涉及全身各个方面，如气虚则卫外无力，肌表不固，而易汗出；气虚则四肢肌肉失养，周身倦怠乏力；气虚则清阳不升、清窍失养而精神委顿，头昏耳鸣；气虚则无力以率血行，则脉象虚弱无力或微细；气虚则水液代谢失调，水液不化，输布障碍，可凝痰成饮，甚则水邪泛滥而成水肿；气虚还可导致脏腑功能减退，从而表现一系列脏腑虚弱征象。

⑨痰厥头痛，指痰气上逆而致头痛。《古今医鉴》将之归于“厥头痛”范畴，《张氏医通·诸痛门》：“痰厥头痛，两寸脉滑而弦，眼重头旋，恶心烦乱，吐清水，气短促，心神不安，语言颠倒，目不敢开，如在风露中，头疼如裂，身重如山，胸满呕逆，四肢厥冷。”

⑩风气，即内风，相对于风邪而言，疾病发展过程中，由于脏腑功能失调，气血逆乱内风上扰。

⑪ 颈项强痛，颈项肌肉筋脉牵强引痛之证。

⑫ 风邪，即外感风邪。引起外感病的原因是外邪，中医将外邪分为风、寒、暑、湿、燥、热（火）六种，称为“六淫”。风邪是“六淫”之首，《黄帝内经》就记载有“风为百病之长”之说。风是春天的主气，但客观上来说，四季皆有风的产生，它无所不在。风流动不居，善行数变，有升发向上、向外促使腠理（肌肤）疏泄张开、易袭阳位等特性。头面体表受风邪侵袭后，常使人产生头晕、汗出、恶风等症状，能使痒痛现象此起彼伏，游走不定，能与寒、痰、湿、燥、热（火）等病邪联合使人致病。

⑬ 核块，即小结节状肿块。

⑭ 雷头风，是指头痛时自觉雷鸣之声，头面起核，或肿痛红赤，由湿毒郁结于上所致的疾病。

⑮ 手足冷至节，即手足冷到肘膝关节。

⑯ 客邪，泛指侵害人体的邪气，因邪气从外而来，故名。

⑰ 密室，隐秘而安静的密闭房间。

⑱ 握固，道教养生修炼中常用的一种手式，出《老子》“骨弱筋柔而握固”。方法为以余四指握大拇指成拳，仿胎儿之状，男左女右。《道枢·众妙篇》：“握固者何也？吾以左右拇指掐其三指之文，或以四指总握其拇，用左右手以拄腰腹之间者也。”这种手式有促使心气归一、辟邪毒之气的作用。《寿世青编·十二段动功》：“两手当屈，两大指抵食指根，余四指捻定大指，是为两手握固。”

⑲ 文火，见“虚痨第三”㉖。

⑳ 下田，下丹田，道家有称人身脐下三寸为丹田，认为这个部位是男子精室、女子胞宫所在处，气功意守部位名词。其部位有三：脐下的叫“下丹田”，心窝部的名“中丹田”，两眉之间的称“上丹田”。

㉑ 舌抵上腭，舌尖抵上齿龈，舌头中部拱起轻抵上腭。气功学中认为这是沟通任督二脉的桥梁，俗称“搭鹊桥”。中医学认为，督脉循背，总督周身阳脉，为阳脉之海；任脉沿腹，总任一身阴脉，为阴脉之海，两脉各断于上腭和舌根。

㉒ 内气，见“怔忡第十六”⑲。

㉓ 尾闾，见“瘫痪第二”㉓。

㉔夹脊，见“瘫痪第二”㉔。

㉕泥丸，见“瘫痪第二”㉕。

㉖脐间，见“瘫痪第二”⑱。

㉗自尔快乐，见“呃逆嗳气第十三”⑲。

㉘咽降之法，吞咽降气的法门。

㉙真气，又叫“元气”，《灵枢·刺节真邪》篇：真气者，所受于天，与谷气并而充身（者）也。说明“真气”是由先天之气（即受于先天的“原气”）和后天之气（得之于呼吸饮食的）相结合而成，是能充养全身的。人体各种机能活动以及抗病能力都和真气直接相关，故真气是人体生命活动的动力。

㉚充满之、坚固之，真气充满坚固的状态，因为人体各种机能活动以及抗病能力都和真气直接相关，故真气充满则人体生命活力丰满充盈，真气坚固则可抵御外邪不易生病。

耳聋第二十二

养浩生曰：今人多有耳聋[①]之疾者，何也？

真人曰：耳乃肾之外窍[②]，肾气虚则耳聋或耳鸣，各有所感。左耳聋者，忿怒[③]动脐火[④]也；右耳聋者，色欲动相火[⑤]也；两耳俱聋者，厚味动胃火[⑥]也；两耳肿痛者，肾经有风热[⑦]也；出脓，亦系风热。有气闭耳聋[⑧]者，气通则已。

养浩生曰：其治奈何？

真人曰：大抵五脏之病，莫先补气，肾尤急焉。积气傥久，气自生液，液自归肾，肾经既旺，耳自通明[⑨]。宜令病者，密室静坐，瞑目握固[⑩]，存神脐间一寸三分，调文火[⑪]三个三十六息，方调武火[⑫]一个三十六息，如此排匀。调毕，舌抵上腭[⑬]，内气[⑭]不出，外气不入，虽无呼吸，亦约定一呼一吸为一息。量气长短，得息多寡，必须默记。俟气稍急，神运其气，自尾闾、夹脊，上升泥丸，兼用鼻以气提之，入口化为甘津，漱之，分三口咽，如咽硬物，送入脐中[⑮]。自用念珠暗记，或三十遍，或二十遍。毕，即用两手抱头掩耳，用中、食二指轮击脑后百数，方咽干气五口，或七口，极力用意[16]，坠至下田[17]。

日行数次，不必一月，自尔快乐[18]。

（接：舌病第二十三）

【语译】

养浩生问：现在的人很多患有耳聋的疾病，是什么原因呢？

真人说：耳是肾的外窍，肾气虚就会出现耳聋或耳鸣的症状，又各有不同的原因。左耳聋，是因为愤怒引动了肚脐内的火所致；右耳聋，是因为色欲引动了相火所致；两耳都聋，是因为吃肥甘油腻之物太多而引动了胃火所致；两耳肿痛，是因为肾经有风热所致；耳内出脓，也是因为风热；有气闭耳聋的，气通了病就好了。

养浩生说：那治疗方法是什么呢？

真人说：大概五脏的疾病，治疗都是先从补气开始，尤其是肾的疾病。积气的时间长了，气就会自动化生为津液，津液则自会返回肾中，肾经既然旺了，耳窍自然通畅明了。需要让患者在密室中静坐，闭上眼睛，双手握固，把注意力集中在肚脐内一寸三分的地方，调文火3个36息，再调武火1个36息，就这样依次均匀地练习。调息结束，舌抵上腭，体内的气不要呼出去，外面的空气也不要吸入体内，虽然没有正常的呼吸，也要按照正常的一呼一吸作为一息，用来衡量闭气时间的长短，闭气时所得的息数，一定要暗自记清。等到闭气稍急的时候，用意念运气，从尾闾、夹脊向上到头顶，同时可以用鼻子辅助提气，当气入口化生成甘津之后，用甘津漱口，分3口咽下，好像咽硬东西一样，并用意念将其送入肚脐内。自己可以用念珠暗自记数，每次练习30遍，或20遍。结束之后，用两手抱住头，掌心堵住耳朵，用中指、食指轮流击打脑后100次，然后咽干5口，或者7口，用很强的意念，将其坠入下丹田。每日练习数次，不到1个月，自然轻快。

【注释】

①耳聋，听觉系统的传音、感音功能异常所致听觉障碍或听力减退，概称为耳聋。一般轻者为听力下降，在一般情况下，能听到对方提高的讲话

声；重者为耳聋，听不清或听不到外界声音。

②肾之外窍，肾开窍于耳，“肾主耳……在窍为耳”（《素问·阴阳应象大论》），肾藏精，精生髓，髓聚于脑，精髓充盛，髓海得养，则听觉才会灵敏，故称肾开窍于耳。

③忿怒，生气发怒。

④脐火，命门之火，肚脐在两肾中间，两肾中间为命门。

⑤相火，生理学名词，指寄居于肝肾二脏的阳火，是人体生命活动的动力，常因失却肾阴滋养而妄动。

⑥胃火，中医学名词，指胃热炽盛化火的病变。胃火炽盛，可延足阳明胃经上炎。

⑦风热，指风邪挟热侵犯人体。

⑧气闭耳聋，气闭耳聋为病名，见《医学准绳六要》，系指耳聋之因于气闭者，气闭即各种原因引起的气机阻滞。

⑨通明，耳朵功能正常，听觉和反应灵敏。

⑩瞑目握固，见“臌症第四”⑨。

⑪文火，见“虚痨第三”㉖。

⑫武火，见“臌症第四”⑩。

⑬舌抵上腭，操作方法：口唇轻闭，牙齿轻叩，舌尖自然轻轻地贴在口腔内上门牙根与上牙龈的交界处，如果将上下两唇轻轻开启时，则舌尖“吧嗒”一声就自然离开上腭，这样才算合乎标准。功夫深厚者，舌头会自然内缩后卷，紧抵上腭，甚至反抵喉咙，古人所谓“反锁鹊桥关”，则另当别论。社会上所传让初学者翘舌抵腭者，皆系讹传也，此不可不知。更不可刻意将舌头翘起，用力抵住上腭。

⑭内气，见“怔忡第十六”⑲。

⑮送入脐中，将津液送入小腹部位。

⑯极力用意，用尽可能强烈的意念。

⑰下田，见“头痛第二十一”⑳。

⑱自尔快乐，见“呃逆嗳气第十三”⑲。

丹亭真人卢祖师
广胎息经卷之二

舌病第二十三

养浩生曰：尝闻舌乃心苗[①]，今人或舌强[②]、舌疮[③]，其疾云何？

真人曰：以部位言之，五脏皆有所属；以症候言之，五脏皆有所主。如：口舌肿痛，或状如无皮[④]，或发热作渴，为中气虚热[⑤]；若眼如炉触[⑥]，体倦少食，或午后益甚，为阴血虚热；若咽痛，舌疮，口干，足热，日晡[⑦]益甚，为肾经虚火[⑧]；若四肢厥冷[⑨]，恶寒饮食，或痰盛目赤，为命门火衰[⑩]；若发热作渴，饮冷，便闭，为肠胃实火；若发热恶寒，口干，喜汤，食少，身体作倦，为脾经虚弱；若舌作强，腮颊肿[⑪]，为脾经湿热；若痰盛作渴[⑫]，口舌肿痛，为上焦有热；若思虑过度，口舌生疮，咽喉不利，为脾经血伤火动；若恚怒[⑬]过度，作寒发热，而舌肿痛，为肝经血伤火动[⑭]。今人见有舌症者，即执之为心火，是未闻上项疾症者也。舌之下有两穴，一名金津[⑮]，一名玉液[⑯]，此津液所生之门户，医家名为濂泉穴[⑰]是也。

养浩生曰：其法云何？

真人曰：此数端疾，皆属内热。因水不能润火，故火益炽，而水益枯[⑱]。法当积炁，积炁既久，自能生水，水盛则火衰，心火不燥，舌病何生？宜令病者，密室静坐，瞑目握固[⑲]，调文火[⑳]三百六十度，每三十六度一呵一补，一咽一漱。调毕，舌抵上腭，内气不出，外气不入，虽无呼吸，亦约定一呼一吸为一息。量气长短，得息多寡，惟欲增息，不欲减息，皆系自然，而非矫强[㉑]，必须默记。候气稍急，神运其气，自尾闾[㉒]、夹脊[㉓]，上升泥丸[㉔]，兼用鼻以气提之，入口化为甘津[㉕]，分三口咽，如咽硬物，送入脐中[㉖]。自用念珠暗记遍数，或五十遍，或三十遍，日行数次，不四五日，自尔快乐。

养浩生曰：或有口舌生疮，咽喉肿痛，燥渴便闭者，何也？

真人曰：此三焦实火也。宜先呵气不出声，直俟口中微生凉液[㉗]，便漱咽之。行此功一日，或半日，再依前行功，自尔快乐。

养浩生曰：或口舌生疮[㉘]，发热恶寒，劳则体倦，不思饮食者，何也？

真人曰：此中焦虚火[㉙]也。宜先依前积炁补虚[㉚]，略带呵气泄火[㉛]，自尔快乐。

养浩生曰：或口舌生疮，惟喜饮汤不食者，何也？

真人曰：此胃气虚[32]，不能化生津液也。止依前法积炁，炁盛则胃实，自无此患。

养浩生曰：或口舌生疮，饮食少思[33]，大便不实者，何也？

真人曰：此中气虚[34]也。止依前法积炁，炁生真液[35]，可无此患。

养浩生曰：或口舌生疮糜烂[36]，晡时[37]内热者，何也？

真人曰：此血虚有火[38]也。但能清心定虑[39]，行前补炁功夫，自尔快乐[40]。

养浩生曰：或口舌生疮，食少，便滑，面黄，肢冷者，何也？

真人曰：此火盛土虚[41]也。亦宜积炁[42]，炁盛则脾旺，脾旺则此等症候，自能蠲除。

养浩生曰：或口舌生疮，日晡[43]发热作渴，唾痰、小便频数者，何也？

真人曰：此肾水亏损，下焦阴火[44]也。亦宜积炁，炁旺则真水[45]日增，邪火日灭，其作渴唾痰[46]，自尔痊好。

养浩生曰：或口舌生疮[47]，口臭，牙龈赤烂[48]，腿膝痿软[49]，及口咸者，何也？

真人曰：此肾经虚热也。大抵此症，口苦者，心热也；口淡者，脾热也；口辣者，肺热也；口咸者，肾热也；口酸者，肝热也。吞酸与口酸[50]不同，吞酸[51]者，吞吐成酸；口酸者，不吞吐而时觉其酸也。凡有此数症，各随六字，一泄一补，后行积炁功夫，自尔快乐[52]。

（接：齿症第二十四）

【语译】

养浩生说：常听说“舌为心之苗”。现在的人很多患有舌强、舌疮等病症，这种疾病是什么原因呢？

真人说：按照部位来说，五脏在舌部都有对应的区域；从证候来说，五脏都有相对应的症状。如：口舌肿痛，或者看起来像脱了皮一样，或者发热口渴，是中气虚热的缘故；如果眼睛好像触碰过火炉一样，身体疲倦，少食，或者午后更严重，是阴虚血热的缘故；如果咽喉疼痛，口舌生疮，口干，足热，下午 3-5 点更加严重，是肾经虚火的缘故；如果四肢厥冷，恶寒，不欲饮食，或痰很多，眼睛发红，是命门火衰的缘故；如果发热口渴，喜欢喝冷饮，大便秘结，是肠胃实火的缘故；如果发热，恶寒，口干，喜饮汤水，饭量少，身体疲倦，是脾经虚弱的缘故；如果舌头僵硬，腮颊肿，是脾经湿热的缘故；如果痰多，口渴，口舌肿痛，是上焦有热的缘故；如果思虑过度，口舌生疮，咽喉不利，是脾经血伤火动的缘故；如果仇恨愤怒的情绪过度，发寒、发热，而且舌头肿痛，是肝经血伤火动的缘故。现在的人一见到舌的病症，就固执地认为是心火，是因为没有听说过上面病症的情况。舌头下面有两个穴位，一个叫金津，一个叫玉液，这是津液产生的门户，医家称这两个穴位为濂泉穴。

养浩生说：那具体治疗方法是什么呢？

真人说：这几种病症，都属于内热。水不能滋润火，所以火就越旺，而水就少。对应的治疗方法应当用积气法，气积的时间长了，自然就能化生出水，水多则火就自然衰败，心火不燥了，舌病如何还会生呢？让患者在密室中静坐，闭上眼睛，双手握固，调文火 360 息，每 36 息时，呵气 1 口，补气 1 口，漱（咽）1 次。调息结束，舌抵上腭，体内的气不要呼出去，外面的空气也不要吸入体内，虽然没有正常的呼吸，也要按照正常的一呼一吸作为一息，用来衡量闭气时间的长短，闭气时所得的息数，只能增加闭息的息数，不能减少闭息的息数，但都要顺其自然，不能太过勉强，一定要暗自记清。等到闭气稍急的时候，用意念运气，从尾闾、夹脊向上到头顶，同时可以用鼻子辅助提气，当气入口化生成甘津后，用甘津漱口，分 3 口咽下，好像咽硬东西一样，并用意念将其送入肚脐内。自己可以用念珠暗自记数，每次练习 50 遍，或 30 遍。每日练习数次，不到四五天的时间，自然轻快。

养浩生说：有的口舌生疮，咽喉肿痛，燥渴，大便秘结，是什么原因呢？

真人说：这是三焦实火的缘故。应该先呵气外出且不要出声，一直等到口中微微生出清凉的津液，就做漱口、咽津的功法。练习这种功法一天，或者半天，再按照前面讲的方法进行练习，自然就轻快了。

养浩生说：有的口舌生疮，发热恶寒，一劳动就感觉身体疲倦，不思饮食，这是什么原因呢？

真人说：这是中焦虚火的缘故。应该按前面积气法补养中焦脾胃，再稍微带点呵气泄火，自然就轻快了。

养浩生说：有的口舌生疮，只是喜欢饮汤而不想吃东西，是什么原因呢？

真人说：这是胃气虚弱，不能化生津液的缘故。只要依照前面讲的方法进行积气，气足则胃也就实了，自然就没有这种疾病了。

养浩生说：有的口舌生疮，不思饮食，大便又不成形，是什么原因呢？

真人说：这是中气虚弱的缘故。只要按照前面讲的方法积气，气足则可化生真液，就不会有这种病了。

养浩生说：有的口舌生疮并且糜烂，下午3–5点就会发生内热，是什么原因呢？

真人说：这是血虚有火的缘故。只要能清心定虑，练习之前所讲补气的功夫，自然轻快。

养浩生说：有的口舌生疮，吃得少，又常拉肚子，面色发黄，四肢发冷，是什么原因呢？

真人说：这是火盛土虚的缘故。也应该积气，气足则脾旺，脾旺了则这些症状，自然就消除了。

养浩生说：有的口舌生疮，下午3–5点发热口渴，唾痰，小便频数，是什么原因呢？

真人说：这是肾水亏损，下焦阴火的缘故。也应该积气，气旺了则真水自然与日俱增，邪火则日渐消亡，那些口渴、唾痰等症状，自然就痊愈了。

养浩生说：有的口舌生疮，口臭、牙龈红肿溃烂，腿膝痿软，以及口发咸，是什么原因呢？

真人说：这是肾经虚热的缘故。大概这种病症，口苦，是心热的原因；口淡，是脾热的原因；口辣，是肺热的原因；口咸，是肾热的原因；口酸，是肝热的原因。吞酸与口酸不同，吞酸，是吞吐酸水；口酸，是没有吞吐酸水而只是经常感觉口中发酸而已。根据各种症状的不同，各自选用适宜的六字诀，或泄或补，之后再进行积气的练习，自然轻快。

【注释】

①心苗，舌为心之苗，生理学名词。因心开窍于舌，故舌为心之苗。心

有病变，可从舌反映出来。如心火上炎，则舌尖红，舌糜烂。心血瘀阻，则舌质紫暗或有瘀斑。心神失常，则舌强舌謇，语言障碍等。

② 舌强，即舌体强硬，浑动不灵。

③ 舌疮，指舌体表面溃破，出现一个或多个细小溃疡。《证治准绳·杂病》："风热口中干燥，舌裂生疮。"

④ 无皮，舌苔剥落如同脱皮。

⑤ 中气虚热，中气即中焦脾胃之气，中气虚为中气不足，即脾胃之气虚弱、运化失职。症见面色黄而少华，唇淡或黯，食欲不振，食后腹胀，眩晕，声低，气短，倦怠乏力，便溏。若兼见胃痛则痛而喜按，舌嫩苔厚，脉虚等。如果中气虚、胃阴虚，会表现为胃部灼痛等虚热证候。

⑥ 炉触，触碰火炉，形容眼睛的肿痛感觉如同触碰火炉一般。

⑦ 日晡，指申时，即下午三点至五点。汉代前，依照进餐的时间，将一昼夜划分为 16 个时段。按照当时的礼治，一般老百姓一日只能用两餐，王宫贵族一日三餐，而天子饮食为每日四餐。根据皇帝一日四餐的时间，将一日划分为 16 个时段，这 16 个时段分别为：夜半、鸡鸣、辰时、平旦、日出、蚤时、食时、东中、日中、西中、晡时、下晡、日入、黄昏、夜食、人定。将现在的一日 24 小时，划分成 16 段，每段约为 90 分钟，所以"晡时"时段是 14：15-15：45，"下晡"时段是 15：45-17：15，这也是一天中温度最高、阳气最旺的时段，人体阳气也是最高涨的时段。正邪相争，发热性疾病，这时发热更为明显。

⑧ 肾经虚火，肾阴亏损，导致肾阳过亢，而出现虚火症状。

⑨ 厥冷，四肢冷至肘膝以上的症状，也叫"手足逆冷"，或简称"四逆"。

⑩ 命门火衰，命门之火，为人身阳气之根本，能温化肾水，蒸蕴脾胃膀胱，使水谷运化，津液输布，也主生殖功能，命门火衰即各种原因引起的脾肾阳虚，导致以上功能异常。

⑪ 腮颊肿，一侧或对侧的腮腺炎症肿大，见于腮腺炎等疾病。现代认为，腮腺炎是由病毒通过口、鼻进入人体后，在上呼吸道黏膜上皮组织和淋巴组织中生长繁殖，导致局部炎症和免疫反应，并进入血液引起病毒血症，进而扩散到腮腺和全身各器官，亦可经口腔沿腮腺管传播到腮腺。由于病毒

对腺体组织和神经组织具有高度亲和性，可使多种腺体（腮腺、舌下腺、颌下腺、胰腺、生殖腺等）发生炎症改变，如侵犯神经系统，可导致脑膜脑炎等严重病变。

⑫痰盛作渴，即痰多口渴。

⑬恚怒，即生气，愤怒。大怒、暴怒则气逆上冲，《素问·举通论》篇载：“怒则气上……怒则气逆。”《素问·生气通天论》篇载：“大怒则形气绝，而血郁于上，使人薄厥。”《素问·调经论》篇载：“血之于气并走于上，则为大厥，厥则暴死。”怒生而肝伤，肝伤则肝气升发、疏泄太过，气机逆乱，亢逆化风，或阳亢化火，灼液为痰，气血运行不畅，形成风火痰瘀交结，而上冲于脑，痹阻脑络，或灼伤脑络，络破血溢，瘀阻脑内，导致中风昏厥等病症。

⑭血伤火动，肝经阴血受损，从而引起的火热病邪郁结症状。

⑮金津，穴位名，为唾液进入口腔之重要部位，故而得名，在口腔内，当舌系带两侧静脉上，左为金津，右为玉液。

⑯玉液，穴位名，为唾液进入口腔之重要部位，故而得名，在口腔内，当舌系带两侧静脉上，左为金津，右为玉液。

⑰濂泉穴，任脉、阴维脉交会穴，位于人体的颈部，当前正中线上，结喉上方，舌骨上缘凹陷处，在颈部正中线与喉结正上方横皱纹交叉处。该穴主治舌下肿痛，舌根急缩，舌强，中风失语等症。

⑱火益炽，而水益枯，阴精亏损而致虚火亢盛，而虚火进一步耗伤阴精。

⑲瞑目握固，见“臌症第四”⑨。

⑳文火，见“虚痨第三”㉖。

㉑矫强，即勉强，无法坚持而过于尽力去做。

㉒尾间，见“瘫痪第二”㉓。

㉓夹脊，见“瘫痪第二”㉔。

㉔泥丸，见“瘫痪第二”㉕。

㉕甘津，见“瘫痪第二”㉖。

㉖送入脐中，见“耳聋第二十二”⑮。

㉗凉液，自然、清凉的津液。

㉘口舌生疮，口舌生疮或溃烂，出现局部疼痛。

㉙中焦虚火，脾胃阴液耗损而出现的虚火症状。

㉚积炁补虚，即利用前文中提到的积气法补养中焦脾胃。

㉛呵气泄火，用“呵”字诀清泄脏腑虚火。中医认为，“呵”字诀与心相应，口吐“呵”字具有泻出心中浊气、调理心脏功能的作用。“呵”字吐气法：“呵”字的读音是“he”，属于“舌音”。口腔在发声吐气时，可以感觉到舌头是向上拱起的，舌边轻轻贴着上槽牙，气体能从舌头和上颚之间缓缓呼出体外。

㉜胃气虚，胃气虚弱，胃的受纳和消化水谷功能虚弱。《诸病源候论·胃病候》：“胃气不足，则饥而不受水谷，飧泄，呕逆，是为胃气虚也。”

㉝饮食少思，即不思饮食。

㉞中气虚，中焦脾胃之气虚弱，食少，易疲乏，大便不成形。

㉟真液，濡养人体脏腑形体官窍的营养物质。

㊱生疮糜烂，口舌多处红肿生疮，灼热疼痛，并发生糜烂。

㊲晡时，指申时，即下午三点至五点。

㊳血虚有火，阴血亏虚而致虚火亢盛的症状。

㊴清心定虑，清除烦扰，使思想清净。

㊵自尔快乐，见“呃逆嗳气第十三”⑲。

㊶火盛土虚，虚火亢盛而中焦脾胃亏虚。

㊷积炁，即前文中提到的积气法。

㊸日晡，见“舌病第二十三”⑦

㊹下焦阴火，肾水亏虚导致下焦缺少濡养而致下焦阴虚阳亢，虚火亢盛。

㊺真水，即肾阴，又称元阴、真阴、肾水，是全身阴液的根本，对机体各个脏腑器官起着滋润和濡养的作用。

㊻作渴唾痰，即口渴、咳吐痰液。

㊼口舌生疮，见“舌病第二十三”㉘。

㊽牙龈赤烂，齿龈破溃、糜烂、疼痛的表现。

㊾腿膝痿软，痿软即肢体筋脉弛缓，软弱无力，不得随意运动，指腰部和膝部的软弱无力。《症因脉治》卷三：“肾热痿软之症，腰骨不举，尻以代

踵，脊以代头，足不任地，骨痿不能起于床。”治宜补肾填精，滋阴清热。

㊿ 口酸，是指自感口中有酸味，甚或他人闻之有酸腐气味。

51 吞酸，胃内酸水上攻口腔、咽溢，不及吐出而下咽，又称咽酸。

52 自尔快乐，见“呃逆嗳气第十三”⑲。

齿症第二十四

养浩生曰：牙者，人之关键也。间有痛者，其疾云何？

真人曰：齿痛虽病根不一，然齿者，骨之余[1]，骨则肾所主。大约以培肾[2]为首务，气增则肾旺，自然之理也。其疾虽有因胃火而痛者，有因风热而痛者。如开口呷风[3]则痛甚者，此肠胃中有风邪也；开口臭气不可闻者，此肠胃中有积热也；遇食而痛者，此肠胃中有湿热也；牙龈宣露[4]者，此胃中有客热也；齿摇动者，肾元虚也。今人每一牙痛，或用药熏[5]，或用药擦，或用药漱[6]，或用药点[7]，非不能奏俄顷之效[8]，然终非自本、自根之法也。

养浩生曰：其法奈何？

真人曰：先宜泄其余，随泄随补，使元气日固。正如种植，下加浇灌，上加修葺[9]，自然患除。宜令患者，密室静坐，瞑目握固[10]，存神脐间一寸三分，调文息三百六十度，每十息三呵三补。调毕，舌抵上腭[11]，内气不出，外气不入，虽无呼吸，亦约定一呼一吸为一息。量气长短，得息多寡，惟欲增息，不欲减息，皆系自然，而非矫强，必须默记。俟气稍急，神运其气，自尾闾[12]、夹脊[13]，上升泥丸[14]，兼用鼻以气提之，入口化为甘津[15]，漱之，分三口咽，如咽硬物，送入脐间，毕，仍呵气三口，补气三口。自用念珠暗记遍数，或五十遍，或三十遍，日行数次。或半月，或二十日，自尔快乐[16]。

（接：目症第二十五）

【语译】

养浩生说：牙齿，是人的门户与重要的器官。有时有疼痛的，这种病是什么原因呢？

真人说：牙齿疼痛的病根虽然不同，但牙齿，是骨之余气所生，而骨为肾所主。所以大多以培补肾气为首要任务，肾气增加则肾的功能也就旺盛了，这是自然的道理。这种疾病也有因胃火而导致疼痛的，也有因为风热而导致疼痛的。如张开嘴稍微见一点点风就疼痛加重的，这是肠胃中有风邪的缘故；张开嘴时满嘴臭气不可闻的，是肠胃中有积热；吃东西时就牙痛的，这是肠胃中有湿热的缘故；牙龈外露而牙痛的，是胃中有外来邪热的缘故；牙齿松动的，是肾中元气虚的缘故。现在人们一旦牙疼，有的用药熏，有的用药擦，有的用药漱口，有的用药点，不是不能迅速见效，但都不是最根本的办法。

养浩生说：治疗方法是什么呢？

真人说：先应该泄掉体内多余的东西，一边泄一边补，使元气一天天的坚固。就好像种植一样，下面进行浇灌，上面进行修理，自然疾病就祛除了。让患者在密室中静坐，闭上眼睛，双手握固，把注意力集中在肚脐内部一寸三分的地方，调文火 360 息，每 10 息的时候，做 3 次呵气、3 次补气。调息结束，舌抵上腭，体内的气不要呼出去，外面的空气也不要吸入体内，虽然没有正常的呼吸，也要按照正常的一呼一吸作为一息，用来衡量时间的长短，闭气时所得的息数（只能增加息数，不能减少息数，都要自然，不能勉强），一定要暗自记清。等到闭气稍急的时候，用意念运气，从尾闾、夹脊向上到头顶，同时可以用鼻子辅助提气，当气入口化生成甘津后，用甘津漱口，分 3 口咽下，好像咽硬东西一样，并用意念将其送入肚脐内。结束之后，仍然要呵气 3 口、补气 3 口。自己用念珠暗自记数，每次练习 50 遍，或 30 遍，每日练习数次，有的用半个月，有的用 20 天，自然轻快。

【注释】

①骨之余，肾主骨，牙齿为骨之余，意思是牙齿的强健与否与骨骼有密切联系。

②培肾，培养、培补肾气。

③呷风，即小口饮风，即张开嘴稍微见一点点风。

④宣露，即外露，牙龈外露即牙龈萎缩后不能再像从前一样紧紧包裹牙根，结果导致牙周组织（内牙龈）也被暴露出来。

⑤熏，即中药熏蒸疗法，是用中草药煎煮产生的药汽熏蒸人体来治病

或健身的一种外治方法，在临床上可根据不同的中药配方适用于多种疾病治疗，它具有药物与物理温热双重作用。

⑥漱，即含漱疗法，是用来清洁口腔咽喉患部的方法。漱口药汤是用各种药物加水煮成，临用时和二分之一的温开水，先含一会儿，再漱涤后吐去。

⑦点，将各种外用药物直接点涂于患处的外治方法。

⑧俄顷之效，即迅速见效。

⑨修葺，即修补，修复，治理。

⑩瞑目握固，见“臌症第四”⑨。

⑪舌抵上腭，见“头痛第二十一”㉑。

⑫尾闾，见“瘫痪第二”㉓。

⑬夹脊，见“瘫痪第二”㉔。

⑭泥丸，见“瘫痪第二”㉕。

⑮甘津，见“瘫痪第二”㉖。

⑯自尔快乐，见“呃逆嗳气第十三”⑲。

目症第二十五

养浩生曰：人之有目，所以明瞭[①]事物也。设有疾症，果有别乎？

真人曰：有别。夫目为五脏之精华，一身之宝鑑[②]也。故视五脏以分五轮，借八卦以名八廓[③]。五轮[④]者，肝属木，曰风轮[⑤]，在眼为乌睛[⑥]；心属火，曰火轮[⑦]，在眼为二眥[⑧]；脾属土，曰肉轮[⑨]，在眼为上下胞；肺属金，曰气轮[⑩]，在眼为白睛；肾属水，曰水轮[⑪]，在眼为瞳子。至若八廓[⑫]，无位有名[⑬]。脾之腑为天廓，膀胱之腑为地廓，命门之腑为水廓，小肠之腑为火廓，肾之腑为风廓，肝[1]之腑为雷廓，大肠之腑为山廓，三焦之腑为泽廓。此虽为眼目之根本，而面为包络[⑭]，或因五脏蕴藏风热，或因七情郁结[⑮]胸臆，以致上攻眼目，各随五脏所属而为之病。或肿赤而痛，或羞明怕日[⑯]，或瘾涩难开[⑰]，或云翳[⑱]，或内障[⑲]，或白膜遮睛[⑳]，其症七十有二焉。

养浩生曰：治法奈何？

真人曰：症虽七十有二，不过主于五脏。五脏之中，炁为之主。惟宜积炁清心[21]，故念念归中[22]，则上者必下；气气归根[23]，则郁者必消。以致气海[24]盈满，必传达五脏六腑。五脏六腑之炁既满，则风邪热毒安能少存？正如太阳当天，群阴消散也。故惟此一炁，风可驱散，热可清凉，气结者可调顺，翳[25]者可祛除，肿痛者可消，赤烂[26]者可退。除老者日用鼎器外，凡遇中年得此疾者，宜令其人，密室静坐，瞑目握固[27]，存神[28]脐间一寸三分，调文息三百六十度，每十息嘘气[29]三口，补气[30]一口。调毕，舌抵上腭，内气[31]不出，外气[32]不入，虽无呼吸，亦约定一呼一吸为一息。量气长短得息多寡，惟欲增息，不欲减息，皆系自然，而非矫强[33]，必须默记。俟气稍急，神运其气，自尾闾[34]、夹脊[35]，上升泥丸[36]，兼用鼻以气提之，入口化为甘津[37]，分三口咽，如咽硬物，送入脐中。自用念珠暗记遍数，或五十遍，或三十遍，日行数次。行毕，用两大指背第二节擦热，熨眼[38]数十次。擦毕，呵气[39]三口，补气[40]一口。或又令人擦两足涌泉穴[41]，亦呵炁一口，补炁一口。轻者半月，或二十日，重者或一月，或百日，自尔痊愈。凡内障[42]，必至关窍[43]开通，方得快乐。

养浩生曰：小眥[44]赤，兼之红肉堆起[45]者，何也？

真人曰：心经虚热[46]也。惟宜积炁补虚，虚既补，而热自除，又复奚患？

养浩生曰：大眥[47]赤，红肉堆起者，何也？

真人曰：心经实热也。先宜端坐，焚官香一炷，视香有灰即吹之。如此吹三香，方照前行积炁法，其疾自瘳。

养浩生曰：乌白翳障[48]者，何也？

真人曰：肝病也。宜先用“嘘”字导泄[49]之，次照前积炁，方得快乐。凡系五脏，余皆宜照此类推。如白珠红筋翳膜者，肺病也；上下睛胞如桃者，脾病也；迎风出泪坐起生花[50]者，肾病也。皆照前先用字引导，后用功补全。

养浩生曰：目赤而痛者，何也？

真人曰：乃肝经实热也。宜用“嘘”字先泄之，后方依前积炁补全，方可痊愈。

养浩生曰：羞明怕日，何也？

真人曰：此脾实也。亦宜积炁。脾实毕竟是炁壅瘀[51]，真炁莫达。凡积之已久，真炁贯彻，安有其邪？

养浩生曰：视物不真，何也？

真人曰：此脾虚也，宜依前积炁，自尔快乐。

养浩生曰：攀睛努肉[52]者，何也？

真人曰：此心热也，先宜“呵”字泄之，次宜积炁补之，后宜擦热大指背熨[53]，久久行之，自尔快乐。

养浩生曰：久病昏暗者，何也？

真人曰：此肾经真阳之炁微也。如昏暗不欲视物，内障见黑花，瞳子散漫[54]，乃血少劳神及肾虚也。此外，又有远视，不能近视者，火盛而水亏也；又有近视不能远视者，水盛而火亏也，皆宜积炁补全。如多年内障[55]，视物有影者，必俟开通关窍[56]，方得复明。视物全无影者，不治。

（接：咽喉第二十六）

【校勘】

1. 肝，原文为“脾”，似为“肝”之误。

【语译】

养浩生说：人有眼睛，所以可以明了事物。如果眼睛有了病，和其他疾病有什么区别吗？

真人说：有区别。眼睛是五脏的精华所在，就像人体的一面镜子。所以根据五脏的理论而分为五轮，借助八卦的理论而分为八廓。五轮：肝五行属木称为风轮，在眼对应的是黑眼珠；心五行属火称为火轮，在眼对应的是目内眦、目外眦；脾五行属土称为肉轮，在眼对应的是上下眼睑；肺五行属金称为气轮，在眼对应的是白眼球；肾五行属水称为水轮，在眼对应的是睛中瞳孔。至于八廓，没有具体的位置做代表，但是却有名称。脾之腑称为天廓，膀胱之腑称为地廓，命门之腑称为水廓，小肠之腑称为火廓，肾之腑称为风廓，肝之腑称为雷廓，大肠之腑称为山廓，三焦之腑称为泽廓。这些虽然是眼睛的根本，而面部为心包络经所主，有的因为五脏蕴藏了风热邪气，有的因为七情不调而郁结在胸中，导致上攻眼睛，又分别随着五脏所属部位的不同而形成各种病症。有的眼睛红肿疼痛，有的不喜欢光明、害怕太阳，有的眼睛经常干涩而不愿意睁开，有的眼睛内好像有云雾遮挡一样，有的眼内好像有障碍物，有的眼内好像有一层白膜遮挡眼睛，这类症状有七十二种之多。

养浩生说：治疗方法是什么呢？

真人说：症状虽然有七十二种，不过都归属于五脏。五脏之中，气是最主要的，只宜积气、清心，只要念念不忘守中，则上逆之气必然下降；真气返回各自归根，则郁滞必然消散。以至于气海充盈，一定传达到五脏六腑。五脏六腑之气充足，则风邪、热毒怎么可能有一点点存在呢？就好像太阳当空，各处阴霾自然消散。所以只要把气这个问题解决了，风邪可以被驱散，热邪可以转清凉，气结可以调顺畅，翳障可以祛除，肿痛可以消除，红肿溃烂可以消退。除了年纪大的人平时可以用鼎器之外，凡是中年得了这种病的人，让他在密室中静坐，闭上眼睛，双手握固，把注意力集中在肚脐内一寸三分的地方，调文火 360 息，每 10 息的时候嘘气 3 口，补气 1 口。调息结束，舌抵上腭，体内的气不要呼出去，外面的空气也不要吸入体内，虽然没有正常的呼吸，也要按照正常的一呼一吸作为一息，用来衡量闭气时间的长短，闭气时所得的息数，只能增加息数，不能减少息数，都要自然，不能勉强，一定要暗自记清。等到闭气稍急的时候，用意念运气，从尾闾、夹脊向上到头顶，同时可以用鼻子辅助提气，当气入口化生成甘津后，用甘津漱口，分 3 口咽下，好像咽硬东西一样，并用意念将其送入肚脐内。自己可以用念珠暗自记数，每次练习 50 遍，或 30 遍，每日练习数次。做完之后，双手大指指背第二节相互擦热，然后温熨眼睛数十次。擦完之后，呵气 3 口，补气 1 口。然后再让患者搓擦两脚心的涌泉穴，之后也是呵气 3 口，补气 1 口。症状轻者，用半个月，或者 20 天，症状重者，用一个月，或者 100 天的时间，自然痊愈。凡是眼睛内部有翳障的人，必须要练到关窍通畅，才能痊愈。

养浩生说：目外眦（外眼角）红肿，并有红色的肉突出，是什么原因呢？

真人说：是心经虚热所致。只需要用积气补气的方法，虚损补足，则热自然消除，还需要担心什么呢？

养浩生说：目内眦（内眼角）红肿，并有红色的肉突出，是什么原因呢？

真人说：这是心经有实热所致。首先应该端坐，焚官香一炷，看到香着得有了香灰之后，就立即吹掉它。这样吹三炷香，然后再按照前面所讲积气法进行练习，这种病症自然就痊愈。

养浩生说：黑眼珠有了白色的翳障，是什么原因呢？

真人说：这是肝病，应该先用“嘘”字诀疏泄，再按照前面讲的积气法进行练习，自然轻快。凡是五脏的问题，都可以此类推。如白眼珠上有红血丝翳膜的，是肺病；上下眼睑肿的好像桃子一样，是脾病；迎风流泪、坐起来眼冒金星的，是肾病。都可以按照前面的方法，先用字诀进行导引，然后再完整练习前面的功法。

养浩生说：眼睛红而且疼痛，是什么原因呢？

真人说：这是肝经有实热，应该用“嘘”字诀先疏泄，然后再按照前面讲的积气方法完整练习，才可以痊愈。

养浩生说：不喜欢亮光，害怕太阳，是什么原因呢？

真人说：这是脾实的缘故，也应该用积气法。脾实归根结底是气壅堵瘀滞在一起，真气无法到达。只要积气的时间久了，真气彻底贯通，哪还能有什么邪气呢？

养浩生说：视物模糊不清，是什么原因呢？

真人说：这是脾虚的缘故，应该按照前面讲的积气法进行的练习，自然轻快。

养浩生说：眼睛里出现胬肉攀睛的症状，是什么原因呢？

真人说：这是心热所致，可以先用“呵”字诀进行疏泄，再用积气法补气，然后再擦热大指指背进行温熨，练习久了，自然轻快。

养浩生说：病久且感觉昏暗，是什么原因呢？

真人说：这是肾经内的真阳之气微弱的原因。如果昏暗而不想看东西，眼睛里面好像有东西遮障甚至看到黑色的金花，瞳孔有点散开，这是血少、伤神以及肾虚的缘故。此外，还有远距离看得清，却不能看清近距离的东西，是火盛而水亏损的缘故；还有能看清近距离而不能看清远距离事物的，是水盛而火亏的缘故，这些都可以进行积气法的完整练习。如果是多年的内障疾病，看东西有重影的，必须等到打通关窍，才能恢复正常的视力。什么东西都看不到的，属于不治之症。

【注释】

①明瞭，即明了，清楚地查看了解，知道。

②鑑，镜子或照的意思，眼睛就像身体的一面镜子，并可观察、照察一切。

③八廓，指中医眼科在外眼划分的8个部位，一般多用自然界8种物质现象或八卦名称来命名。即天（乾）廓、地（坤）廓、风（巽）廓、雷（震）廓、泽（兑）廓、山（艮）廓、火（离）廓、水（坎）廓，称之为廓，系取其有如城廓护卫之意。八廓的具体划分首先要通过瞳孔引一水平线，然后再通过瞳孔和水平线成45°、90°、135°引三条直线，这样四条线即将眼球和目眶分成八个相等的区域。而以瞳孔为中点又有八条线，鼻侧的水平线为起点，作为第1线，依次为2、3、4、5、6、7、8。八廓的每一廓是以每条线为中心的45°范围内。具体以第6线为乾廓，络通大肠、肺，肺与大肠相为表里，上连清纯，下输糟粕，为传导之官，又称传送廓；第7线为坎廓，络通膀胱、肾，肾与膀胱相表里，主水之化源，以输津液，所以又称津液之廓；第8线为艮廓，络通三焦（上焦），命门与三焦相为脏腑，会合诸阴，分输百脉，又称会阴廓；第1线为震廓，络通胆，肝与胆相表里，主清净，不受秽浊，故又称为清净廓；第2线为巽廓，络通中焦、心胞，心胞与中焦相为脏腑，胞络营血以滋养中焦，分气以化生，故又称为养化廓；第3线为离廓，络通小肠与心，心与小肠相表里，为诸阴受盛之胞，故又称为胞阳廓；第4线为坤廓，络通于胃、脾，脾与胃相表里，土纳水谷以养生，故又称为水谷廓；第5线为兑廓，络通下焦与肾，肾与下焦相为脏腑，主阴经化生之源，故又称为关泉廓。

④五轮，中医名词，即将眼部组织分为胞脸、两眦、白睛、黑睛、瞳神5部分，分别与脾、心、肺、肝、肾五脏相联属，称之为肉轮、血轮、气轮、风轮、水轮。《银海精微》曰："五轮，肝属木曰风轮，在眼为乌睛；心属火曰血轮，在眼为二眦；脾属土曰肉轮，在眼为上下胞睑；肺属金曰气轮，在眼为白仁；肾同水曰水轮，在眼为瞳人。"

⑤风轮，中医名词，五轮之一，指黑睛，即角膜，由肝所主，肝主风，故称风轮。肝与胆相表里，所以黑睛的生理病理与肝胆有关。虽说黑睛指角膜，但临床上黄仁的病变亦与肝胆有关。

⑥乌睛，中医基础术语，解剖名，即黑睛，又名风轮、黑珠、黑仁、乌珠等，位于眼珠前端正中央，形圆，无色透明，因透见其后内黄仁之黑褐色而得名。黑眼周边与白睛相连，为光线进入眼内的必由之路，并有保护瞳神

及其他眼内组织的作用，在西医学名为角膜。

⑦火轮，中医名词，也称血轮，指内外两眦及眦部血络，内应于心，心主血，故称血轮，心属火，故也称之为火轮。心与小肠相表里，故两眦的生理病理与心、小肠有关。而大眦处上下眼睑各有一细小孔窍，称之为泪堂，参与泪液的排泄。泪为肝之液，泪堂通肺脏，故泪器疾病与肝、肺、心有关。

⑧二眥，即二眦，即目内眦、目外眦。

⑨肉轮，五轮之一，肉轮部位指上下胞睑，分属于脾，脾主肌肉，故称肉轮。脾与胃相表里，故胞睑的生理病理与脾胃有关。

⑩气轮，五轮之一，气轮部位指白睛，包括表层的球结膜及里层的巩膜，质地较坚韧而色白，故分属于肺，肺主气，称之为气轮。肺与大肠相表里，故白睛的生理病理与肺、大肠有关。

⑪水轮，五轮之一，水轮部位是指瞳神，内应于肾，肾主水，故称水轮。肾与膀胱相表里，故认为瞳神的生理病理与肾、膀胱有关。瞳神有狭义和广义之分，狭义的瞳神是指瞳孔，广义的瞳神是指视网膜、视神经、葡萄膜及其眼内组织，而五轮学说的瞳神是指广义的瞳神。中医眼科讲瞳神由肾所主，其义有二,一是瞳神极为重要，为先天之气所生，后天之气所成，乃阴阳之妙用，水火之精华，是视觉发生的中心，而视觉的产生有赖精气，肾主藏精；二是瞳神内水液丰富，瞳神有待水液涵养，而肾主水，故谓水轮。如《审视瑶函》谓：“血养水，水养膏，膏护瞳神。”充分体现了水护瞳神的功能。

⑫八廓，见“目症第二十五”③。

⑬无位有名，没有具体的位置做代表，但是却有名称。

⑭包络，心包络，是包在心脏外面的包膜，具有保护心脏的作用。心包络即是心的外围，故邪气犯心，常先侵犯心包络。

⑮七情郁结，七情为喜、怒、忧、思、悲、恐、惊七种情志活动，指诸情绪纠结不解，而致脏腑阴阳气血失调的一种疾病。

⑯羞明怕日，系指畏光，或见目疼赤肿的病证。

⑰瘾涩难开，指眼睛经常干涩，不愿睁开。

⑱云翳，眼角膜病变后遗留下来的疤痕组织，即翳。《医宗金鉴·眼科心法要诀·因他患后生翳歌》：“因患病后生云翳，赤烂日久翳遮瞳。”以角

膜呈灰白色，白瓷色或色白带黑为主要特征。位于角膜周边未遮蔽瞳孔者，影响视力较小；若遮蔽瞳孔者，可严重影响视力。

⑲内障，见《太平圣惠方》卷三十三。《证治准绳·杂病》认为：内障“皆有翳在黑睛内遮瞳子而然”。指主要发生于瞳神及眼内各组织的疾病。多因脏腑内损，气血两亏，目失濡养所致，尤以肝肾不足为常见。此外，阴虚火旺或情志失调，气滞血瘀，风火痰湿上扰清窍，以及外伤等均可导致本病。患者可感觉眼前蚊蝇飞舞，黑花飘荡，观灯火如彩虹环绕，视物昏蒙，夜盲，甚至暴盲等等。眼外观可无特殊病证，抑或可见瞳神之大小、形状、颜色等改变。如青盲、缘风、圆翳内障之类。眼内障病情比较复杂，一般宜结合全身情况辨证论治。除用药物、针灸等疗法外，有的尚需手术治疗。

⑳白膜遮睛，见清代王子固《眼科百问》，指黑睛生白色翳膜甚至遮障视力的证候。

㉑积炁清心，用积气法呼吸，保持心情恬静，没有挂虑。

㉒念念归中，念念即每一个心念都不忘记守中，使内心归于虚无平静。

㉓气气归根，深呼吸，呼吸徐缓深沉，即《庄子》中的提到的踵息，法出《庄子·大宗师》：“古之真人，其寝不梦，其觉无忧，其食不甘，其息深深。真人之息以踵，众人之息以喉。”为道家炼气养生之法。

㉔气海，一是人体部位名。有上下之分。膻中为上气海，是宗气所聚之处。《灵枢·海论》：“膻中者，为气之海。”丹田为下气海（《类经附翼》）。二是经穴名。出《针灸甲乙经》。别名脖胦、下盲、下气海，属任脉。盲之原穴，在下腹部，前正中线上，当脐中下 1.5 寸。

㉕翳，眼角膜病变后遗留下来的疤痕组织。

㉖赤烂，指眼睛红肿糜烂，甚至出血，痒痛不适的疾病。

㉗瞑目握固，见“臌症第四”⑨。

㉘存神，见“瘫痪第二”⑰。

㉙嘘气，六字诀之一，深吸气，呼气同时发出“嘘”字。“嘘”字，与五脏中的肝相应。口吐“嘘”字诀具有疏通肝经、泄出肝的浊气、调理肝脏功能的作用，同时，配合两目圆睁，还可起到疏肝明目的功效。习练时可以配合穿掌、旋腰等动作，身体的左右旋转，使腰部及腹内的组织器官得到锻炼，不仅能提高中老年人的腰膝及消化功能。同时，还使人体的带脉得到疏

通与调节，全身气机得以顺利升降。

㉚补气，即吸气。

㉛内气，见“怔忡第十六”⑲。

㉜外气，外界的空气。

㉝矫强，见“舌病第二十三”㉑。

㉞尾闾，见“瘫痪第二”㉓。

㉟夹脊，见“瘫痪第二”㉔。

㊱泥丸，见“瘫痪第二”㉕。

㊲甘津，见“瘫痪第二”㉖。

㊳熨眼，自我推拿方法名，又名拭目、摩目、摩眼、揉眼，指用两手掌擦热后拭摩两眼，有明目作用。“圣济总录”卷一〇三：“气血得温利则宣流，得寒则凝泣。肝藏血，上注于目。若肝经虚寒，则目多昏暗泪出之候。古方用温熨之法，盖欲发散血气，使之宣流尔。”

㊴呵气，见“虚痨第三”㊾。

㊵补气，见“目症第二十五”㉚。

㊶涌泉穴，是足少阴肾经的常用腧穴之一，位于足底部，蜷足时足前部凹陷处，约当足底第二三跖趾缝纹头端与足跟连线的前1/3与后2/3交点上。

㊷内障，见“目证第二十五”⑲

㊸关窍，出自道教医学内丹学用语，指内气运行的关节孔窍。“夫人身后有三关。尾闾、夹脊、玉枕是也。尾闾在夹脊尽头之处，其关通内肾之窍。上行乃是一条髓路。名曰潜溪，又曰黄河。此阳气上升之路。直上至第七节，与内暖两相对处，谓之夹脊关。又上至脑后，谓之玉枕关。此身后三关也。人身前有三田。泥丸、土釜、华池也。泥丸为上丹田，方圆一寸二分，虚间一穴，乃藏神之所。其穴在眉心，入内一寸为明堂宫，再入内一寸为洞房宫，再入内一寸为泥丸宫，即上丹田。眉心之下，向口中有二窍。即口内上腭，谓之鼻梁金桥，又曰上雀桥。舌下亦有二窍，下通气管喉咙。盖颌下硬骨为喉，乃内外气出入之处也。颌下软骨为咽，乃进饮食，通肠胃之所也。其气管有十二节，名曰重楼，直下接肺窍以至于心。心下有一窍，名曰绛宫，乃龙虎交会之处也。直下三寸六分，名曰土釜黄庭宫，为中丹田。左明堂，右洞房，亦是空间一穴，方圆一寸二分。乃藏气之所，炼丹之

鼎。外与脐门相对，约有三寸六分。故曰：天上三十六，地下三十六，至天至地，八万四千里。至心至肾入寸四分。天心三寸六分，地肾三寸六分。中丹田一寸二分，总计八寸四分。合天地之全数，人身一天地也。脐门内号生门，中有七窍，下通外肾。外肾乃精气走之处。脐之后，肾之前，中间一穴，名曰堰月炉，又曰气海。稍下一寸二分，名曰华池，乃下丹田藏精之所，采药之处。左明堂，右洞房，亦是虚间一穴，方圆一寸二分。此处有二窍，向上一窍，通内肾。直下一窍，通尾闾。中间名曰玄关，乃无中生有之处。炼精炼到精满气足，自然产出真一之气，玄关自开。又云：人身中，有修炼金丹三窍，不可不知也。上窍离宫心位，外阳而内阴，中藏元神。为性、汞、龙十天山也。下窍是坎宫肾位，外阴而内阳。中藏元气。为命、铅、虎、气穴也。以及命官、坤炉、生门、密户皆此一处。人能凭真意，元神，下凝命官，自然超生了死。此上二窍中间，又有养胎一窍，是空洞之所，虚无之窟，乃人身之正中在心下脐上黄庭之处，中丹田是也，此乃人一身之关窍也。”

㊹小眥，即小眦，目外眦，指外眼角。

㊺红肉堆起，内眼角的红肉突出，可能是充血、水肿的泪阜、充血、水肿的结膜或者结膜乳头状瘤等，泪阜是内眼角处的正常结构，部分患者被内眼角处皮肤遮盖，外观不明显，状态为黄白色、半透明样。如果出现炎症反应会呈现变大、发红状态，眦角炎、泪阜炎都可能会导致其充血、发炎。

㊻虚热，因心阴不足而致阴虚阳亢，出现的虚热症状。

㊼大眥，即眦，目内眦，指内眼角。

㊽乌白翳障，乌白色的翳障遮住黑睛。眼角膜病变后遗留下来的疤痕组织，即翳。

㊾导泄，疏导排泄，运用导引功法疏导气机，从而促进病邪的排出。

㊿坐起生花，即久坐突然起立时眼冒星花之证，见《古今医统》。该证因肝肾阴虚，气血不足所致。《证治准绳·杂病》有：“(目)内外别无证候，但其人动作少过，起坐少频，或久坐，或久立，久眠，久视，便觉头眩目花昏晕也。”某些眼疾或全身性疾病，年老体衰者，可出现此证。

51壅瘀，气机壅堵瘀滞。

52攀睛努肉：努应为“胬”，指有一三角形脂膜胬起如肉，由眼珠眦角横贯白睛，攀侵黑睛的慢性外障眼病。

㊸熨，见“目证第二十五”㊳

㊹散漫，系指瞳孔扩大而不缩回复。又名瞳子散大，即现代医学的散光，由于眼球中的角膜或晶状体表面曲度不规则，平行光线入眼后，其所结成的焦点不在一处所致。表现为看东西模糊不清。

㊺内障，见“目证第二十五”⑲。

㊻关窍，见“目证第二十五”㊸。

咽喉第二十六

养浩生曰：今人咽喉有病者，何也？

真人曰：大抵咽喉为出入之门，虽医家有风、痰、火三症，然其病源必本于火。盖火能炎上，一不安戢[①]，则燥暴之势，必冲喉关[②]，此受病之因也。故或咽喉生疮[③]，或咽喉肿痛，或咽喉闭塞，或红肿结核胀满[④]，或喉不能言语，俱是火势夹风杂痰使之然也。

养浩生曰：治法奈何？

真人曰：首宜泄去浮游之火[⑤]，次宜降下壅瘀之火[⑥]，然后内运真水[⑦]灌溉之。宜令病者，密室静坐，瞑目握固[⑧]，存神[⑨]脐间一寸三分，调文极火三百六十息，每五息三呵一咽。可于咽时，如咽硬物[⑩]，兼用意坠下中宫[⑪]。如此调毕，然后用舌抵住上腭，内气不出，外气不入，虽无呼吸，亦约定一呼一吸为一息。量气长短，以为多寡，惟欲增息，不欲减息，皆系自然，而非矫强[⑫]，必须默记遍数。俟气稍急，神运其气，自尾闾[⑬]、夹脊[⑭]，上升泥丸[⑮]，兼用鼻以气提之，入口化为甘津[⑯]，分三口咽，如咽硬物，送入脐中。自用念珠暗记遍数，或五十遍，或三十遍，半月或念[⑰]日，日行数次，自尔快乐。

（接：结核第二十七）

【语译】

养浩生说：现在的人咽喉经常有病，是什么原因呢？

真人说：大体而言，咽喉是人体出入的门户，虽然医家有风、痰、火三种证候的区别，但这些病的根源一定还是在火。火的性质是炎上，一不收敛，则燥暴之势一定会上冲到咽喉，这是得此病的原因。所以有的咽喉生疮，有的咽喉肿痛，有的咽喉闭塞，有的红肿结核胀满，有的因咽喉部的问题而不能说话，这些都是火上冲的过程中夹杂着风、痰等导致的。

养浩生说：治疗方法是什么呢？

真人说：首先应该泄掉肾中之相火，接着降下壅塞瘀阻之火，然后运用体内真水灌溉之。应该让患者在密室中静坐，闭上眼睛，双手握固，把注意力集中在肚脐内一寸三分的地方，调极微细的文火 360 息，每 5 息的时候，呵气 3 次、咽气 1 口。在咽气的时候，好像咽硬东西一样，同时用意念将其坠入中丹田。这样调息结束，然后用舌头抵在上腭，体内的气不要呼出去，外面的空气也不要吸入体内，虽然没有正常的呼吸，也要按照正常的一呼一吸作为一息，用来衡量闭气时间的长短，闭气时所得的息数，只能增加息数，不能减少息数，都要自然，不能勉强，一定要暗自记清。等到闭气稍急的时候，用意念运气，从尾闾、夹脊向上到头顶，同时可以用鼻子辅助提气，当气入口化生成甘津后，用甘津漱口，分 3 口咽下，好像咽硬东西一样，并用意念将其送入肚脐内。自己可以用念珠暗自记数，每次练习 50 遍，或 30 遍，半个月或者 20 天，每日练习数次，自然轻快。

【注释】

① 安戢，音 ān jí，安为平静，稳定；戢为收敛，收藏，指火热病邪得以平息。戢，从咠从戈，藏兵也。《诗》曰：“载戢干戈。”咠，附耳私语，有收敛意，表音。戈，兵器，表意。本义为收藏兵器，引申为收敛、止息、停止。

② 喉关，人体解剖部位名称。由喉核（即腭扁桃体）、悬雍垂和舌根共同组成喉关。喉关以内为关内，即内喉关，有喉底（即咽后壁）、会厌。喉关以外为关外，有上腭、面颊内侧和齿、龈等。

③ 咽喉生疮，病名。指疮痈生于咽喉、咽喉红肿疼痛、饮食难下的疾病，多因虚火上炎所致，亦有实热攻冲而成者。

④ 红肿结核胀满，即咽中结核，病名。《幼幼集成》卷四：“咽中结核、

不通水谷，危困欲死，用百草霜以蜜和为丸。”系指咽喉因痰火上攻，红肿疼痛，汤水难咽，呼吸不利、甚则欲毙。

⑤浮游之火，也称无根之火，亦为肾中之相火，因失却肾阴滋养而妄动上浮导致咽喉部的不适。

⑥壅瘀之火，壅阻瘀滞于下焦，不得清泄的火热病邪。

⑦真水，见“舌病第二十三”㊺。

⑧瞑目握固，见“臌症第四”⑨。

⑨存神，见“瘫痪第二”⑰。

⑩如咽硬物，吞咽气的时候好像咽硬东西一样。

⑪中宫，指中丹田，在心窝部位。金松岑《心声》：“夫士，国之肝肾；夫士之言，国之声息也。肢体惫而声息雄，议论不少倦。中宫之气必完，干必终固。”

⑫矫强，见“舌病第二十三”㉑。

⑬尾闾，见“瘫痪第二”㉓。

⑭夹脊，见“瘫痪第二”㉔。

⑮泥丸，见“瘫痪第二”㉕。

⑯甘津，见“瘫痪第二”㉖。

⑰念，为“廿”的大写，20的意思。

结核第二十七

养浩生曰：人身中有结核[①]之疾，果何疾也？

真人曰：结核之症，或生项侧，或在颈，或在臂，或在身。倘生而肿痛者，多在皮里膜外[②]，原其病根多是痰注不散，结而成核，又云结核，乃火气热甚则郁结，坚硬如果中核也。又有一种梅核气[③]，因七情之气郁结而成，或因饮食之时，触犯恼怒，遂有此症。其症结成痰核[④]，或如梅核[⑤]，或如破絮[⑥]，在咽喉间，咯而不出，咽之不下；或中脘痞满[⑦]，气不舒畅；或痰涎壅盛[⑧]，上气喘极；或因痰饮恶心，呕而且吐。皆结核之症患也。

养浩生曰：其法奈何？

真人曰：病根虽在痰，然而痰不自行，必载于气。治此疾者，先当治气。气既平顺，则痰自消，而核自灭。凡此痰，摩之不痛，搔之不养，是谓气死血枯[9]，为不可作。凡生痛作痒者可治。宜令患者，密室静坐，瞑目握固[10]，存神脐内一寸三分[11]，调二文[12]一武火[13]，三百六十息。调毕，舌抵上腭[14]，内气[15]不出，外气[16]不入，虽无呼吸，亦约定一呼一吸为一息。量气长短，得息多寡，惟欲增息，不欲减息，皆系自然，而非矫强。俟气稍急，神运其气，自尾闾[17]、夹脊[18]，上升泥丸[19]，兼用鼻以气提之，入口化为甘津，分三口咽，如咽硬物，送入脐中。毕，方调呼吸，十息调毕，运脐间炁[20]，行于核处[21]，左旋三十六，右旋三十六。旋毕，送气归脐[22]。旋时俱系闭息。如此又积炁，大约首尾积炁[23]，而中运气为一遍。自用念珠暗记遍数，遍数以每次行三十遍，或二十遍为率，日行数次，半月或二十日，自尔快乐[24]。

（接：瘿瘤第二十八）

【语译】

养浩生说：人们身体中有结核的疾病，这究竟是一种什么病呢？

真人说：结核这种病症，有的生在脖子后面，有生在脖子前面，有的生在胳膊上，有的生在身体上。如果结核生成而且肿痛的，大多位置在皮肤的里面、膜的外面，这种病根大多是痰注不散，凝结而形成核，又叫作结核，是因为火气热甚导致郁滞凝结，坚硬的好像果核一般。还有一种叫作梅核气的，是因为七情之气郁结而形成的，或者是因为正当饮食的时候，突然生气、恼怒，于是得了这种病。这种病结成的痰核，有的好像梅子的果核，有的好像残破的棉絮，哽在咽喉，咯之不出，咽之不下；有的中脘痞满，气郁不舒；有的痰涎壅盛，气逆而喘；有的因为痰饮而导致恶心、呕吐，这些都是结核的症状。

养浩生说：治疗方法是什么呢？

真人说：这种病的原因虽然在痰，但是痰不会自己行动，必须以气为载体。所以治这种病，应该先治气。气既然平顺了，则痰自然消散，而结核自会消亡。一般而言，这种痰如果按之不痛，搔之不痒，这是所谓气死血枯的证候，是不好治疗的。如果疼痛或痒的，是比较容易治疗的。应该让患者在密室中静坐，闭上眼睛，双手握固，把注意力集中在肚脐内部一寸三分的地方，调息以二文一武火的形式进行360息。调息结束，舌抵上腭，体内的气不要呼出去，外面的空气也不要吸入体内，虽然没有正常的呼吸，也要按照正常的一呼一吸作为一息，用来衡量闭气时间的长短，闭气时所得的息数，只能增加息数，不能减少息数，都要自然，不能勉强，一定要暗自记清。等到闭气稍急的时候，用意念运气，从尾闾、夹脊向上到头顶，同时可以用鼻子辅助提气，当气入口化生成甘津后，用甘津漱口，分3口咽下，好像咽硬东西一样，并用意念将其送入肚脐内。结束之后，再调整呼吸，调息10次结束后，意念把脐间的气，运行到结核的部位，并在该处用意念左旋36次，右旋36次。旋转结束，把气运送返回到肚脐。旋转的时候都要闭息。这样再进行积气，大概都是在开始和结束时练习积气法，而在中间时运气，这算是1遍。自己可以用念珠暗自记数，每次练习30遍，或20遍为基础，每日练习数次，半个月或者20天，自然轻快。

【注释】

①结核，病名。指核样肿物生于皮里膜外者，与现代医学的结核病不同，指形如果核，坚而不痛，由风火气郁，结聚而生的肿物。

②皮里膜外，指皮肤浅表部位。

③梅核气，指因情志不遂，肝气瘀滞，痰气互结，停聚于咽所致，以咽中似有梅核阻塞、咯之不出、咽之不下、时发时止为主要表现的疾病。临床以咽喉中有异常感觉，但不影响进食为特征。现代医学称为咽异感症，又常被诊为咽部神经官能症，或称咽癔症、癔球。该病多发于青中年人，以女性居多。

④痰核，病名，见《医学入门》卷六。泛指体表的局限性包块。该病多因脾弱不运，湿痰结聚于皮下而成。症见皮内生核，多少不等，包块不红不热，不痛不硬，推之可移，多发于颈项，下颏、四肢及背部等处。治宜以清痰和气为主。生于身体上部者多挟风热，生于下部者则多挟湿热。

⑤梅核，梅子的果核。

⑥破絮，残破的棉絮。

⑦痞满，病名，是由表邪内陷，饮食不节，痰湿阻滞，情志失调，脾胃虚弱等导致脾胃功能失调，升降失司，胃气壅塞而成的以胸脘痞塞满闷不

舒，按之柔软，压之不痛，视之无胀大之形为主要临床特征的一种脾胃病证。

⑧痰涎壅盛，痰涎泛指痰液，壅盛为极多，阻塞，指体内痰液极多出现阻塞，导致咳嗽痰多，咳痰黏稠，气喘，恶心，胸闷的症状。

⑨气死血枯，气血枯竭，为极危重的症候。

⑩瞑目握固，见“臌症第四”⑨。

⑪一寸三分，一寸等于3又1/3厘米，分为0.1寸，大概为4.33cm。

⑫文，文火，气功术语。

⑬武火，见“臌症第四”⑩。

⑭舌抵上腭，见“头痛第二十一”㉑。

⑮内气，见“怔忡第十六”⑲。

⑯外气，见“目症第二十五”㉜。

⑰尾闾，见“瘫痪第二”㉓。

⑱夹脊，见“瘫痪第二”㉔。

⑲泥丸，见“瘫痪第二”㉕。

⑳运脐间炁，用意念引导运送脐间的气。

㉑行于核处，使脐间的气在结核的部位运行。

㉒送气归脐，见“噎膈第五”⑯。

㉓首尾积炁，在开始和结束时练习积气法。

㉔自尔快乐，见“呃逆嗳气第十三”⑲。

瘿瘤第二十八

养浩生曰：常见今人生有瘿瘤[①]，此何疾也？

真人曰：瘿[②]者，硬也；瘤[③]者，留也。大约皆血气凝滞[④]，结成瘿瘤，随身发现也。瘿多着于颈项，瘤则随气凝结。此症年数深远，寖大寖长[⑤]。其坚硬不可移者，名曰石瘿；皮色不变者，名曰肉瘿；筋脉露结[⑥]者，名曰筋瘿；赤脉交加[⑦]者，名曰血瘿；随人忧愁以为消长者，名曰气瘿。此五等瘿，皆不可决破，决破则脓血崩溃[⑧]，多致夭亡难治。瘤[⑨]亦有六种：乃骨瘤[⑩]、脂瘤[⑪]、肉瘤[⑫]、脓瘤[⑬]、血瘤[⑭]、筋瘤[⑮]也。亦不可决破，肉瘤尤不可决，决则杀。惟脂瘤破，而去其脂粉[16]则愈，然亦不可以长。

养浩生曰：其法奈何？

真人曰：气之在身中，如水之在地中，在在皆有。人之十万八千毛孔中，皆气薮[17]也，常相流通而无凝滞[18]。倘少有所凝，坚则为瘤，浮则为瘿。治瘿瘤[19]亦宜运散其气，气散则血散，血散则瘿瘤自消。宜令患者，密室静坐，瞑目握固[20]，存神脐间一寸三分，调武火三百六十息，每三十六息，三呵一补。调毕，舌抵上腭[21]，内气[22]不出，外气[23]不入，虽无呼吸，亦约定一呼一吸为一息。量气长短，得息多寡，惟欲增息，不欲减息，皆系自然而非矫强[24]。伺气稍急，神运其气[25]，自尾闾[26]、夹脊[27]，上升泥丸[28]，兼用鼻以气提之，入口化为甘津[29]，分三口咽，如咽硬物，送入脐中，方调呼吸十息。调毕，运脐间所积之炁，行于瘿瘤[30]处，左旋三十六，右旋三十六。毕，送炁归脐。旋时俱系闭息。如此又积炁，大约首尾积炁[31]，中间运炁[32]为一遍。自用念珠暗记遍数，每次行五十遍，或三十遍，日行数次，念日或半月，自尔快乐。

（接：肺痈[33]第二十九）

【语译】

养浩生说：经常见到现在的人生瘿瘤，这种病是什么原因呢？

真人说：瘿，与硬相通；瘤，与留相通。大部分都是血气瘀滞，凝结成瘿瘤，身体各个部位都有可能发生。瘿多生长在脖子上，瘤则随着气而凝结在各处。这种病症形成的时间比较长，并随着年龄的增长而不断长大。其中质地坚硬，固定不移的，叫作石瘿；皮肤颜色不变的，叫作肉瘿；筋脉暴露而凝结的，叫作筋瘿；红色血脉交结在一起的，叫作血瘿；随着忧愁等情绪而消长的，叫作气瘿。这五种瘿，都不可以挤破，破了就会脓血崩溃，甚至导致死亡或难治的地步。瘤也有六种：是骨瘤、脂瘤、肉瘤、脓瘤、血瘤、筋瘤。也不可挤破，肉瘤尤其不能挤破，破了人就会死。只有脂瘤可以破开，去除里面的脂粉就可以痊愈，以后也就不会再长了。

养浩生说：那治疗方法是什么呢？

真人说：气在身体之中，就好像水在土地里面，到处都有。人体十万八千毛孔，都是气聚集之处，且相互流通而无凝滞。如果有些地方出现凝滞，程度严重些就形成瘤，轻一点的就会形成瘿。治疗瘿瘤也应该把凝结的气运散开，气散开了，血也就散开了，血散开了则瘿瘤也就自然消亡了。让患者在密室中静坐，闭上眼睛，双手握固，把注意力集中在肚脐内一寸三分的地方，调武火 360 息，每 36 息，呵气 3 口，补气 1 口。调息结束，舌抵上腭，体内的气不要呼出去，外面的空气也不要吸入体内，虽然没有正常的呼吸，也要按照正常的一呼一吸作为一息，用来衡量闭气时间的长短，闭气时所得的息数，只能增加息数，不能减少息数，都要自然，不能勉强，一定要暗自记清。等到闭气稍急的时候，用意念运气，从尾间、夹脊向上到头顶，同时可以用鼻子辅助提气，当气入口化生成甘津后，用甘津漱口，分 3 口咽下，好像咽硬东西一样，并用意念将其送入肚脐内，才再调息 10 次。调息结束，用意念把脐间所积之气，运行到瘿瘤的部位，并用意念在该处左旋 36 次，右旋 36 次。旋转结束，再把气运送返回到肚脐。旋转的时候都要闭息。这样再进行积气，大概都是在开始和结束时练习积气法，而在功法中间时运气，这算是 1 遍。自己可以用念珠暗自记数，每次练习 50 遍，或 30 遍，每日练习数次，20 天或者半个月，自然轻快。

【注释】

①瘿瘤，瘿病和瘤病的统称。

②瘿，是由于情志内伤，饮食及水土失宜等因素引起的，以致气滞、痰凝、血瘀壅结颈前为基本病机，以颈前喉结两旁结块肿大为主要临床特征的一类疾病。瘿病一名，首见于《诸病源候论·瘿候》。在中医著作里，又有称为瘿、瘿气、瘿瘤、瘿囊、影袋等名称者。

③瘤，是瘀血、痰滞、蚀气停留于人体组织之中而产生的赘生物。其临床特点是：局限性肿块，多数生于体表，发展缓慢，一般没有自觉症状，长期不易消散。《圣济总录》曰："瘤之为义，留滞而不去也，气血流行不失其常，则形体和平，无或余赘，及郁结壅塞，则乘虚投隙，瘤所以生。"西医一般称良性肿瘤为"瘤"，故本病相当于西医的部分体表良性肿瘤，但中医所称的骨瘤则包括有良性骨肿瘤和恶性骨肿瘤。

④血气凝滞，是指血液循行体内，营养周身，如有亏乏、凝滞、妄行均为病症。其病变机理：一般多先由气的运行不畅，然后引起血液的运行瘀

滞，是先有气滞，由气滞而导致血瘀，也可由离经之血等瘀血阻滞，影响气的运行，这就先有瘀血，由瘀血导致气滞，也可因闪挫等损伤而气滞与血瘀同时形成。

⑤ 寖大寖长，“瘿瘤”随着年纪增长而不断长大。

⑥ 筋脉露结，筋瘿的症状，表现为结喉部的瘿块上筋脉暴露盘曲，形如蚯蚓，多由怒气伤肝，肝火亢盛，灼烁阴血而成。瘿兼血脉郁结之病证。见《三因极一病证方论》卷十五：“筋脉露结者名筋瘿。”该病多因怒而伤肝，火旺血燥所致。症见颈前瘿块，青筋显露，结如蚯蚓。治宜清肝解郁，养血舒筋。可服清肝芦荟丸。本病相当于甲状腺肿伴有明显颈部血管怒张者。

⑦ 赤脉交加，血瘿的症状，表现为结喉部的瘿块上血脉交结显露，由心火血热所致。出《三因极一病证方论》卷十五。多因肝火炽盛，血热沸腾，复为外邪所搏，郁结颈部而成。证见颈部暂生瘿块，皮色呈紫红，其表面有交叉显露之赤脉红丝可见，肿块逐渐长大，多不产生明显之局部压迫症状。治宜滋阴制火，养血化瘀，可选用芩连二母丸，或四物汤加海藻、昆布、猪靥之类治疗，相当于颈部之血管瘤。

⑧ 崩溃，瘿瘤破损后脓血溃破流出。

⑨ 瘤，见“瘿瘤第二十八”③。

⑩ 骨瘤，是以肿块坚硬如石，紧贴于骨，推之不移为主要表现的肿瘤性疾病。《医宗金鉴·外科心法要诀》云：“形色紫黑，坚硬如石，疙瘩叠起，推之不移，昂昂坚贴于骨者，名骨瘤。”相当于西医的骨良性肿瘤、恶性肿瘤。由于恣欲伤肾，虚火内亢，肾火长期郁遏，肾所主之骨气血阻滞而不畅，瘀积而成；或由先天不足，骨骼空虚，偶有所伤，局部骨骼气血长期瘀结所致。

⑪ 脂瘤，是以皮肤间出现圆形质软的肿块，溃破后可见粉渣样物溢出为主要表现的肿瘤性疾病，又称粉瘤。《外科真诠·瘿瘤》云：“先用线针于瘤头上针一分深。用手捻之，若是白浆便是粉瘤。”相当于西医的皮脂腺囊肿。由于腠理津液滞聚，湿痰凝结所致。

⑫ 肉瘤，是以皮下肉中生肿块，大如桃、拳，按之稍软，皮色不变，无痛为主要表现的肿瘤性疾病。《外科正宗》云：“肉瘤者，软若绵，肿似馒，皮色不变，不紧不宽。”显然，它不同于西医的。肉瘤（骨与软组织恶性肿

瘤），而相当于脂肪瘤，为最常见的良性肿瘤。脾主肌肉，由于思虑过度或饮食劳倦伤脾，脾气不行，津液聚而为痰，痰气郁结而成肉瘤。

⑬脓瘤，病名，指瘤体内有脓排出者，由瘤的继发性感染所致。

⑭血瘤，是以出生时或出生后不久，皮肤上发生肿块，色红而内含血丝，破皮则血流难止为主要表现的肿瘤性疾病。《类证治裁》云："血瘤自血脉肿起，久而现赤缕或皮色赤。"相当于西医的海绵状血管瘤。由于心火妄动，逼血入络，血热妄行，脉络扩张，气血纵横，结聚成形，显露于肌肤而成。

⑮筋瘤，是以筋脉色紫、盘曲突起如蚯蚓状、形成团块为主要表现的浅表静脉病变。《外科正宗》云："筋瘤者，坚而色紫，垒垒青筋，盘曲甚者结若蚯蚓。"筋瘤好发于下肢，相当于西医下肢静脉曲张交错所形成的静脉团块。由于长期从事站立负重工作，劳倦伤气，或多次妊娠，气滞血瘀，筋脉纵横，血壅于下，结成筋瘤；或骤受风寒或涉水淋雨，寒湿侵袭，凝结筋脉，筋挛血瘀，成块成瘤；或因外伤筋脉，瘀血凝滞，阻滞筋脉络道而成。

⑯脂粉，指脂瘤溃破后溢出的粉渣样物。

⑰薮，音 sǒu。生长着很多草的湖泽；人或物聚集的地方。

⑱凝滞，凝结阻滞，指气血运行不畅而易发生病变。

⑲瘿瘤，见"瘿瘤第二十八"①。

⑳瞑目握固，见"臌症第四"⑨。

㉑舌抵上腭，见"头痛第二十一"㉑。

㉒内气，见"怔忡第十六"⑲。

㉓外气，见"目症第二十五"㉜。

㉔矫强，见"舌病第二十三"㉑。

㉕神运其气，用意念，心神引导运行气。

㉖尾间，见"瘫痪第二"㉓。

㉗夹脊，见"瘫痪第二"㉔。

㉘泥丸，见"瘫痪第二"㉕。

㉙甘津，见"瘫痪第二"㉖。

㉚瘿瘤，见"瘿瘤第二十八"①。

㉛首尾积炁，见"结核第二十七"㉓。

㉜中间运炁，在功法中间进行运气。

㉝肺痈，即肺痈，是指由于热毒瘀结于肺，以致肺叶生疮，肉败血腐，形成脓疡，以发热，咳嗽，胸痛，咯吐腥臭浊痰，甚则咯吐脓血痰为主要临床表现的一种病证。肺痈主要见于西医学的肺脓肿。其他如化脓性肺炎、肺坏疽以及支气管扩张、肺结核空洞等伴化脓性感染者出现肺痈的临床表现时，可参考本病辨证论治。本病由感受外邪，内犯于肺，或痰热素盛，蒸灼肺脏，以致热壅血瘀，蕴酿成痈，血败肉腐化脓。

肺痈第二十九

养浩生曰：今人肺中患痈①痿之症，其疾何也？

真人曰：咳嗽有脓血曰痈，久嗽不已而无脓血曰痿。若夫痿症，口干，喘满②，咽燥而渴，甚则四肢浮肿，咳唾脓血，或肿臭浊恶③，胸中隐隐微痛者，此肺痈也。大凡此症，当咳嗽时，气短胸满④，时唾脓血，久久如粳米粥者，难治。若呕脓不止者，亦不可治也。其呕而脓自止者，自愈。若面色当白而反赤，此火克金位⑤，亦属不可治之疾也。若夫肺痿⑥，久嗽不已，汗出过度，津液枯竭，溺如烂瓜，下如豕脂，小便数而不渴者，自愈。此由肺多邪火，故止唾涎沫⑦而无脓也。若至汗出恶风，咳嗽气短，鼻塞项强⑧，胸胀胁满⑨，久不瘥⑩者，即肺痿也。

养浩生曰：其法奈何？

真人曰：肺为清虚之府⑪，原宜恬静，则无疾患。傥因其人平日营谋⑫过多，思索烦剧，其中自有一种邪妄之火⑬上冲肺窍，此即病根。潜为伏匿⑭，加以煿炙⑮辛辣以助其奸，酒色嗔怒以扬其焰，不觉伏匿之根乘势而发，此痈痿⑯之因也。既明此疾，还因嗔火⑰，首当灭嗔怒⑱，次当远煿炙，方徐徐然运动我天然真息，汲出我自然真水⑲。真炁行则邪火自移，真水生则热毒自散。宜令病者，密室静坐，瞑目握固⑳，存神脐内一寸三分，调极文火三百六十息，每三十六息，三呵一补。调毕，舌抵上腭，运脐间气行于患处，左运三十六遍，右运三十六遍。运毕，送气归脐㉑，大开口呵气㉒六口，不许出声。旋时俱系闭息。如此又调息十遍，又运，凡三运毕，方内气㉓不出，外气㉔不入，虽无呼吸，亦约定一呼一吸为一息。量气长短，得息多寡，惟欲增息，不欲减息，皆系自然，而非矫强。候气稍急，神运其气，自尾闾[25]、夹脊[26]，上升泥丸[27]，兼用鼻以气提之，入口化为甘津[28]，漱之，分三口咽，如咽硬物，送入脐中[29]。自用念珠暗记遍数，或五十遍，或三十遍，日行数次，或二十日，或一月，自尔快乐[30]。

（接：心痛第三十）

【校勘】

若夫痿症：原文为“痿”，应改为“痈”。

【语译】

养浩生说：现在的人，常患有肺痈、肺痿的疾病，这是一种什么样的疾病呢？

真人说：咳嗽而有脓血的就叫作痈，长时间的咳嗽不停而没有脓血的就叫作痿。痈症，常见口干，喘满，咽燥而口渴，严重的还会四肢浮肿，咳唾脓血，或者肿臭浊恶，胸中隐隐微痛的，这就是肺痈之症了。这种病，在咳嗽的时候，出现气短、胸满，时唾脓血，吐久了就好像粳米粥一样，是难治的病症。如果呕脓不止的，也是不可治的病症。如果呕吐而脓自动停止的，可以自愈。如果面色应该白，却反而成了赤色，是火克金的表现，也属于不可治的病症。肺痿，长时间咳嗽不止，汗出过度，津液枯竭，小便好像烂瓜汁，大便好像猪油，小便多而不渴的，可以自愈。这多是肺中邪火所致，所以仅吐唾液、涎沫而没有脓。如果汗出恶风，咳嗽气短，鼻塞项强，胸涨胁满，长期治不好的，这就是肺痿了。

养浩生说：治疗方法是什么呢？

真人说：肺为“清虚之府”，原本应该恬静，就不会有什么疾病。倘若因为人们平常谋求太多，思虑过度，体内就会生出一种邪妄之火而上冲肺窍，这就是病根。这种邪妄潜伏藏匿在体内，再加上常吃煎炒或熏烤、油腻等食品对身体的伤害，以及酒、色、嗔怒等对邪火的帮助，不自觉中潜伏藏匿的邪火顺势爆发，这是痈痿之症的主要病因。既然明白了这种疾病，还与嗔火有关，所以首先应该熄灭嗔怒，其次应当远离煎炒或熏烤类的食物，然后才慢慢地锻炼我们体内先天真息，练出我们体内本有的真水。真气运行则邪火自然就会移除，真水生则热毒自然消散。让患者在密室中静坐，闭上眼睛，双手握固，把注意力集中在肚脐内部一寸三分的位置，调文火 360 息，每 36 息的时候，呵气 3 口，补气 1 口。调息结束，舌抵上腭，运脐间之气到患处，用意念将气左转 36 次，右转 36 次。运气结束，将气送回脐内，然后开口呵气 6 口，不要发出响声。用意念使气旋转的同时要闭气。这样调息 10 次，然后再运气。运气 3 遍后，才再闭息，体内的气不要呼出去，外面的空气也不要吸入体内，虽然没有正常的呼吸，也要按照正常的一呼一吸作为一息，用来衡量闭气时间的长短，闭气时所得的息数，只能增加息数，不能减少息数，都要自然，不能勉强，一定要暗自记清。等到闭气稍急的时候，用意念运气，从尾闾、夹脊向上到头顶，同时可以用鼻子辅助提气，当气入口化生成甘津后，用甘津漱口，分 3 口咽下，好像咽硬东西一样，并用意念将其送入肚脐内。自己可以用念珠暗自记数，每次练习 50 遍，或 30 遍，每日练习数次，有的 20 天，有的 1 个月，自然轻快。

【注释】

①癕，音 yōng，异体字为“癰”，即“痈”。是气壅痞结裹而溃也，类似于现今所说的化脓性肿胀、溃疡等症。

②喘满，气喘而有胸部满闷证候，临床上多由痰气壅阻，水饮射肺或脾湿酿痰，肾虚失纳所致。《金匮要略·痰饮咳嗽病脉证并治》：“膈间支饮，其人喘满，心下痞坚，面色黧黑，其脉沉紧。得之数十日，医吐下之不愈，木防已汤主之。”气喘，胸肋胀满而硬，短气不足以息，用三棱煎丸；痰气喘满者，用定喘汤；肾气失于摄纳，下元虚冷者，《世医得效方》载述以安肾丸八味丸主治。

③肿臭浊恶，肺痈溃脓期症状，为痰热与瘀血壅阻肺络，肉腐血败化脓，肺损络伤，脓疡溃破，排出大量腥臭脓痰或脓血痰。

④气短胸满，短气者，呼吸虽数而不能接续，胸满为胸部胀满不适，指肺痈呼吸短促，胸部胀满的症状。

⑤火克金位，白色为金，赤色为火，面色本该偏白处变成了赤色，表示这个位置有火克伤金。

⑥肺痿，中医病名。是指肺叶痿弱不用，临床以咳吐浊唾涎沫为症状，

为肺脏的慢性虚损性疾患，本病为多种慢性肺系疾病后期发展而成，其病位主要在肺，但与脾、胃、肾等脏密切相关。发病机理主要为热在上焦，肺燥津伤；或肺气虚冷，气不化津，以致津气亏损，肺失濡养，肺叶枯萎。辨证有肺脏虚热和虚冷两大类，以虚热证较为多见，治疗总以补肺生津为原则。凡西医学中某些慢性肺实质性病变如肺纤维化，肺不张、肺硬变等，临床表现肺痿特征者，均可参照本病辨证论治。

⑦止唾涎沫，仅仅咳吐唾液和涎沫而没有脓。

⑧鼻塞项强，鼻子不通气，颈项部肌肉筋脉牵强拘急。

⑨胸胀胁满，因邪气瘀堵和气郁，导致胸胁胀满感到不适。《伤寒六书》："胸满者，膈间气塞满闷也。"

⑩瘥，指病愈。

⑪清虚之府，因肺脏的形态结构为白色分叶质地疏松含气的器官。其"虚如蜂巢""浮""熟而复沉"，故称为清虚之脏，也称之为清虚之府。

⑫营谋，谋求，为达某一目的而想方设法。

⑬邪妄之火，指由思虑过度产生的火热病邪。

⑭伏匿，潜伏藏匿，指病邪感而不随及发病，伏藏于体。

⑮炙煿，音 zhì bó，指煎炒或熏烤的食物。

⑯痈痿，肺痈和肺痿的统称。

⑰嗔火，指怒火，五志过极均可化火，嗔火为因嗔怒的刺激，影响了机体阴阳、气血和脏腑的生理平衡，造成气机郁结，气郁日久则从阳而化热，因之火热内生，肝郁气滞，气郁化火。

⑱嗔怒，指恼怒生气。

⑲真水，见"舌病第二十三"㊺。

⑳瞑目握固，见"臌症第四"⑨。

㉑送气归脐，见"噎膈第五"⑯。

㉒呵气，见"虚痨第三"㊾。

㉓内气，见"怔忡第十六"⑲。

㉔外气，见"目症第二十五"㉜。

㉕尾闾，见"瘫痪第二"㉓。

㉖夹脊，见"瘫痪第二"㉔。

㉗泥丸，见“瘫痪第二”㉕。

㉘甘津，见“瘫痪第二”㉖。

㉙送入脐中，见“耳聋第二十二”⑮。

㉚自尔快乐，见“呃逆嗳气第十三”⑲。

心痛第三十

养浩生曰：常见人有心痛[1]之疾者，其症何也？

真人曰：原夫心痛，亦有数种。心痛初起者，胃中有热也；心痛稍久者，胃中有郁热[2]也；心痛素喜食热物者，乃死血[3]留于胃口也；心肠大痛，攻走腰背，厥冷[4]，呕吐者，乃痰涎[5]在心膈也；心时痛时止，面白唇红者，乃胃口有虫[6]也。按，医家九种心痛[7]，谓饮、食、风、冷、热、悸、虫、痰去来也。然疾虽有九，总统于气。此气譬之三军然，附仁主则为王师，附暴虐则为寇敌。设此气安静，疾何由作？

养浩生曰：其法奈何？

真人曰：既知疾由气作，还知亦由气愈。假使真气归源[8]，则邪气亦从而下坠。其法宜令病者，密室摄静[9]，或坐或卧，瞑目握固[10]，存神[11]脐间一寸三分[12]，调文火三百六十息，每三十六息一咽，如咽极硬物，以意送下脐间，如石沉深海之意。至腹中辘辘然有响声，方是真气下奔[13]，邪气下降。宜行此功三五日，自觉不痛，方舌抵上腭[14]，内气不出，外气不入，虽无呼吸，亦约定一呼一吸为一息。量气长短，得息多寡，惟欲增息，不欲减息，皆系自然，而非矫强[15]。俟气稍急，神运其气，自尾闾[16]、夹脊[17]，上升泥丸[18]，兼用鼻以气提之，入口化为甘津[19]，分三口咽，如咽硬物，送入脐中。自用念珠暗记遍数，每次或行五十遍，或三十遍，日行数次，或十日，或半月，自尔快乐。

（接：腹痛第三十一）

【语译】

养浩生说：经常见到人有心痛的疾病，这种疾病是什么原因呢？

真人说：心痛，也有许多种。心痛刚出现的，是胃中有热所致；心痛的毛病已经有一段时间了，是胃中有郁热所致；心痛而平时喜欢吃热的食物，是死血留滞在胃口所致；心腹剧烈疼痛，牵涉到腰背，身体厥冷，伴有呕吐的，是痰涎停滞在心膈所致；心一会儿痛一会儿不痛，面白唇红的，是胃部有虫所致。按，医家有九种心痛的说法，是饮、食、风、冷、热、悸、虫、痰等所致。虽然心痛有九种，但总地来说都统归于气的问题。如果把气比喻成军队的话，跟着仁爱的君主就会成为王师，跟着暴虐的君主则会成为寇敌。如果体内之气安静而不躁动，疾病如何能够产生呢？

养浩生说：治疗方法是什么呢？

真人说：既然知道疾病是由气引起的，也知道可以通过气而使疾病痊愈。如果让真气归源，则邪气自然也会随之下坠。具体方法是让患者在密室中安静下来，坐式、卧式均可，闭上眼睛，双手握固，把注意力集中在肚脐内一寸三分的地方，调文火 360 息，每 36 息咽气 1 口，好像咽非常硬的东西一样，并用意念将其送下肚脐内，好像石头沉入大海的感觉。一直到腹中有辘辘一样的响声，才是真气向下运行，邪气下降的证候。按这样的方法练功三五天，自然就不觉得痛了。然后舌抵上腭，体内的气不要呼出去，外面的空气也不要吸入体内，虽然没有正常的呼吸，也要按照正常的一呼一吸作为一息，用来衡量闭气时间的长短，闭气时所得的息数，只能增加息数，不能减少息数，都要自然，不能勉强，一定要暗自记清。等到闭气稍急的时候，用意念运气，从尾闾、夹脊向上到头顶，同时可以用鼻子辅助提气，当气入口化生成甘津后，用甘津漱口，分 3 口咽下，好像咽硬东西一样，并用意念将其送入肚脐内。自己可以用念珠暗自记数，每次练习 50 遍，或 30 遍，每日练习数次，有的 10 天，有的半个月，自然轻快。

【注释】

①心痛，即胸痹心痛病，胸痹心痛是由于正气亏虚，饮食、情志、寒邪等所引起的以痰浊、瘀血、气滞、寒凝痹阻心脉，以膻中或左胸部发作性憋闷、疼痛为主要临床表现的一种病证。轻者偶发短暂轻微的胸部沉闷或隐痛，或为发作性膻中或左胸含糊不清的不适感；重者疼痛剧烈，或呈压榨样绞痛。常伴有心悸，气短，呼吸不畅，甚至喘促，惊恐不安，面色苍白，冷

汗自出等。多由劳累、饱餐、寒冷及情绪激动而诱发，亦可无明显诱因或安静时发病。相当于西医的缺血性心脏病心绞痛，胸痹心痛重症即真心痛相当于西医学的缺血性心脏病心肌梗死。西医学其他疾病表现为膻中及左胸部发作性憋闷疼痛为主症时，也可参照本病辨证论治。

② 郁热，指热邪郁伏于里，不得透达而解。

③ 死血，指瘀血。

④ 厥冷，指手足四肢由下而上冷至肘膝的症状。有寒热之分，可见于伤寒、厥证等病症。

⑤ 痰涎，是机体水液代谢障碍的病理产物。

⑥ 胃口有虫，胃部有寄生虫，指虫心痛，虫扰所致的心痛，见《备急千金要方》卷十三。《圣济总录》卷第五十六："诸虫在人身中，若府藏平调，则自安其所，若藏气虚弱，或因食肥甘过度，致动肠胃间诸虫，其虫往来上攻于心络，则令人心痛。"其症痛有休止，腹中热，喜吐涎出。《杂病源流犀烛．心病源流》："曰虫，必面色青黄有白斑，唇红，能食或食后即痛，或痛后即能食，或呕哕涎沫，或吐青水。"(《杂病源流犀烛．心病源流》)，可用乌梅丸、芜荑散、万应丸、妙应丸等方。中气伤者，宜调中气。

⑦ 九种心痛，指前胸和上腹部各种痛证的合称。对于九种心痛，各医家对其内容说法不一：(1)《千金要方·心腹痛第六》："九种心痛：一虫心痛，二注心痛，三风心痛，四悸心痛，五食心痛，六饮心痛，七冷心痛，八热心痛，九去来心痛。"(2)《张氏医通·诸痛门》："心痛分为九种：曰饮、曰食、曰气、曰血、曰冷、曰热、曰悸、曰虫、曰疰。"(3)《医学心悟》卷三："心痛有九种：一曰气、二曰血、三曰热、四曰寒、五曰饮、六曰食、七曰虚、八曰虫、九曰疰，宜分而治之。"(4)《类证治裁》分作饮心痛、食心痛、寒心痛、火心痛、气心痛、血心痛、悸心痛、虫心痛、疰心痛九种。(5)《医灯续焰》分饮心痛，食心痛、风心痛、寒心痛、热心痛、悸心痛、虫心痛、忤心痛和疰心痛九种。

⑧ 真气归源，真气又叫"正气"，《灵枢·刺节真邪》篇说："真气者，所受于天，与谷气并而充身（者）也。"这说明"真气"是由先天之气（即受于先天的"原气"）和后天之气（得之于呼吸饮食的宗气）相结合而成，是能充养全身的。人体各种机能活动以及抗病能力都和真气直接相关，故真

气是人体生命活动的动力，真气归源指运用功法使得真气回归本源。

⑨摄静，调摄身心归于平静。

⑩瞑目握固，见“臌症第四”⑨。

⑪存神，见“瘫痪第二”⑰。

⑫一寸三分，见“结核第二十七”⑪。

⑬真气下奔，引导真气向下运行。

⑭舌抵上腭，见“头痛第二十一”㉑。

⑮矫强，见“舌病第二十三”㉑。

⑯尾闾，见“瘫痪第二”㉓。

⑰夹脊，见“瘫痪第二”㉔。

⑱泥丸，见“瘫痪第二”㉕。

⑲甘津，见“瘫痪第二”㉖。

腹痛第三十一

养浩生曰：腹痛[①]者，何也？

真人曰：腹痛亦有九种，有寒痛、热痛、食痛、血痛、湿痛、痰痛、虫痛[②]、虚痛、实痛。腹中忽然绵绵，痛无增减，脉沉迟者，寒痛也；乍痛乍止[③]，脉数者，热痛也；腹痛而泻[④]，泻后痛减者，食积[⑤]也；痛不移处者，死血[⑥]也；小便不利而痛者，湿痰[⑦]也；腹中引钓[⑧]，胁下有声[⑨]者，痰饮[⑩]也；时痛时止，面白唇红者，虫痛也；以手按之腹软、痛止者，虚痛也；腹满而硬，手不敢按者，实痛也。又有一种肚腹作痛，大便不通，按之痛甚者，瘀血在内也；又有一种怒气伤肝，胁刺痛者，是刺气痛[⑪]也。凡此数种，皆宰于气，设使气能通达，何有于痛？

养浩生曰：其法奈何？

真人曰：法当增长元炁。惟此元炁，寒可使温，热可使凉，食可使化，血可使消，湿可使散，痰可使驱，虫可使无，虚可使实，实可使虚。但真积久，则随病奏验。此疾宜令患者，密室[⑫]静坐，瞑目握固[⑬]，存神[⑭]脐间一寸三分[⑮]，调武火[⑯]三百六十息，每三十六息，用力提气一口至喉，复用力咽气一口送至脐。如此十提送，又调，直至三百六十息完，方舌抵上腭[17]，内气不出，外气不入，虽无呼吸，亦约定一呼一吸为一息。量气长短，得息多寡，惟欲增息，不欲减息，皆系自然，而非矫强[18]。俟气稍急，神运其气，自尾闾[19]、夹脊[20]，上升泥丸[21]，兼用鼻以气提之，入口化为甘津[22]，分三口咽，如咽硬物，送入脐中。自用念珠暗记遍数，每次行五十遍，或三十遍。行毕，用两掌心擦热，用力熨腹[23]数十度，日行数次。或刻下，或一二时[24]，立得快乐[25]，三五日后，永无此症。

（接：腰胁[26]痛第三十二）

【语译】

养浩生说：腹痛这种病，是什么原因呢？

真人说：腹痛也有九种，有寒痛、热痛、食痛、血痛、湿痛、痰痛、虫痛、虚痛、实痛。腹中忽然隐隐作痛，痛无增减，脉沉迟的，是寒痛；一会儿疼痛，一会儿又不痛了，脉数的，是热痛；腹痛就会泄泻，泻后疼痛就会减轻，是食积所致；疼痛的部位固定而不移动，是瘀血所致；小便不利同时伴有腹痛，是湿痰所致；腹中有牵扯性的疼痛，且胁下有声响的，是痰饮所致；一会儿痛，一会儿不痛，面白唇红的，是虫痛；用手按腹部，感觉腹部柔软且疼痛会因手按而缓解的，是虚痛；腹部胀满而硬，害怕用手按，且按了后疼痛加剧的，是实痛。还有一种腹痛，且大便秘结，手按时疼痛加剧的，是瘀血在内所导致的；还有一种是因为怒气伤肝，胁肋部刺痛的，是刺气痛。这么多种腹痛，都由气有主，如果气能通达，又哪里会疼痛呢？

养浩生说：那治疗方法是什么呢？

真人说：方法应当增长元气。只有这种元气，可以使寒变成温，热变成凉，饮食可以使其消化，瘀血可以使其消，湿可以使其散，痰可以使其驱除体外，体内的虫子可以使其消亡，虚可以使其变实，实可以使其变虚。只要真气积久，则祛病之功随之见效。这种病要让患者在密室中静坐，闭上眼睛，双手握固，把注意力集中在肚脐内部一寸三分的地方，调武火 360 息，每 36 息的时候，用力提气 1 口到喉部，再用力咽气 1 口将其送回肚脐内。这样提、送 10 次，再调息。直到 360 息调完，才舌抵上腭，体内的气不要呼出去，外面的空气也不要吸入体内，虽然没有正常的呼吸，也要按照正常的一呼一吸作为一息，用来衡量闭气时间的长短，闭气时所得的息数，只能增加息数，不能减少息数，都要自然，不能勉强，一定要暗自记清。等到闭气稍急的时候，用意念运气，从尾闾、夹脊向上到头顶，同时可以用鼻子辅助提气，当气入口化生成甘津后，用甘津漱口，分 3 口咽下，好像咽硬东西一样，并用意念将其送入肚脐内。自己可以用念珠暗自记数，每次练习 50 遍，或 30 遍。练习结束，两掌心擦热后，用力温熨腹部数十次，每日练习数次。有的当下，有的 2–4 小时，立马轻快。坚持练习三五天后，就再也不会得这种病了。

【注释】

① 腹痛，中医病名，指胃脘以下、耻骨毛际以上部位发生疼痛的病证，首见于《素问·举痛论》。多种原因导致脏腑气机不利，经脉气血阻滞，脏腑经络失养，皆可引起腹痛。

② 血痛、湿痛、痰痛、虫痛，均为中医病名，在此处指的是腹痛的种类。血痛指瘀血内停所致的腹痛，跌仆损伤瘀血内阻，络脉瘀阻，或腹部手术，血络受损，或气滞日久，血行不畅，或腹部脏腑经络疾病迁延不愈，久病入络，皆可导致瘀血内阻而成腹痛，《血证论·瘀血》云：“瘀血在中焦，则腹痛胁痛；瘀血在下焦，则季胁、少腹胀满刺痛，大便色黑。”湿痛指因感受湿邪所致腹痛，《杂病源流犀烛·腹少腹病源流》：“伤湿腹痛，小便秘，大便泄”；痰痛指腹痛因于脾胃功能失调，水湿蕴积成痰所致，《症因脉治》卷四：“痰积腹痛之证，时痛时止，利下白积，光亮不臭；或恶心眩运，或响如雷鸣。”虫痛指因肠内虫扰动所致脘腹疼痛，《医碥·虫》：“其证心嘈腹痛，或上攻心如咬，饥则痛，得食痛甚，饱即安，时痛时止，以手按腹即止”。

③ 乍痛乍止，疼痛突然发作，突然停止，《灵枢·禁服》曰：“代则乍痛乍止。”

④ 腹痛而泻，腹痛之后出现泄泻的症状。

⑤ 食积，腹痛的病因之一，饮食所伤，饮食不节，暴饮暴食，损伤脾胃，饮食停滞，《素问·痹论》篇曰：“饮食自倍，肠胃乃伤。”

⑥ 死血，即瘀血，腹痛的病因之一，由寒凝血阻，或热与血结，或因久

病入络、气血瘀滞，或跌仆伤损、瘀血凝滞而发病。

⑦湿痰，腹痛的病因之一，湿浊内停日久而产生的痰。因脾虚不能运化水湿，不能正常输布津液，于是停聚而成“内湿”。

⑧腹中引钓，引钓即垂钓，腹中引钓指腹中有如钓鱼拉钩般牵扯性的疼痛，《万病回春·卷之五》：“腹中引钓，胁下有声，是痰饮也。”

⑨胁下有声，胁下有声响。胁下，中医指季肋部。

⑩痰饮，见“痰症第七”㊴。

⑪刺气痛，中医学名词，指疼痛如针刺之状，是瘀血致痛的特征之一。

⑫密室，隐秘而安静的密闭房间。

⑬瞑目握固，见“臌症第四”⑨。

⑭存神，见“瘫痪第二”⑰。

⑮一寸三分，见“结核第二十七”⑪。

⑯武火，见“臌症第四”⑩。

⑰舌抵上腭，见“头痛第二十一”㉑。

⑱矫强，见“舌病第二十三”㉑。

⑲尾间，见“瘫痪第二”㉓。

⑳夹脊，见“瘫痪第二”㉔。

㉑泥丸，见“瘫痪第二”㉕。

㉒甘津，见“瘫痪第二”㉖。

㉓熨腹，自我推拿方法，指用两手掌擦热后拭摩，温熨腹部。

㉔一二时，一两个时辰，一个时辰为现在的两小时。

㉕快乐，见“呃逆嗳气第十三”⑲。

㉖腰胁，腰指背部第十二肋骨以下至髂嵴以上的软组织；胁指侧胸部，腋下肋骨所在处。

腰胁痛第三十二

养浩生曰：常见今人有腰胁痛者，此果何故也？

真人曰：腰属肾经，其有痛疾，虽属肾虚，然亦不一。有常常腰痛无间歇者，此肾虚也；日轻夜重者，瘀血也；遇阴雨久坐而发者，湿也；腰背重注走串痛[①]者，痰也。至若胁痛，亦有所分。左胁痛者，肝经受邪也；右胁痛者，肝邪入肺也；左右俱痛者，肝火盛而木气实也；两胁走注痛[②]而有声者，痰饮也；劳伤身热胁痛者，脉必虚也；咳嗽气急[③]作热，脉滑且数者，乃痰结痛也；左胁下有块，作痛不移者，死血[④]也；右胁下有块，作声痛且饱闷[⑤]，乃食积也。子其知之。

养浩生曰：其法奈何？

真人曰：肾属北方坎位，坎者，水也，气也。以是观之，则气乃肾液无疑也。养炁则养肾，养肾则腰胁均有所养也。宜令病者，密室静坐，瞑目握固[⑥]，存神脐内一寸三分，调武火三百六十息，每三十六息一咽气，送入脐中。复闭息运脐中气，行至痛处，左三十六旋，右三十六旋。旋毕，送气归脐[⑦]。如是三百六十息足，方舌抵上腭，内气[⑧]不出，外气[⑨]不入，虽无呼吸，亦约定一呼一吸为一息。量气长短，得息多寡，惟欲增息，不欲减息，皆系自然，而非矫强[⑩]。伺气稍急，神运其气，自尾闾[⑪]、夹脊[⑫]，上升泥丸[⑬]，兼用鼻以气提之，入口化为甘津，漱之，分三口咽，如咽硬物，送入脐中。又闭息运脐中气，置于痛处，左旋三十六，右旋三十六，旋毕，送入脐中。如此一积一运，暗用念珠自记遍数，每行五十遍，或三十遍，日行数次，或十日，或半月，自尔快乐。

（接：臂背痛第三十三）

【语译】

养浩生说：经常看到现在的人有腰胁疼痛的，这种病究竟是什么原因呢？

真人说：腰这个部位属于肾经，这里疼痛，虽然属于肾虚，但也有不同的原因。有常常腰痛而不间歇的，这是肾虚所致；白天症状轻，晚上症状重的腰痛，是瘀血所致；遇到阴雨天，或者坐的时间长了就痛的，是湿邪所致；腰背有重着的感觉且有走串性疼痛的，是痰邪所致。至于胁痛，也有区别。左胁疼痛的，是肝经受邪所致；右胁疼痛，是肝邪入肺所致；左右两胁都痛的，是肝火盛而木气实所致；两胁走窜性疼痛且伴有声的，是痰饮所致；劳损身热而胁痛的，脉一定是虚的；咳嗽、气急、发热，脉象滑数的，是痰结所致的疼痛；左胁下有痞块，疼痛位置固定不移的，是死血所致；右胁下有痞块，发声作痛且伴有饱闷的，是食积所致，你要知道这些。

养浩生说：那治疗方法是什么呢?

真人说：肾属北方坎位。坎，属水，属气。以此观之，则气就是肾液无疑。养气就是养肾，养肾则腰胁也就都养了。让患者在密室中静坐，闭上眼睛，双手握固，把注意力集中在肚脐内部一寸三分的位置，调武火 360 息，每 36 息咽气 1 次，并将其送入脐中。然后再闭住呼吸，把脐中的气运到疼痛的地方，然后用意念使气向左旋转 36 次，再向右旋转 36 次。旋转完毕，再把气送回到脐中。这样练习完 360 息之后，才舌抵上腭，体内的气不要呼出去，外面的空气也不要吸入体内，虽然没有正常的呼吸，也要按照正常的一呼一吸作为一息，用来衡量闭气时间的长短，闭气时所得的息数，只能增加息数，不能减少息数，都要自然，而不要勉强，一定要暗自记清。等到闭气稍急的时候，用意念运气，从尾闾、夹脊向上到泥丸，同时可以用鼻子辅助提气，当气入口化生成甘津后，用甘津漱口，分 3 口咽下，好像咽硬东西一样，并用意念将其送入肚脐内。然后再闭气，把脐内的气，运到疼痛处，然后再用意念使气向左旋转 36 次，再向右旋转 36 次。旋转完毕，再把气送回到脐中。这样积气 1 次，运气 1 次，重复练习。自己可以用念珠暗自记数，每次练习 50 遍，或 30 遍。每日练习数次。有的练习 10 天，或者半个月，自然轻快。

【注释】

① 走串痛，中医学名词，是指痛处游走不定，或走窜攻痛，其中肢体关节疼痛而游走不定的，常称为游走痛，多见于风湿痹病。

② 走注痛，“走注”是人体十二经络的气血流注周期，中医称“子午流注”，走注痛指其人痛无常处。《圣济总录》：“风走注疼痛之病，其痛无常处是也。气血流通，筋脉和同，则骨肉滑利。一有不调，风邪乘虚，与血气偕行，使营卫凝涩。随所注处，悉为疼痛，故谓走注痛也。”

③ 咳嗽气急，咳嗽，中医病名，因外感六淫，脏腑内伤，影响于肺所致有声有痰之证。气急，呼吸急促。

④ 死血，即瘀血，由寒凝血阻，或热与血结，或因久病入络、气血瘀

滞，或跌仆伤损、瘀血凝滞而发病。

⑤饱闷，胃部堵塞不舒、痞硬胀闷的一种感觉，犹如饮食过饱后的感觉。

⑥瞑目握固，见“臌症第四”⑨。

⑦送气归脐，见“噎膈第五”⑯。

⑧内气，见“怔忡第十六”⑲。

⑨外气，见“目症第二十五”㉜。

⑩矫强，见“舌病第二十三”㉑。

⑪尾闾，见“瘫痪第二”㉓。

⑫夹脊，见“瘫痪第二”㉔。

⑬泥丸，见“瘫痪第二”㉕。

臂背痛第三十三

养浩生曰：今人臂背作痛[①]者，何也？

真人曰：夫臂痛多因湿痰[②]横行经络[③]，故作痛楚[④]。至若背痛，则痰气之所聚也。其肩背不可回顾者，则太阳之气郁[⑤]而不行也。

养浩生曰：其法奈何？

真人曰：人身中之气，如长流之水，周身上下，原无停时。少或为痰所阻，因风所滞，为寒所郁，因血所留。譬之沟涧[⑥]中，下一巨石，则流必不利。流既不利，则冲激之余，必伤岸砌。今遇此疾者，宜照前行功[⑦]，或于动功拣一段行之（方见本部后），自尔快乐[⑧]。

（接：骨节[⑨]痛第三十四）

【语译】

养浩生说：现在的人很多患臂背疼痛的病症，是什么原因呢？

真人说：臂痛大部分是因为湿痰横行于经络所导致的，所以表现疼痛。至于像背痛，则是痰气聚集所致。如果肩背痛而头颈不能回顾的，是太阳经的气郁结不行所导致的。

养浩生说：那治疗方法是什么呢？

真人说：人体之中的气，好像长流的水，周身上下，本来就没有停歇的时候。很少的时候被痰所阻，因风所滞，被寒所郁，因血所留。就好像在山间的水沟，放入一块巨石，则水流必然不畅。水流如果不顺畅，则在冲击巨石的同时，必然冲击损害堤岸。现在遇到的这种疾病，也是按照前面讲的方法进行练功，或者可以在动功中选择一段进行练习（方见本部后），自然轻快。

【注释】

①臂背作痛，臂痛，指上下臂关节、筋肉、肌肤疼痛；背痛，指背部痛或兼板滞，牵连肩项，或连腰部的症状。

②湿痰，病理产物，多因坐卧卑湿之地，或感受雨湿，与体内水液交凝而致。浊内停日久而产生的痰，又称“痰湿”或“痰浊”。病因脾虚不能运化水湿，不能正常输布津液，于是停聚而成“内湿”，积留而成为“痰饮”。临床表现为痰多而稀白，胸闷或恶心，喘咳，舌体胖而苔滑腻等。

③横行经络，横行，不循正道而行。湿痰为病理产物，在经络间不循正道而行，从而导致疾病的产生。

④痛楚，肉体的痛苦或精神的苦楚。

⑤气郁，气机瘀滞。出《素问·六元正纪大论》，常因情志不舒，气机郁结所致。

⑥沟涧，山间的水沟，两山之间的溪流。

⑦行功，运行功法，即练功之意。

⑧自尔快乐，见“呃逆嗳气第十三”⑲。

⑨骨节，解剖结构名。即骨关节。《灵枢·五变》：“人之有常病也，亦因其骨节皮肤腠理之不坚固者，邪之所舍也，故常为病也。”

骨节痛第三十四

养浩生曰：今人间有遍身骨节走注疼[①]痛者，何也？

真人曰：此名痛风[②]也，医家谓之“白虎历节风”[③]，都因血、气、风、湿、痰、火六者，盗入骨间[④]而作痛楚。或因劳苦寒水相搏[⑤]；或酒色醉卧当风取凉；或卧卑湿之地；或服雨汗湿衣蒸体而成此疾。是疾也，在上多属风，在下多属湿。然更有分别焉：凡遍身骨节疼痛者，虽属血、气、风、湿、痰、火，然亦有遍身壮热[⑥]，骨节疼痛[⑦]者，乃风寒也；亦有遍身走痛[⑧]，日轻夜重[⑨]者，血虚也；亦有肢节肿痛[⑩]者，是湿痛，是火也；亦有四肢百节痛[⑪]如虎咬者，方名“白虎历节风”也；其两手疼痛麻痹者，乃风痰也；两足疼痛麻木者，乃湿热也。

养浩生曰：其法奈何？

真人曰：大凡人身之风、痰、湿、热，止能因滞气所留，设真气通透，邪胡能留？宜令病者，密室静坐，瞑目握固[⑫]，存神脐间一寸三分，调文火三百六十息，每三十六息一咽，如咽硬物，送入脐间[⑬]。随运脐中气，行于痛处，左旋三十六，右旋三十六，闭息行之，俱要热极有汗更妙。数足，方舌抵上腭[⑭]，内气[⑮]不出，外气[⑯]不入，虽无呼吸，亦约定一呼一吸为一息。量气长短，得息多寡，惟欲增息，不欲减息，皆系自然，而非矫强[⑰]。俟气稍急，神运其气，自尾闾[⑱]、夹脊[⑲]，上升泥丸[⑳]，兼用鼻以气提之，入口化为甘津，漱之，分三口咽，如咽硬物，送入脐中，仍前运气旋绕痛处一次。如此一积一运，自用念珠暗记遍数，每次行五十遍，或三十遍。毕，仍行动功数十遍，运动积滞。十日，或半月，自尔快乐。

（接：脚气第三十五）

【语译】

养浩生说：现在有些人经常有周身关节游走性疼痛的病症，是什么原因呢？

真人说：这叫作痛风，医家称之为“白虎历节风”，都是因为血、气、风、湿、痰、火这六种因素，侵入骨间而导致疼痛的。或者是因为劳累辛苦及寒气与水气相搏所致，或者是因为酒色醉卧之后受风着凉所致，或者是睡的地方潮湿所致，或者是长时间穿着被雨淋湿或汗湿的衣服而导致湿热相蒸造成了这种疾病。这种病，上半身疼痛的多为风所致，下半身疼痛多为湿所致，当然还可以进一步地区分：凡是全身骨节疼痛的，虽然都是血、气、风、湿、痰、火所致，但是如果有遍身壮热、骨节疼痛的，多属风寒所致；

也有遍身游走性疼痛，白天症状轻，晚上症状重的，是血虚所致；也有肢体关节肿痛的，是湿邪所致，或者是火邪所致；也有四肢百节疼痛剧烈，就好像被老虎咬一样，所以才叫作“白虎历节风”；如果双手疼痛麻痹的，是风痰所致；两足疼痛麻木的，是湿热所致。

养浩生说：那治疗方法是什么呢？

真人说：风、痰、湿、热之所以侵入人体，只能是因为气的郁滞，而导致其停留，如果真气能够通透，邪气怎么能够留滞呢？让病人在密室中静坐，闭上眼睛，双手握固，把注意力集中在肚脐内一寸三分的地方，调文火360息，每36息的时候咽气1次，好像咽硬东西一样，并用意念将其送入肚脐内。然后将肚脐内的气运至疼痛的地方，并用意念向左旋36次，右旋36次，旋转时要闭住呼吸，都要使身体发热，甚至出汗更好。旋转数足之后，才舌抵上腭，体内的气不要呼出去，外面的空气也不要吸入体内，虽然没有正常的呼吸，也要按照正常的一呼一吸作为一息，用来衡量闭气时间的长短，闭气时所得的息数，只能增加息数，不能减少息数，都要自然，不能勉强，一定要暗自记清。等到闭气稍急的时候，用意念运气，从尾闾、夹脊向上到头顶，同时可以用鼻子辅助提气，当气入口化生成甘津后，用甘津漱口，分3口咽下，好像咽硬东西一样，并用意念将其送入肚脐内。然后再闭气，把脐内的气，运到疼痛处，然后再用意念使气向左旋转36次，再向右旋转36次。旋转完毕，再把气送回到脐中，然后再按照之前运气到痛处旋转的方法练习1遍，这样积气1次，运气1次，重复练习。自己可以用念珠暗自记数，每次练习50遍，或30遍。练习结束，在练习动功数十遍，以运行积滞之气。练习10天，或者半个月，自然轻快。

【注释】

①走注疼，“走注”是人体十二经络的气血流注周期，中医称“子午流注”。走注疼指其人痛无常处。《圣济总录》：“风走注疼痛之病，其痛无常处是也。气血流通，筋脉和同，则骨肉滑利。一有不调，风邪乘虚，与血气偕行。使营卫凝涩，随所注处，悉为疼痛，故谓走注痛也。”

②痛风，病名。古籍另有历节、白虎历节、白虎风等名，或认为痛风属痹证范畴，与痛痹、风痹关系密切。或因内伤、气血亏损、外感风寒或湿痰

阴火流滞经络。症见四肢，或腰背剧痛，又以指趾关节肿痛、畸形为多见。《张氏医通》："痛风一证，《灵枢》谓之贼风，《素问》谓之痹，《金匮》名曰历节，后世更名白虎历节。……"《医略六书·痛风》："轻则骨节疼痛，走注四肢，难以转侧，肢节或红或肿；甚则遍体瘰块，或肿如匏，或痛如掣，昼静夜剧。"

③白虎历节风，病名。四肢关节走痛，痛不可忍，不得屈伸的疾患。简称白虎历节、历节，又名痛风。《丹溪心法》："痛风，四肢百节走痛是也，他方谓之白虎历节风证。"《圣济总录》卷十："历节风者，由血气衰弱，为风寒所侵，血气凝涩，不得流通关节，诸筋无以滋养，真邪相搏，所历之节，悉皆疼痛，故为历节风也。痛甚则使人短气汗出，肢节不可屈伸。"简称"历节"，以关节红肿，剧烈疼痛，不能屈伸为特点。多由肝肾不足而感受风寒湿邪，入侵关节，积久化热，气血郁滞所致。因其主要病变为关节剧痛，发展很快，又称为"白虎历节"。如因寒湿偏胜，则以关节剧痛不可屈伸为主证，类于急性风湿性关节炎、类风湿性关节炎、痛风等疾患。

④盗入骨间，侵入到骨与关节之间。盗，侵入。

⑤劳苦寒水相搏，劳累痛苦与寒邪水湿相互搏结。劳，指劳累过度。《素问·举痛论》："劳则气耗。"《素问·经脉别论》："凡人之惊恐恚劳动静，皆为变也。"苦，痛苦。搏，搏结；交媾；结合，《灵枢·本神》："故生之来谓之精，两精相搏谓之神。"张介宾注："搏者，交结也。"

⑥遍身壮热，全身出现壮热的症状。遍身，全身。壮热，指高热、热势壮盛。《诸病源候论·伤寒挟实壮热候》："伤寒，是寒气客于皮肤，搏于血气，腠理闭密，气不宣泄，蕴积生热，故头痛、体疼而壮热。"

⑦骨节疼痛，风寒导致的骨关节疼痛，《证治准绳·女科》："其状风邪在于皮肤肌肉，历于骨节，邪气与正气交击，故令疼痛也。"骨节，即骨关节。《灵枢·五变》："人之有常病也，亦因其骨节皮肤腠理之不坚固者，邪之所舍也，故常为病也。"

⑧遍身走痛，全身的游走性疼痛。走痛，中医学名词，是指痛处游走不定，或走窜攻痛，其中肢体关节疼痛而游走不定的，常称为游走痛，多见于风湿痹病。

⑨日轻夜重，指症状白天轻而入夜加剧。

⑩ 肢节肿痛，四肢关节肿胀疼痛，因风、寒、湿、热侵袭或瘀阻经络所致。《张氏医通·身体痛》："肢节肿痛，痛属火，肿属湿，盖为风寒所郁，而发动于经络之中，湿热流注于肢节之间而无已也。"

⑪ 四肢百节痛，四肢关节疼痛。百节，泛指全身关节。《素问·诊要经终论》："少阳终者，耳聋，百节皆纵。"

⑫ 瞑目握固，见"臌症第四"⑨。

⑬ 送入脐间，（把气）送入肚脐内。

⑭ 舌抵上腭，见"头痛第二十一"㉑。

⑮ 内气，见"怔忡第十六"⑲。

⑯ 外气，见"目症第二十五"㉜。

⑰ 矫强，见"舌病第二十三"㉑。

⑱ 尾闾，见"瘫痪第二"㉓。

⑲ 夹脊，见"瘫痪第二"㉔

⑳ 泥丸，见"瘫痪第二"㉕。

脚气第三十五

养浩生曰：脚气[①]之症，果何主乎？

真人曰：脚气症虽不一，大约麻是风，痛是寒，肿是湿也。其两足内踝骨红肿痛者，名为绕踝风[②]；其两足外踝骨红肿痛者，名为穿踭风[③]；其两膝红肿痛者，名为鹤膝风[④]；其两腿胯痛者，名为腿肷风[⑤]。肿者，名湿脚气。湿者，筋脉弛长而软，或浮肿，或生臁疮[⑥]之类是也。不肿者，名干脚气[⑦]。干即热也，筋脉蜷缩[⑧]、挛痛[⑨]、枯细[⑩]、不痛之类是也。发之于病，或无汗走注[⑪]为风；或拘挛掣痛[⑫]为寒；或肿满重痛[⑬]为湿；或燥渴便实为热也。或又有脚气转筋者，是血热也；或又有脚气冲心者，斯为最恶之症也。

养浩生曰：其法奈何？

真人曰：症名脚气，则宜导气为主。气若归经，而风、痰、湿、热自然消散。如戎首皈顺[⑭]，余贼自灭也。宜令病者，密室静坐，瞑目握固[⑮]，存神[⑯]脐间一寸三分[⑰]，调先武后文火三百六十息，每三十六息，咽气三口，如咽硬物，送入脐中。随运脐中炁，行于痛处，左旋三十六，右旋三十六，次次如之。数足，方舌抵上腭，内气不出，外气不入，虽无呼吸，亦约定一呼一吸为一息。量气长短，得息多寡，惟欲增息，不欲减息，皆系自然，而非矫强。俟气稍急，神运其气，自尾闾[18]、夹脊[19]，上升泥丸[20]，兼用鼻以气提之，入口化为甘津[21]，漱之，分三口咽，如咽硬物，送入脐中，仍前运气旋绕痛处一次。如此一积一运，自用念珠暗记遍数，每次行五十遍，或三十遍，日行数次，或半月，或二十日，自尔快乐。

（接：癫疝第三十六）

【语译】

养浩生说：脚气这种病症，究竟是什么原因所致呢？

真人说：脚气的症状虽然不同，但大体麻是风所致，痛是寒所致，肿是湿所致。如果两足内踝红肿而痛的，称为绕踝风；如果两足外踝红肿而痛的，称为穿踭风；如果两膝红肿而痛的，称为鹤膝风；如果两腿腰胯疼痛的，称为腿股风。肿的，叫湿脚气。湿的，则致使筋脉变得松弛、长而软，或者浮肿，或者生镰疮之类的病症。不肿的，叫作干脚气。干就是热，会导致筋脉蜷缩，痉挛性疼痛，枯细、没有痛感等症状。发病时的症状，如果是无汗、游走性等特点的，是风所致；如果是拘挛性、牵扯样疼痛的是寒所致；如果是肿满重着疼痛的是湿所致；如果是烦躁、口渴、大便干结的是热所致。或者还有脚气并伴有转筋的现象，是血热所致；或者还有脚气冲心的，这是最不好的一种病症。

养浩生说：那治疗方法是什么呢？

真人说：这种疾病之所以叫作脚气，就说明应该以导气为主。气如果能够归经，则风、痰、湿、热自然也就消散了。如果敌人的首领归顺了，其余的敌人自然也就消亡了。让病人在密室中静坐，闭上眼睛，双手握固，把注意力集中在肚脐内一寸三分的地方，先武火后文火调 360 息，每 36 息，咽气 3 口，好像咽硬东西一样，并用意念将其送入肚脐内。然后将肚脐内的气运至疼痛的地方，并用意念向左旋 36 次，右旋 36 次，每次都这样练习。练习数足之后，才舌抵上腭，体内的气不要呼出去，外面的空气也不要吸入体内，虽然没有正常的呼吸，也要按照正常的一呼一吸作为一息，用来衡量闭气时间的长短，闭气时所得的息数，只能增加息数，不能减少息数，都要自然，不能勉强，一定要暗自记清。等到闭气稍急的时候，用意念运气，从尾闾、夹脊向上到头顶，同时可以用鼻子辅助提气，当气入口化生成甘津后，用甘津漱口，分 3 口咽下，好像咽硬东西一样，并用意念将其送入肚脐内，然后仍然按照前面讲的运气及痛处旋绕的方法练习 1 次。就像这样积气 1 次，运气 1 次，重复练习。自己可以用念珠暗自记数，每次练习 50 遍，或 30 遍，每天练习数次。有的练习半个月，有的 20 天，自然轻快。

【注释】

①脚气，病名。即《肘后备急方》卷三。古风缓风、壅疾，又称脚弱。因外感湿邪风毒，或饮食厚味所伤，积湿生热，流注腿脚而致病。其症先见腿脚麻木，酸痛，软弱无力，或挛急，或肿胀，或萎枯，或发热，进而入腹攻心，小腹不仁，呕吐不食，心悸，胸闷，气喘，神志恍惚，语言错乱等。

②绕踝风，病名，指病后两足内踝红肿而痛者。《刺灸心法要诀》："足内踝红肿，名绕踝风也。足外踝红肿，名穿踝风也。"

③穿踭风，病名。踭，音 zhēng，意为脚跟，指病后两足外踝红肿而痛者。

④鹤膝风，病名，指病后膝关节肿大变形，股胫变细，形如鹤膝者，亦名鹤游风、游膝风、鹤节、膝眼风、膝疡、鼓槌风等，见《外科心法》卷五。该病多由经络气血亏损，风邪外袭，阴寒凝滞而成。病初多见膝关节疼痛微肿，步履不便，并伴见形寒发热等全身症状；继之膝关节红肿焮热，或色白漫肿，疼痛难忍，日久关节腔内积液肿胀，股胫变细，溃后脓出如浆，或流黏性黄液，愈合缓慢。

⑤腿肞风，病名，指病后两腿腰胯疼痛者。

⑥臁疮，病名，指生于小腿部之慢性溃疡，亦名裙边疮、烂腿，见《疮疡经验全书》卷六。多因湿热下注，瘀血凝滞经络所致，常因局部破损、湿疹及虫咬等原因而诱发。本病生于小腿下三分之一处臁骨（胫骨）部位，症见初起痒痛红肿，破流脂水，甚则腐烂，皮肉灰暗，脓水清稀，久不收口。

⑦干脚气，病名。脚气病之一。指脚气之足膝不肿者，见《太平圣惠方》卷四十五。因素体阴虚内热，湿热、风毒之邪从热化，伤及营血，筋脉

失养，证见足胫无力，麻木酸痛，挛急，脚不肿而日见枯瘦，饮食减少，小便热赤，舌红，脉弦数等。

⑧ 踡缩，弯曲收缩，蜷曲不伸貌。

⑨ 挛痛，痉挛性疼痛。挛，出《素问·异法方宜论》，曲而不伸之状。

⑩ 枯细，枯槁细瘦。

⑪ 走注，病名。风邪游于皮肤骨髓，往来疼痛无定处之证。行痹的别称，俗称鬼箭风。《太平圣惠方》卷二十一："夫风走注者，是风毒之气，游于皮肤骨髓，往来疼痛无常处是也。此由体虚，受风邪之气，风邪乘虚所致，故无定处，是谓走注也。"

⑫ 拘挛掣痛，拘急性、牵引性的疼痛。拘挛，四肢拘急，难以屈伸之证，出《素问·缪刺论》，一作痀挛。因阴血亏虚，筋失所养或复有风寒湿热侵袭筋脉，或瘀血留滞所致。掣痛，牵引性疼痛。《灵枢·论疾诊尺》："耳间青脉起者，掣痛。"

⑬ 肿满重痛，胀满重着的疼痛。

⑭ 皈顺，指向敌对势力投诚、归降。《魏书·昭成帝纪》："虎死，子务桓立，始来归顺。"

⑮ 瞑目握固，见"臌症第四"⑨。

⑯ 存神，见"瘫痪第二"⑰。

⑰ 一寸三分，见"结核第二十七"⑪。

⑱ 尾闾，见"瘫痪第二"㉓。

⑲ 夹脊，见"瘫痪第二"㉔。

⑳ 泥丸，见"瘫痪第二"㉕。

㉑ 甘津，见"瘫痪第二"㉖。

㿗疝第三十六

养浩生曰：㿗疝[①]之症，何也？

真人曰：疝乃肝经之疾，宜通勿塞，绝与肾经无干。或有无形无声者，或有有形如瓜、有声似蛙者，是疝病也。始因湿热在经，潜伏日久，后感寒气，外不得疏散，所以作痛。然不可执作寒看，其病症亦自不一。或肠中走气作声或痛者，是盘肠[2]气也；或小肠阴囊手按作响声痛者，是膀胱气也；或小肠脐旁一梗升上钓痛者，是小肠气也；或小腹下注，上奔心腹急痛[3]者，是偏坠[4]也；或阴子虽硬，大而不痛者，是木肾气也；或因气恼而即起疝[5]者，是气攻也；或因劳碌而发疝者，是挟虚也；或发于寒月者，是寒邪入膀胱也；或发于暑月者，是暑入膀胱[6]也；或年久而不愈者，法宜补炁也。医家有七疝[7]，乃寒、水、筋、血、气、孤、癫也。

养浩生曰：其法奈何？

真人曰：均宜补气。真气[8]复原，则下者自升，上者自降。癫疝之疾，不过邪淫之气下藏肾脉，侻出入之气既调，包藏之炁则盛，何论新旧，一概可捐。宜令病者，密室静坐，瞑目握固[9]，存神[10]脐间一寸三分[11]，调文火三百六十息，每三十六息，一咽补之。调毕，舌抵上腭，内气不出，外气不入，虽无呼吸，亦约定一呼一吸为一息。量气长短，得息多寡，惟欲增息，不欲减息，皆系自然，而非矫强。俟气稍急，神运其气，自尾闾[12]、夹脊[13]，上升泥丸[14]，兼用鼻以气提之，入口化为甘津[15]，漱之，分三口咽，如咽硬物，送入腹中[16]。自用念珠暗记遍数，每次行五十遍，或三十遍，日行数次。或二十日，或三十日，自尔快乐[17]。

（接：痿躄第三十七）

【语译】

养浩生说：癀疝这种疾病，是什么原因呢？

真人说：疝是肝经的病，宜使其通畅而不能壅塞，绝对与肾经没有关系。有的病症无形无声；有的有形如瓜、有声似蛙[1]，这都属于疝病。开始的原因是湿热留滞经络，且潜伏日久，后来又感受寒气，又没有及时疏散，这样就引发了疼痛。但是也不可以仅认为是寒气所致，因为这种病症的发病原因也各自不同。有的肠中走气，发出声响或伴有疼痛的，是盘肠气；有的手按小肠、阴囊时有响声且伴有疼痛的，是膀胱气；有的小肠像梗阻似的，在肚脐旁有像钩子向上钩的疼痛一样，是小肠气；有的感觉小腹下坠，或向上冲心而疼痛的，是偏坠；有的阴囊坚硬，肿大但不疼痛的，叫木肾气；有的因为恼怒就会引发疝症的，是气攻所致；有的因为劳累而引发疝症的，是挟虚所致；有的好发于寒冷的时节，是寒邪侵入膀胱所致；有的好发于暑热的时节，是暑热侵入膀胱所致；有年久不愈的，应该用补气的方法。医家有七种疝的说法，分别是寒疝、水疝、筋疝、血疝、气疝、孤疝、㿉疝。

养浩生说：那具体的治疗方法是什么呢？

真人说：都应该补气。真气复原，则坠下者可以自动上升，上冲者可以自动下降。㿉疝这种病症，不过是因为邪淫之气下藏于肾脉之中，如果出入的气都调好了，体内所藏的真气自然旺盛，不论新症旧症，一概可以全部清除。让患者在密室中静坐，闭上眼睛，双手握固，把注意力集中在肚脐内一寸三分的地方，调文火 360 息，每 36 息，咽气 1 口补气。调息结束，舌抵上腭，体内的气不要呼出去，外面的空气也不要吸入体内，虽然没有正常的呼吸，也要按照正常的一呼一吸作为一息，用来衡量闭气时间的长短，闭气时所得的息数，只能增加息数，不能减少息数，都要自然，不能勉强，一定要暗自记清。等到闭气稍急的时候，用意念运气，从尾闾、夹脊向上到头顶，同时可以用鼻子辅助提气，当气入口化生成甘津后，用甘津漱口，分 3 口咽下，好像咽硬东西一样，并用意念将其送入肚脐内。自己可以用念珠暗自记数，每次练习 50 遍，或 30 遍，每天练习数次。有的练习 20 天，有的 30 天，自然轻快。

【注释】

①癞疝，癞，音 tuí，㿉的异体字。阴病，下溃。《正字通》癞疝，经言丈夫阴器连少腹急痛也，古病名。

②盘肠，见《婴童百问》，又名盘肠痛、肠痛。症见腹痛曲腰，叫哭不已，不乳，面色青白，两眉蹙锁，大便泻青，额上汗出等。多由小儿脾气不足，感受寒邪风冷，搏于肠间所致。

③心腹急痛，心腹部剧烈疼痛。急，剧烈。

④偏坠，病名。指临证见有单侧睾丸肿大者，出《中藏经》卷二。该病多因痰湿、瘀血、食积、或肝火亢盛所致，亦可继发于腮腺炎之后，症见患者单侧睾丸肿大，疼痛下坠等。

⑤疝，病名，指内脏凸出或因寒袭而致引痛之类的病证。《素问·长刺节论》："病在少腹，腹痛不得大小便，病名曰疝。得之寒，刺少腹两股

间……”

⑥暑入膀胱，暑邪侵入膀胱。暑，暑邪，“六淫”之一，《灵枢·百病始生》：“夫百病之始生也，皆生于风雨寒暑，清湿喜怒。”膀胱，六腑之一，又名“脬”，俗称尿脬。膀胱是贮存和排泄小便的器官，《内经》此喻为“州都之官”。

⑦七疝，病名，7种疝病之合称，出《素问·骨空论》。但是7种疝所包括的具体病名则历代医家各有不同的记述，此处指寒疝、水疝、筋疝、血疝、气疝、孤疝、癞疝7种。

⑧真气，正气，与“邪气”相对而言。《灵枢·邪客》：“如是者，邪气得去，真气坚固，是谓因天之序。”

⑨瞑目握固，见“臌症第四”⑨。

⑩存神，见“瘫痪第二”⑰。

⑪一寸三分，见“结核第二十七”⑪。

⑫尾闾，见“瘫痪第二”㉔。

⑬夹脊，见“瘫痪第二”㉔。

⑭泥丸，见“瘫痪第二”㉕。

⑮甘津，见“瘫痪第二”㉖。

⑯送入腹中，（用意念）将其送入腹内。

⑰自尔快乐，见“呃逆嗳气第十三”⑲。

痿躄第三十七

养浩生曰：或有痿躄[①]之症者，何也？

真人曰：痿者，上盛下虚[②]，能食不能行也。主内伤气血虚损[③]，不可误作风论。盖风为外感，痿[④]是内伤。故有人若足常热者，后必痿，多年不得起者有之。其肥人得此疾者，属气虚有痰；瘦人得此疾者，属血虚有火，又不可不知也。

养浩生曰：其法奈何？

真人曰：此疾于补炁更为喫紧。夫既属上盛，则炁必专在于上；既名下虚，则炁不通达于下。以致旦昼所积，止供销烁[5]，又胡能浃洽[6]于四肢？宜居患者于密室中，瞑目握固[7]，存神[8]脐间一寸三分[9]，调先文[10]后武火[11]三百六十息。肥者每三十六息一咽补，瘦者每三十六息一咽，用意坠至脐。各调毕，方舌抵上腭，内气不出，外气不入，虽无呼吸，亦约定一呼一吸为一息。量气长短，以为多寡，惟欲增息，不欲减息，皆系自然，而非矫强。伺气稍急，神运其气，自尾闾[12]、夹脊[13]，上升泥丸[14]，兼用鼻以气提之，入口化为甘津[15]，漱之，分三口咽，如咽硬物，送入脐中。自用念珠暗记遍数，每次行五十遍，或三十遍，日行数次，一月或二月，自尔快乐。

（接：消渴[16]第三十八）

【语译】

养浩生问：痿躄这种病症是一种什么样的疾病？

真人说：痿，是一种上盛下虚的病症，人能吃能喝，但不能行走，主要是因为内伤气血而致虚损的缘故，不可误认为是风来论治。风属外感，痿属内伤，所以有些人如果脚经常发热，以后一定会发展成痿症，有的导致多年都不能站立行走。肥胖的人得这种病的，是气虚有痰所致；瘦人得这种病的，是血虚有火所致，这些内容也不可不知。

养浩生说：那具体的治疗方法是什么呢？

真人说：对于这种疾病，补气是最重要的。既然是上盛，说明气必然壅积在上；既然是下虚，说明气不能通达于下。以致于日夜积累，只能燃烧消耗，又怎么能给通达四肢呢？让患者在密室中静坐，闭上眼睛，双手握固，把注意力集中在肚脐内一寸三分的地方，先调文火，再调武火，360 息。胖人每 36 息咽气补气 1 次，瘦人每 36 息咽气 1 次，用意念将其坠入到肚脐内。分别调息结束后，才舌抵上腭，体内的气不要呼出去，外面的空气也不要吸入体内，虽然没有正常的呼吸，也要按照正常的一呼一吸作为一息，用来衡量闭气时间的长短，闭气时所得的息数，只能增加息数，不能减少息数，都要自然，不能勉强，一定要暗自记清。等到闭气稍急的时候，用意念运气，从尾闾、夹脊向上到头顶，同时可以用鼻子辅助提气，当气入口化生成甘津后，用甘津漱口，分 3 口咽下，好像咽硬东西一样，并用意念将其送入肚脐内。自己可以用念珠暗自记数，每次练习 50 遍，或 30 遍，每天练习数次。

练习 1 个月或者 2 个月，自然轻快。

【注释】

①躄，音 bì，跛脚。《灵枢·热病》："热病面青脑痛……筋躄目浸，索筋于肝，不得索之金，金者肺也。"张介宾注："筋躄者，足不能行也。"

②上盛下虚，邪气实于上而正气虚于下之证。即上实下虚，指邪气实于上、正气虚于下的证候。上和下是相对而言。如脾胃虚弱、中气不足而复感寒邪，一方面有腹痛、大便溏、肢冷等下虚证；另一方面因寒邪外束肺卫，也可出现恶寒、头项痛、喘咳等相对属于上的表实证。通常指肝肾不足，阴虚于下，阳亢于上。一方面出现腰膝酸软无力、遗精等下虚证，另一方面又出现胁痛、头眩、头痛、目赤、烦躁易怒等肝阳上亢的证候。

③气血虚损，气血俱虚，互相损耗而消磨之证。

④痿，病名。多指下肢痿废，甚则肌肉萎缩，也包括四肢痿软无力，失其伸展、行步功能，一名痿躄、痿疾、痿证。《素问·痿论》："五脏因肺热叶焦，发为痿躄。"《灵枢·根结》："阳明为阖，阖折则气无所止息，而痿疾起矣。"

⑤销烁：熔化，毁灭。《素问·气交变大论》："南方生热，热生火……其令热，其变销烁。"

⑥浃洽，音 jiā qià，意思是普遍沾润。

⑦瞑目握固，见"臌症第四"⑨。

⑧存神，见"瘫痪第二"⑰。

⑨一寸三分，见"结核第二十七"⑪。

⑩文火，见"虚痨第三"㉖。

⑪武火，见"臌症第四"⑩。

⑫尾闾，见"瘫痪第二"㉓。

⑬夹脊，见"瘫痪第二"㉔。

⑭泥丸，见"瘫痪第二"㉕。

⑮甘津，见"瘫痪第二"㉖。

⑯消渴：病名，泛指具有多饮、多食、多尿症状的疾病。出《素问·奇病论》，亦作痟渴。分上消、中消、下消三种。《证治汇补·消渴章》："上

消者心也，多饮少食，大便如常，溺多而频。中消者脾也，善渴善饥，能食而瘦，溺赤便闭。下消者肾也，精枯髓竭，引水自救，随即溺下，稠浊如膏。”本证见于糖尿病、尿崩症等，又指口渴、多饮、多尿而小便甜的病证。《外台秘要》卷十一：“渴而饮水多，小便数，无脂似麸片甜者，皆是消渴病也。”即现代之糖尿病。又指以口渴、尿少为主证的病证。《太平圣惠方》卷五十三：“夫痟渴者，为虽渴而不小便也。”又：《伤寒论》中所述之消渴，系指在热病过程中的口渴引饮、多尿，与内科杂病之消渴病含义不同。

消渴第三十八

养浩生曰：或有消渴之症者，何也？

真人曰：夫消渴有三，均属内虚有热①也。或小便不利②而渴者，内有湿也；小便自利③而渴者，内有燥也。三消④之别：上消乃肺火，饮水多而食少也；中消乃胃火，消谷易饥，不生肌肉，小水⑤赤黄是也；下消乃肾虚，不生津液，如海无潮也，海失泽也。总之，皆为元气⑥亏欠，不能传达作润，所以有此三消。设真元内充，则必鼓荡⑦焉、润泽焉，何有斯疾？

养浩生曰：其法奈何？

真人曰：人身真炁，出则为气，入则为液，熏蒸之则为火。补炁则增液，液生则渴除。胎息则补炁，炁补则馁⑧实，自然之理也。宜令病者，密室静坐，瞑目握固，存神⑨脐中一寸三分⑩，调文息三百六十度。上、下二消疾，每三十六息，着力一咽，送至中宫⑪中。中消疾，每三十六息，呵气三口，着力咽一口，送至中宫。各三百六十息毕，然后舌抵上腭，内气⑫不出，外气⑬不入，虽无呼吸，亦约定一呼一吸为一息。量气长短，得息多寡，惟欲增息，不欲减息，皆系自然，而非矫强。伺气少急，神运其气，自尾闾⑭、夹脊⑮，上升泥丸⑯，兼用鼻以气提之，入口化为甘津，漱之，分三口咽，如咽硬物，送入脐中。自用念珠暗记遍数，每次行五十遍，或三十遍，日行数次。随有津液，立去胃火。若欲除根，或半月，或二十日，或一月，俟真炁充满，津液上潮，自尔快乐。

（接：痓病第三十九）

【语译】

养浩生说：有的人得了消渴症，这是什么原因呢？

真人说：消渴症可以分为三类，但都属于内虚有热。小便不利而口渴的，是体内有湿所致；小便正常而口渴的，是体内有燥所致。三种消渴症的区别：上消是肺火所致，主要表现为饮水多而吃得少；中消是胃火所致，消谷善饥，却不增体重，小便呈赤黄色；下消是肾虚所致，主要表现不生津液，就好像大海没有了潮汐，好似大海少了水的润泽一样。总而言之，都是元气亏损，不能传达润泽全身，从而表现出三消之症。如果体内真元充实，则一定会冲刷、润泽全身，哪会得这种疾病呢？

养浩生说：那具体治疗方法是什么呢？

真人说：人体内的真气，散开则化为气，聚合则成为液，熏蒸则表现为火。所以补气就可以增液，液生出来则渴的症状自然就消除了。胎息就可以补气，气充足了自然邪火消除、真气充实，这是自然的道理。让患者在密室中静坐，闭上眼睛，双手握固，把注意力集中在肚脐内一寸三分的地方，调文息 360 次。如果是上、下二消的病症，每 36 息，用力咽气 1 次，并将其送到中丹田。如果是中消，每 36 息，呵气 3 口，再用力咽气 1 口，将其送到中丹田。分别进行 360 息结束之后，才舌抵上腭，体内的气不要呼出去，外面的空气也不要吸入体内，虽然没有正常的呼吸，也要按照正常的一呼一吸作为一息，用来衡量闭气时间的长短，闭气时所得的息数，只能增加息数，不能减少息数，都要自然，不能勉强，一定要暗自记清。等到闭气稍急的时候，用意念运气，从尾间、夹脊向上到头顶，同时可以用鼻子辅助提气，当气入口化生成甘津后，用甘津漱口，分 3 口咽下，好像咽硬东西一样，并用意念将其送入肚脐内。自己可以用念珠暗自记数，每次练习 50 遍，或 30 遍，每天练习数次。随着津液的产生，胃火很快被消除。如果想要祛除病根，需要练习半个月，或 20 天，或 1 个月，等到真气充满，津液上润，自然轻快。

【注释】

①内虚有热，由于阴阳气血的不足而引起的发热，并分别有“阴虚”“阳虚”“气虚”和“血虚”的证候，阴阳气血虚亏引起的发热。《医学

入门》卷五："凡虚热皆因精神外弛，嗜欲无厌，阴气耗散，阳无所附，遂致浮散肌表而发热，实非有热也。"《证治准绳》卷一："若无饮食劳倦，为内伤元气，此则真阳下陷，内生虚热。"

② 小便不利，小便量减少、排尿困难及小便完全闭塞不通，出《伤寒论·辨太阳病脉证并治》。

③ 小便自利，指小便排出正常，出《伤寒论·辨太阳病脉证并治》。

④ 三消，病名，亦称三痟，三种消证总称。《太平圣惠方》卷五十三谓三消为痟渴、痟中、痟肾，以饮水多而小便少者为痟渴；吃食多而饮水少，小便少而黄赤者为痟中；饮水随饮便下，小便味甘而白浊，腰腿消瘦者为痟肾。《丹溪心法》分三消为上消、中消、下消，《景岳全书·杂证谟》谓："上消者，渴证也，大渴引饮，随饮随渴，以上焦之津液枯涸，古云其病在肺，而不知心脾阳明之火皆能熏炙而然，故又谓膈消也。中消者，中焦病也，多食善饥，不为肌肉，而日加消瘦，其病在脾胃、又谓之消中也。下消者，下焦病也，小便黄赤，为淋为浊，如膏如脂，面黑耳焦，日渐消瘦，其病在肾，故又名肾痟也。"

⑤ 小水，中医学用语，指小便。

⑥ 元气，又名"真气"，包括元阴和元阳之气。由先天之精所化生，而赖后天水谷精气的滋养。它发源于肾（包括命门），藏于丹田，借三焦之道，通达全身。它的主要功能，是推动人体的生长和发育，温煦和激发各个脏腑、经络等组织器官的生理活动，是人体生命活动的原动力，是维持生命活动的最基本物质。《难经·三十六难》："命门者，诸神精之所舍，原气之所系也。"

⑦ 鼓荡，气的酝酿。《太极拳经》中"气宜鼓荡"，内气充盈，运气和畅。

⑧ 馁，音 něi，本意是指饥饿，也指鱼腐烂变质。孔子提出"七不食"："食不厌精，脍不厌细。食饐而餲，鱼馁而肉败，不食；色恶，不食；臭恶，不食；失饪，不食；不时，不食；割不正，不食；不得其酱，不食。"（《论语·乡党》）馁实，这里引申为饥饿及邪热消除的意思。

⑨ 存神，见"瘫痪第二"⑰。

⑩ 一寸三分，见"结核第二十七"⑪。

⑪ 中宫，指中丹田，在心窝部位。金松岑《心声》："夫士，国之肝肾；

夫士之言，国之声息也。肢体惫而声息雄，议论不少倦。中宫之气必完，干必终固。”

⑫ 内气，见“怔忡第十六”⑲。

⑬ 外气，见“目症第二十五”㉜。

⑭ 尾闾，见“瘫痪第二”㉓。

⑮ 夹脊，见“瘫痪第二”㉔。

⑯ 泥丸，见“瘫痪第二”㉕。

痓病第三十九

养浩生曰：尝见人有痓病者，何也？

真人曰：痓病，多是血虚、气歉[1]、风痰而成。其病头项强直[2]，身热足寒，面赤头摇[3]，口禁[4]，目眦赤[5]，背反张，手挛急，脚如弓，脉弦急[6]，是痓病[7]也。开目无汗，是刚痓[8]属阳；闭目有汗，为柔痓[9]属阴。凡一切伤寒杂症，汗、吐、下后入风，亦成痓病；发疮家汗，亦成痓；产后去血过多，亦成痓；有跌磕打伤，疮口未合冒风者，亦成痓，此名“破伤风”[10]也。若身凉、手足冷、脉沉细者，名阴痓[11]；若眼牵嘴扯、手足战摇伸缩者，是风痰痓[12]；滑数者，名痰火痓。若目蹬口开，真气昏聩不知人[13]者，断死无疑。若小儿吐泻、惊风发痓[14]者，谓角弓反张[15]，病与痓同。

养浩生曰：治法奈何？

真人曰：此病最为难治，法亦不可拘执[16]，宜各依原来疾症活法治之。其不能行功者，宜用鼎器，照遍数进炁；或用按摩，依穴道导气。大抵此病，死生在于俄顷，治之不可轻忽。治法在人，随前症加减，用之可也。

（接：疮疡第四十）

【语译】

养浩生说：经常看到有人患痓病，这是什么原因呢？

真人说：痓病，多血虚、气亏、风痰所致。这种病常见头项强直，身热足寒，面赤头摇，口噤，眼红目赤，脊背反张，手指挛急，脚拘如弓，脉弦急，这些都是痉病的症状。发作时眼睛睁着，没有出汗，这是刚痉，属于阳；发作时眼睛闭合，出汗，这是柔痉，属于阴。所有伤寒杂症，在汗、吐、下之后，风侵入人体，也能形成痉病；疮疡病而误用发汗之法，也容易形成痉病；产后失血过多，也会形成痉病；跌磕打伤，疮口还没有愈合，就冒受风邪，也会形成痉病，这种就叫作“破伤风”。发病时，如果身凉、手足冷、脉沉细的，叫作阴痉；如果嘴歪眼斜、手足战摇伸缩的，是风痰痉；脉象滑数的，叫作痰火痉。如果发病时，目瞪口开，真气涣散，眼花耳聋，神志昏迷而不识人的，必死无疑。如果小儿吐泻、惊风发展成痉病，称为角弓反张，这种病与前面讲的痉病相同。

养浩生说：治疗方法是什么呢？

真人说：这种病最难治疗，治疗方法也不能太拘泥固执，可以按照原来疾病的治疗方法进行治疗。如果患者不能自己练功的，可以用鼎器，按照相应的遍数进行补气；或者通过按摩，按照穴道进行导气。大概这种病，生死就在顷刻之间，治疗时绝不可以轻视。治疗的方法应该根据患者的具体情况，随症加减，用这样的方法就可以了。

【注释】

① 气歉，气的亏少。歉，少，不足。《广雅》：“歉，少也。”

② 头项强直，头颈部肌肉牵强不舒。强直，指身体某部肌肉牵强不舒。《素问·至真要大论》：“诸暴强直，皆属于风。”《内经知要·病能》：“强者，筋强；直者，体直而不能屈伸也。”

③ 面赤头摇，指面色赤红，头部摇摆颤动不能自制的症状。头摇，头部摇摆颤动不能自制的征象，又名摇头。《证治准绳·杂病》：“头摇，风也，火也。二者皆主动，会之于巅，乃为摇也。”

④ 口禁，即口噤，牙关紧急，口不能张开。见《金匮要略·痉湿暍病脉证治》。因内有积热，外中风邪，痰凝气滞，瘀阻经络所致。《医碥》卷一：“口噤即牙关不开也，由气血凝结于牙关筋脉，不能活动。以苏合丸或生南星为末擦牙，或以郁金、藜芦末搐鼻或针人中、颊车。”

⑤ 目衇赤，眼睛上脉络发红，有血丝。衇，即“脉”。《本草汇言》：“风热毒瓦斯，发于目，则令目脉赤。”

⑥弦急，脉象弦急。弦，脉象之一。脉象端直而长，指下挺然，如按琴弦。主肝胆病，诸痛，痰饮，疟疾。《素问·玉机真藏论》："端直以长，故曰弦。"急，脉学名词。《内经》十二脉之一。即紧脉。《诊家正眼》："曰急者，紧之别名也。"紧脉呈拘急收缩，如按绳索，左右弹指之象，常见于寒证、疼痛及宿食等证。《灵枢·禁服》："盛则为热，虚则为寒，紧则为痛痹。"

⑦痓病，病名，出《灵枢·经筋》，又称痉病，以项背强急，口噤，四肢抽搐，角弓反张为主证。《金匮要略·痓湿暍病脉证治》："病者身热足寒，颈项强急，恶寒，时头热，面赤目赤，独头动摇，卒口噤，背反张者，痓病也。"痓病有虚实之分。实证多因风、寒、湿、痰、火邪壅滞经络而成。虚证多因过汗失血，素体虚弱，气虚血少，津液不足，筋失濡养，虚风内动所致。西医学锥体外系疾病、高肌张力综合征和引起脑膜刺激征的有关疾病，符合本病临床特征者，均可参考本病辨证论治。

⑧刚痓，病名，《金匮要略·痓湿暍病脉证治》："太阳病，发热无汗，反恶寒者，名曰刚痓（一作痉）。""太阳病，无汗，而小便反少，气上冲胸，口噤不得语，欲作刚痓，葛根汤主之。"症见发热无汗，恶寒，颈项强急，头摇口噤，手足挛急或抽搐，甚则角弓反张，脉弦紧等。

⑨柔痓，病名，痓病而见有汗者，一作柔痉。证见身热汗出，颈项强急，头摇口噤，手足抽搐，甚则角弓反张，脉沉迟。《金匮要略·痓湿暍病脉证治》："太阳病，发热汗出，而不恶寒，名曰柔痓（一作柔痉）。"

⑩破伤风，病名，又名伤痉，金疮痉，金疮中风痉，见《仙授理伤续断秘方》。该病因风邪侵入破损伤口或疮口所致，症见患者初起即感恶寒、全身不适或轻度发热，头痛，两腮酸痛，下颌微感紧张，咬嚼时稍有困难，颈部转动不灵，进而面肌痉挛，呈苦笑面容，牙关紧闭，舌强口噤，流涎，甚至全身肌肉持久性强直痉挛，角弓反张，可频频发作，最后语言、吞咽、呼吸均困难，甚或窒息而死。

⑪阴痓，病名，见四肢厥冷者。《证治准绳·杂病》："痓既以有汗无汗辨刚柔，又以厥逆不厥逆辨阴阳……其厥逆者皆阴也。"

⑫风痰痓，因风痰壅滞经络所致疾病，见《万病回春·痓病》。证见眼牵嘴扯，手足振摇或搐搦，甚则神昏不醒。

⑬聩不知人，耳朵听不见，神志昏迷而不能识人。聩，耳聋，《国语·晋语四》："聋聩不可使听。"

⑭惊风发痉，儿科常见病证。唐以前将本病归入痫证，至宋《太平圣惠方》始定名惊风，即惊厥，临床以四肢抽搐或意识不清为主要特征。引起惊风的原因较多，一般分为急惊风和慢惊风两大类，以热性、急性病引起的急惊风尤为多见，如小儿肺炎、中毒性痢疾、流行性乙型脑炎等病，如持续高烧不退，均可出现惊风。这与有些慢性病在后期因虚损而出现的慢惊风，有虚实之分。古代有的医书如《寓意草》《温病条辨·解儿难》《幼幼集成》等则称痉病，近代习惯上将痉厥出现于成人的称痉病，出现于幼儿的称惊风。

⑮角弓反张，项背强直，身体向后反折如角弓状的证候。《诸病源候论·风病诸候》："风邪伤人令腰背反折，不能俯仰角弓者，由邪入诸阳经故也。"见于痉病、破伤风等病。

⑯拘执，拘泥固执，不知变通。

疮疡第四十

养浩生曰：外病不过疮疡①，其治何也？敢乞仁慈，一一条分，垂示后学。

真人曰：疮莫甚于痈疽②，其瘰、疔、瘰、疥③，折金伤人④，其次也。如疮大而高起者，痈⑤也，属乎阳，乃六腑之气所生也；平而内发⑥者，疽⑦也，属乎阴，乃五脏之炁所生也。其症倘肿痛热渴⑧，大便闭结者，邪在内也；肿焮⑨作痛，寒热头痛者，邪在表也；焮肿痛者，邪在经络也；微肿、微痛而不作脓者，气血虚也；漫肿⑩不痛，或不作脓者，或脓成不溃⑪，气血虚甚也；色暗而微肿痛，或脓成不出，或腐肉不溃⑫者，阳气虚寒也。经云：诸痛痒疮疡，皆属心火。若肿赤、烦⑬躁、发热、引冷[1]、便闭、作渴，脉洪数⑭实，是其常也。若脉微⑮、皮寒⑯、泻痢⑰、肠鸣⑱、饮食不入、呕吐无时、手足逆冷⑲，是变常也。或大，按乃痛者，病深；小，按即痛者，病浅。按之即陷不复者，无脓；按之即复者，有脓也。

养浩生曰：其法奈何？

真人曰：若痈疽之症，皆由其人性不能抑情[20]，气不能胜怒[21]，以致血壅气滞[22]，而作是疾。盖痈[23]者，壅[24]也；疽[25]者，阻也；疖[26]者，节[27]也。血壅气阻[28]，不得周流[29]。凡此疾初起微红时，法宜运动真炁，以移散之；将脓时，用文火以引导其脓，保固心经，勿令毒热犯内，作痛作楚；溃脓时，用武火以散发余毒，骤长元炁[30]，使身体易健也。此三法。不若遇红点初起，即嚼生豆一粒，如豆味即是痈疾，宜用移法为妙。宜令患者，密室静坐，瞑目[31]握固[32]，存神脐内[33]一寸三分[34]，调文火[35]三百六十，每三十六，大开口、不出声、呵气[36]三口，补气[37]三口，送入脐中。随移脐中气行于患处，闭息，左旋三十六，右旋三十六。旋毕，送入脐中，数足，方舌抵上腭，内气不出，外气不入，虽无呼吸，亦约定一呼一吸为一息。量气长短，得息多寡，惟欲增息，不欲减息，皆系自然，而非矫强。候气稍急，神运其气，自尾闾[38]、夹脊[39]，上升泥丸[40]，兼用鼻以气提之，入口化为甘津[41]，漱之，分三口咽，如咽硬物，送入中宫[42]，仍前运气一次。自用念珠暗记遍数，每次行五十遍，或三十遍，日行数次。闲空不积炁，日专行运气。未行此功，用鲜姜一片，擦患处，痛务至痒，痒务至痛[43]，方尔行功。不三四日，其毒自消，此初起时法也。如其毒已成红紫焮热[44]，专行积炁，更于调息时，每三十六息，呵气[45]三口，补气[46]三口，俱是文火[47]也。如脓已溃，每三十六息，咽气三口，专行积炁，俱是武火[48]也。依此法行，已成未成，俱得快乐。

养浩生曰：痈疽之症，医家有五善、七恶之别，何说也？

真人曰：夫善者，动息自宁，饮食知味，便溺调匀，脓溃肿消，水鲜不臭[49]，神采精明[50]，语言清朗，体气和平，是也。此系腑症，病微邪浅。更能慎起居，节饮食，兼行前功，刻下即愈。夫恶者，乃五脏亏损之症，或因汗下失宜，荣卫消烁[51]；或因寒凉克伐，气血不足；或因峻厉之剂[52]，胃气受伤；以致真炁虚而邪气实，外似有余，而内实不足。法当纯补真气[53]，真气充则脾元自壮，多有可生，不可因其恶而遂弃之。

养浩生曰：七恶之名，请直示焉。

真人曰：若大渴发热[54]，泄泻[55]，淋闭[56]，乃邪火内淫[57]，一恶也；若脓血既泄，肿痛尤甚，脓色败臭者，乃胃炁虚而火盛，二恶也；若目视不正[58]，黑睛紧小[59]，白睛青赤[60]，瞳子上视者，乃肝肾阴虚而目紧急，三恶也；若喘粗气短[61]，恍惚嗜卧[62]者，乃脾肺虚火，四恶也；若肩背不便，四肢沉重[63]者，乃肾亏，五恶也；若不能下食，及服药而呕，食不知味[64]者，乃胃气虚弱，六恶也；若声嘶色败[65]，唇鼻青赤[66]，面目、四肢浮肿者，乃脾肺俱虚，七恶也。七恶之外，又有腹痛、泄泻、咳逆[67]、昏聩[68]者，乃阳气虚弱，寒邪内淫之恶症也。若有溃后发热，恶寒，作渴；或怔忡惊悸[69]，寤寐不宁[70]，牙关紧急；或头目赤肿，自汗[71]盗汗[72]，寒战咬牙，手撒身热[73]，脉洪大、按之如无；或身热恶衣，欲投于水，其脉浮大、按之细微；衣厚乃寒；此真气[74]虚极，传变之恶症也。若手足逆冷[75]，肚腹疼痛，泄痢肠鸣[76]，饮食不入，吃逆呕吐，此阳炁虚弱，寒气所乘之恶症也。若有汗而恶寒，或无汗而恶寒，口禁足冷[77]，腰背反张[78]，颈项直强[79]，此气血虚极，传变之恶症[80]也。

【校勘】

1. 引冷，原文为“引”，似为“饮”之误。

【语译】

养浩生说：外科方面的病症，不外乎疮疡，这种病该怎样治疗呢？请求真人仁慈，一条一条地分解，并解说给我们晚辈后学吧。

真人说：疮疡类的疾病最严重的就是痈疽了，另外还有瘰、疔、臁、疥以及跌打、兵刃所伤等，属于其次。如果疮大而且高高突起的，是痈，属于阳，是六腑之气所生成的；如果外形是平的且向内生长的，叫作疽，属于阴，是五脏之气所生成的。症状如果出现肿痛、发热、口渴、大便闭结的，说明邪气在内；如果发炎红肿作痛，或寒或热并伴有头痛的，说明邪气的表；发炎红肿疼痛的，说明邪气在经络；微肿、微痛而不化脓的，说明身体的气血亏虚；肿而边界不规则，且不痛的，或者没有化生成脓，或者脓成而不溃破的，说明气血亏虚的较为严重；颜色晦暗而微微肿痛的，或者脓形成却排不出来，或者肉腐而不溃破的，是阳气虚寒的表现。《黄帝内经》中讲：各种疼痛、痒、疮、疡，都是心火所致。如果肿的颜色是赤色、心情烦躁、身体发热、喜欢冷的东西、大便闭结、口渴，脉象洪数实，这些都是这种疾病的常见症状。如果脉象微、皮肤寒凉、腹泻、肠鸣、吃不进去东西、不时地呕吐、手足逆冷，这是疾病不正常的表现。如果用力按病灶而疼痛的，说明病深；轻轻按就疼痛的，说明病浅。如果用手一按，疮面即凹陷不起的，说明里面没有脓；如果按下去疮面很快就复原的，说明里面有脓。

养浩生：那该怎么治疗呢？

真人说：如果是痈疽之症，都是因为人们不能调控自己的情绪，气不能抑制怒火，导致血壅气滞，进而形成这种疾病。所以说痈，通壅；疽，通阻；疖，通节。血壅气阻，不能周流全身。这种疾病初期的时候，颜色微红，应该用运行真气的方法，以移动散开壅阻的气血；将要成脓的时候，用文火的形式来引导疏散脓，保护心经，不让毒热向内侵犯，进而疼痛难受；脓溃破时，要用武火发散剩余下的毒，使体内真气迅速增长，以使身体恢复健康。这是三种不同的方法。要不然遇到红点刚刚突起的时候，就马上嚼一粒生豆子，如果疾病发出的味道与豆味相似，应该用移法最好。让患者在密室中静坐，闭上眼睛，双手握固，把注意力集中在肚脐内一寸三分的地方，调文火 360 息，每 36 息的时候，把嘴巴张大、不出声、呵气 3 口，补气 3 口，再把气送到脐中。随后将肚脐内的气再运至患处，闭住呼吸，将气在患处左旋 36，右旋 36。旋转完毕之后，再将其送入脐中。调息数足之后，才舌抵上腭，体内的气不要呼出去，外面的空气也不要吸入体内，虽然没有正常的呼吸，也要按照正常的一呼一吸作为一息，用来衡量闭气时间的长短，闭气时所得的息数，只能增加息数，不能减少息数，都要自然，不能勉强，一定要暗自记清。等到闭气稍急的时候，用意念运气，从尾闾、夹脊向上到头顶，同时可以用鼻子辅助提气，当气入口化生成甘津后，用甘津漱口，分三口咽下，好像咽硬东西一样，并用意念将其送入中宫，然后再照前法运气 1 次。自己可以用念珠暗自记数，每次练习 50 遍，或 30 遍，每天练习数次。空闲的时候不用积气，每天专门练习行气。在没有练习上面这个功法之前，用鲜姜一片，涂擦患处，擦得痛处开始痒了，或痒处开始痛了，才开始练功。用不了三四天，这种毒就自动消除了，这是发病初期时的治疗办法。如果这个病毒已经成为红肿发热的，要专门进行积气，更要在调息的时候，每 36 息，呵气 3 口，补气 3 口，都是用文火法。如果脓已溃破，每 36 息，咽气 3 口，专门练习积气，都是武火的方法。按照这些方法，不管是脓已成，还是脓未成的，都能获得疗效。

养浩生说：对于痈疽这类病症，医家有五善、七恶的区别，具体是说什么呢？

真人说：所谓善，就是患者行动、睡眠，饮食、大小便都正常，脓已溃破、肿也消散，分泌的液体清亮且无臭味，神采飞扬、精神矍铄，言语清晰明朗，呼吸平和，等等，这些表现都是。这属于腑症，疾病轻而病邪浅。如果能进一步注意起居、调节饮食，再按前面讲授的功法进行练习，很快就能痊愈。所谓恶，是由于五脏亏损所导致的病症，或者是因为汗法、下法使用不当，使荣气、卫气消烁耗损；或者是因为寒凉损伤机体，导致气血不足；或者是因为使用峻厉的药物，使胃气损伤；最终导致真气虚而邪气实，从表面看好像是有余的实证，而实际是一种内虚而不足的状态。方法应该纯补真气，真气充足则脾气自然强壮，大多数都有生机，不能因为是恶的证候就放弃治疗。

养浩生说：七恶的具体分别，恳请真人明示。

真人说：如果患者口大渴、身发热、泄泻、淋闭的，是体内邪火过盛所致，这是一恶；如果脓血已经排出，但肿痛依旧很严重，并且脓色腐败、气味腥臭的，是胃气虚而火盛所致，这是二恶；如果眼睛不能正视，黑睛紧缩变小，白睛发青发红，眼睛向上看的，是肝肾阴虚所致的眼睛痉挛，这是三恶；如果患者喘气粗、呼吸短，精神恍惚而嗜睡的，是脾肺虚火所致，这是四恶；如果肩背不利，四肢沉重的，是肾亏所致，这是五恶；如果不能吃东西，以及一吃药就呕吐，吃东西也吃不出味道的，是胃气虚弱所致，这是六恶；如果声音嘶哑，面色难看，口唇、鼻子青红色，面目、四肢浮肿的，是脾、肺都虚的表现，这是七恶。七恶之外，还有腹痛、泄泻、咳逆、昏聩等，都是阳气虚弱，寒邪内淫的恶症。如果脓溃后出现发热，恶寒，口渴；或者怔忡，惊悸，寤寐不宁，牙关紧急；或者头目赤肿，自汗，盗汗，寒战咬牙，手撒身热，脉象洪大但重按就好像没有脉了的；或者身体发热不喜欢穿衣服，就想跳入水中，脉象轻按浮大、重按细微，或者穿再多的衣服仍然感觉寒冷的；这些都是真气极其虚弱所致，是疾病传变为恶症的表现。如果手足逆冷，肚腹疼痛，泄痢肠鸣，饮食不入，吃了就往外呕吐的，这些阳气虚弱、寒气乘虚而入的恶症。如果有汗而恶寒，或者无汗而恶寒，口噤足冷，腰背反张，颈项强直，这是气血虚极所致，是传变为恶症的表现。

【注释】

①疮疡，是各种致病因素侵袭人体后引起的一切体表化脓感染性疾病的

总称，包括急性和慢性两大类，病名。出《素问·六元正纪大论》：“炎火行，大暑至……故民病少气，疮疡痈肿。”“四之气，寒雨降……痈肿疮疡疟寒之疾。”古代用以泛指多种外科疾患。后世将外科分为疮疡与杂证两大类，多由毒邪内侵，邪热灼血，以致气血凝滞而成。疮疡包括了体表上的肿疡及溃疡、痈、疽、疔疮、疖肿、流注、流痰、瘰疬及有关皮肤病的内容。

②痈疽，泛指损伤面较大较深的疮疡肿毒。《灵枢·痈疽》：“愿尽闻痈疽之形，与忌日名。岐伯曰：脱发于嗌中，名曰猛疽，猛痈不治，化为脓，脓不泻，塞咽，半日死。”

③瘰、疔、臁、疥，瘰，病名，指发生于颈部、腋下等处淋巴结之慢性感染疾患者。《灵枢·寒热》：“寒热瘰疬，在于颈项者。”该病多因肺肾阴虚，肝气久郁，虚火内灼，炼液为痰，或受风火邪毒侵扰，痰火结于颈、项、腋、胯之间而成。症见初起肿块如豆，数目不等，皮色不变，推之能动，不热不痛。继则融合成块，推之不移。后期可自溃，溃后脓汁稀薄，其中或夹有豆渣样物质，此愈彼起，久不收口，可形成窦道或漏管，相当于淋巴结结核、慢性淋巴结炎等病。疔，病名，痈疽等化脓性感染之局部肿胀形似疔盖状者，属于发病迅速而且危险性较大的急性感染性疾病，出《仙传外科集验方》卷六。该证因其形小，根深，坚硬如钉，故名。多因外感风邪火毒，或因外伤感染而发，其症多发于颜面、四肢以及躯干部位。症见发病急，变化迅速，初起者形如粟米状，形虽小而质坚硬，根基深在，继则焮热红肿，肿势速增而疼痛转剧，待脓溃疔根出者，始可肿消痛减而渐愈。若处理迟延不当，或失治误治，致热毒更甚者，易成走黄之险证。臁，病名。指生于小腿部之慢性溃疡。亦名裙边疮、烂腿。见《疮疡经验全书》卷六，多因湿热下注，瘀血凝滞经络所致，常因局部破损、湿疹及虫咬等原因而诱发。本病生于小腿下三分之一处臁骨（胫骨）部位，症见初起痒痛红肿，破流脂水，甚则腐烂，皮肉灰暗，脓水清稀，久不收口。疥，病名，一种传染性瘙痒性皮肤病，多因风、湿、热邪郁于皮肤，接触传染而成。《肘后备急方》：“深者，针挑得蠹子为疥虫。”《诸病源候论》中已分辨出疥虫为其病原体。该书卷三十五指出：“疥疮有数中……人往往以针头挑得，状如水病虫。”又卷五十有：“疥疮多生于足指间，染渐生至于身体，痒有脓汁……其疮生有细虫，甚难见。”本病以手指缝最为多见，亦常见于腋下、肘窝、脐

周围、腹股沟、臀腿等处，甚则遍及全身，患处出现粟米样的丘疹和水泡，剧烈瘙痒，夜间尤甚。

④折金伤人，跌打、兵刃所伤的人，折为跌扑摔跤，金，刀箭等金属器械。指跌打损伤。“跌打损伤”为诸伤之总论，多因外力作用，或自身姿势不正确的情况下用力过猛而造成的。中医把凡因外力作用于人体而引起的筋骨伤损、瘀血肿痛、气血不和、经络不通以至脏器受损等。

⑤痈，痈是气血为毒邪壅塞而不通的意思，有“内痈”与“外痈”之分。内痈生在脏腑，外痈生在体表。病名，指属于疮面浅，局部有红、肿、焮热、疼痛，皮肤光泽而薄，分泌液黏稠或有腥臭味等阳性类型的疮毒，指发生在皮肉之间的急性化脓性疾病，相当于西医的体表浅表脓肿、急性化脓性淋巴结炎，后世称为“外痈”，还有发于脏腑的如肺痈、肠痈，后世称为“内痈”。皆多因外邪入里化热或过食肥甘，湿热蕴积，气血瘀滞，化毒腐肉败筋所致。《灵枢·痈疽》：“大热不止，热胜则肉腐，肉腐则为脓……故命曰痈。”

⑥平而内发，表面平整而且向内生长的。

⑦疽，病名，即局部皮肤下发生的疮肿。中医指局部皮肤肿胀坚硬而皮色不变的毒疮，由于气血为毒邪所阻滞，而发于肌肉筋骨间的疮肿。见《五十二病方》。《灵枢·痈疽》称：“热气淳盛，下陷肌肤，筋髓枯，内连五脏，血气竭，当其痈下，筋骨良肉皆无余，故命曰疽。疽者，上之皮夭以坚，上如牛领之皮。”其特点为疮肿深而重。宋以前之疽仅指无头疽，自宋《卫济宝书》始见有头疽的描述，现中医按疽病早期有头和无头而分为有头疽和无头疽两大类。有头疽指生长于肌肤间，以局部初起皮肤上即有粟粒脓头，红肿热痛，易向深部及周围扩散，脓头亦相继增多，溃烂后状如莲蓬蜂窝为主要表现的急性化脓性疾病，本病相当于西医的痈。无头疽是多种发生在骨骼与关节间的化脓性疾病的统称，其特点是漫肿色白，疼痛彻骨。难消，难溃，难敛，并能形成瘘管。如发于长骨者多损骨，发生于关节的易造成畸形，《外科证治全书》云：“阴疽之形，皆阔大一，根盘坚硬，皮色不变，或痛或不痛，为外科最险之症。”临床上常见的附骨疽及环跳疽是无头疽的代表性疾病，本节重点介绍，相当于西医的化脓性骨髓炎、化脓性关节炎。

⑧肿痛热渴，患者发热、口渴，患处肿痛。

⑨焮，发炎红肿。

⑩漫肿，肿而没有边界。漫，没有限制，没有约束，随意。

⑪脓成不溃，脓已经形成而不溃烂。脓，感染化脓。溃，溃烂。《灵枢·五变》："皮溃而漉。"

⑫腐肉不溃，肉已经腐烂而不溃破。溃，溃破。

⑬烦，指心下烦闷。

⑭脉洪数，脉象洪数就是洪脉和数脉的相兼脉。洪脉为脉来极大，如波涛汹涌，来盛去衰的脉象。数脉：脉象往来较快，一息超过5至。因邪热鼓动，血行加速，邪热炽盛所致。

⑮脉微，脉象的一种。极细而软，按之欲绝，若有若无，至数不明。由气血虚衰所致，多见于休克、虚脱、慢性虚弱病症等。

⑯皮寒，皮肤寒凉。

⑰泻痢，病名。痢，古通利，即泄泻。《局方发挥》："夫泻痢证，其类尤多，故贤曰湿多成泻，此确论也。"泻痢与痢疾不同，无里急后重、大便脓血之证。

⑱肠鸣，肠中鸣响之证。出《素问·藏气法时论》。又称腹鸣。

⑲手足逆冷，手足冷至肘膝，又称四肢逆冷、手足厥冷。《伤寒论·厥阴病脉证并治》："厥者，手足逆冷者是也。"

⑳抑情，控制自己的情绪。抑，压制；抑制。情，情绪。

㉑胜怒，克制自己的怒气。胜，克制；制服。

㉒血壅气滞，血的壅积，气的停滞。

㉓痈，病名，痈是气血为毒邪壅塞而不通的意思，此处代指痈这类疾病。

㉔壅，堵塞，阻滞。

㉕疽，病名，指气血为毒邪所阻滞，而发于肌肉筋骨间的疮肿，此处代指疽这类疾病。

㉖疖，病名，痈疽根盘小而局限之轻症者，此处代指疖这类疾病。

㉗节，限制。

㉘血壅气阻，血的壅积，气的阻滞。

㉙周流，周转；周遍流行。《楚辞·屈原·离骚》："览相观于四极兮，

周流乎天余乃下。”

㉚元炁，即元气，又名“真气”，包括元阴和元阳之气，由先天之精所化生，而赖后天水谷精气的滋养。它发源于肾（包括命门），藏于丹田，借三焦之道，通达全身。它的主要功能，是推动人体的生长和发育，温煦和激发各个脏腑、经络等组织器官的生理活动，是人体生命活动的原动力，是维持生命活动的最基本物质。《难经·三十六难》：“命门者，诸精神之所舍，原气之所系也。”炁，古同“气”。

㉛瞑目，见“虚痨第三”74。

㉜握固，见“膈噎第五”⑫。

㉝存神脐内，存神于肚脐之内。存神，气功术语，谓意守身神。《后汉书·冯衍传》：“陂山谷而闻处兮，守寂寞而存神。”道教认为人身五脏百节各有身神主持，与元气相应，意守身神可以延寿。《玄宗直指万法同归》：“存神养气，可以不死。”

㉞一寸三分，见“结核第二十七”⑪。

㉟文火，见“虚痨第三”㉖。

㊱呵气，见“虚痨第三”㊾。

㊲补气，见“目症第二十五”㉚。

㊳尾间，见“瘫痪第二”㉓。

㊴夹脊，见“瘫痪第二”㉔。

㊵泥丸，见“瘫痪第二”㉕。

㊶甘津，见“瘫痪第二”㉖。

㊷中宫：指中丹田。金松岑《心声》：“夫士，国之肝肾；夫士之言，国之声息也。肢体惫而声息雄，议论不少倦。中宫之气必完，干必终固。”

㊸痛务至痒，痒务至痛，痛处开始痒了，或痒处开始痛了。

㊹焮热，红肿发热。

㊺呵气，呵气，呼气时配合发出“呵”字音。

㊻补气，见“目症第二十五”㉚。

㊼文火，见“虚痨第三”㉖。

㊽武火，见“臌症第四”⑩。

㊾水鲜不臭，分泌的液体颜色清亮且没有味道。

㊿神采精明，神采飞扬、精神矍铄。

51荣卫消烁，荣、卫之气耗损。荣气，是与血共行于脉中的精气。生于水谷，源于脾胃，出于中焦，有化生血液和营养周身的作用。卫气，属于阳气的一种。生于水谷，源于脾胃，出于上焦，行于脉外，其性刚悍，运行迅速流利；具有温养内外，护卫肌表，抗御外邪，滋养腠理，开阖汗孔等功能。《灵枢·本脏》"卫气者，所以温分肉，充皮肤，肥腠理，司开阖者也……卫气和则分肉解利，皮肤调柔，腠理致密矣。"消烁，消耗；消磨。

52峻厉之剂，药效峻猛的药物。

53真气，正气，与"邪气"相对而言。《灵枢·邪客》："如是者，邪气得去，真气坚固，是谓因天之序。"

54大渴发热，严重的口渴、身体发热。

55泄泻，病名。大便稀薄，甚至水样，次数增多，一般无脓血和里急后重，见《三因极一病证方论》卷十一，简称泄或泻。大便质薄而势缓者为泄，大便如水而势急者为泻。《奇效良方·泄泻门》："泄者，泄露之义，时时溏泄，或作劳愈；泻者，一时水去如注泄。"由外感六淫，饮食不节，劳倦过度，情志失调，以致脾胃运化失常，或元气不足，脾肾虚衰所致。

56淋闭，淋与癃闭的总称。小便滴滴涩痛谓之淋，小便急满不通谓之闭。《备急千金要方》卷二十一："热结下焦则为溺血，令人淋闭不通。"

57邪火内淫，邪火在体内浸淫。邪火，引起疾病的火热。淫，浸淫；侵犯。

58目视不正，眼睛不能正视。

59黑睛紧小，黑睛紧缩变小。黑睛，角膜。

60白睛青赤，白睛颜色发青发红。白睛，球结膜、前部巩膜。

61喘粗气短，喘气声粗，呼吸声短。

62恍惚嗜卧，精神恍惚，嗜睡。

63四肢沉重，四肢感觉沉重不利。

64食不知味，吃东西吃不出味道。

65声嘶色败，声音嘶哑，面色衰败。

66唇鼻青赤，口唇、鼻周呈青红色。

67咳逆，咳嗽而气上逆者，出《素问·六元正纪大论》。《诸病源候论·咳逆候》："咳逆者，是咳嗽而气逆上也。""咳病由肺虚感微寒所成，寒搏于气，气不得宣，胃逆聚还肺，肺则胀满，气遂不下，故为咳逆。”症见咳嗽吐痰，或气喘喉中有水鸣声等。

⑱昏聩，眼花耳聋，神智昏乱。

⑲怔忡惊悸，心悸并有恐惧不安感。怔忡，指心悸。又名心忪、忪悸。《医碥》卷四：“悸即怔忡。悸者，心筑筑惕惕然而不安，俗名心跳。”惊悸，因惊而悸之证。《三因极一病证方论》卷十：“惊悸，则因事有所大惊”“遂使惊悸，名曰心惊胆寒。”

⑳寤寐不宁，每日早晚都不能安定。寤，睡醒。寐，就寝。寤寐表示无时无刻。

㉑自汗，清醒时不因劳动而常自出汗。《三因极一病证方论·自汗证治》：“夫自汗，多因伤风伤暑，及喜怒惊恐、房室虚劳，皆能致之。无问昏醒，浸浸自出者，名曰自汗。”

㉒盗汗，病名。睡中出汗，醒后即止之证，出《金匮要略·血痹虚劳病脉证并治》。《素问·病名法时论》等篇名寝汗。多见于虚劳，证属阴虚。《医略六书·汗病》：“盗汗属阴虚。”“盗汗乃睡中汗出，醒则汗收。因阴气空虚，睡时卫气乘虚陷入，则表无护卫而营中之火独旺于外，蒸腾汗出；醒则卫气行阳而气固于表，其汗乃止，多见于虚劳之人。”

㉓手撒身热，双手无力而张开，身体发热。

㉔真气，正气，与“邪气”相对而言。《灵枢·邪客》：“如是者，邪气得去，真气坚固，是谓因天之序。”

㉕手足逆冷，手足冷至肘膝，又称四肢逆冷、手足厥冷。《伤寒论·厥阴病脉证并治》：“厥者，手足逆冷者是也。”

㉖泄痢肠鸣，大便泄泻，肠中鸣响。泄痢，病名，即泄泻。痢，通利。《局方发挥》：“泄痢之病，水谷或化或不化，并无努责，惟觉困倦。”肠鸣，证名。肠中鸣响之症，出《素问·藏气法时论》，又称腹鸣。

㉗口禁足冷，牙关紧闭，两脚发冷。口禁，即口噤。牙关紧急，口不能张开，见《金匮要略·痉湿暍病脉证治》。因内有积热，外中风邪，痰凝气滞，瘀阻经络所致。《医碥》卷一：“口噤即牙关不开也。”

㉘腰背反张，身体向后反折如角弓状的证候。《诸病源候论·风病诸候》：“风邪伤人令腰背反折，不能俯仰角弓者，由邪入诸阳经故也。”见于

痉病、破伤风等病。

⑲颈项直强，头颈部肌肉牵强不舒。强直，指身体某部肌肉牵强不舒。《素问·至真要大论》："诸暴强直，皆属于风。"《内经知要·病能》："强者，筋强；直者，体直而不能屈伸也。"

⑳恶症，指疾病或某些病状、体征性质险恶，预后不佳。

后记

非常荣幸能够协助张明亮老师进行傅山丹功导引系列丛书的整理工作。从开始的规划、项目确定、团队组建，到后来资料的收集、整理、编辑、校释……一晃已近十年。十年的学习，十年的历练，让我们感受到了老师“十年磨一剑”的钻研精神，感受到整个团队对优秀传统文化传承的使命与践行！

张老师传承了峨眉丹道医药及内功导引按跷术的法脉，历经数十载实践、研究与教学、传播，其理法已经相当完备。为了更好地推动中医药学的发展，张老师在法国、瑞士、日本的三年制课程结束后，从2017年起毅然决定不再在海外开设三年制长训班。当时计划报名的国外学员很多，我们都很不理解，但张老师决心已定，我们也只好配合。经过这几年对傅山丹功导引学术体系的整理和挖掘，让我们渐渐明白了老师的初衷。

包括傅山在内的很多著名医家的著作中，关于导引治病养生的记载十分丰富，甚至有如《诸病源候论》这样导引治病的专门经典。但由于导引这种疗法，不仅需要扎实的中医学基础，更需要长年的亲身实践与修炼，所以专门研究及精通此道者甚少，故亟须抢救、挖掘、整理、传承。

作为一代医圣的傅山，其理、法、方、药，大多独具特色而自成一派。如《傅青主女科》开篇的“带下病”中说“夫带下俱是湿症，而以带名者，因其带脉不能约束而有此病，故以名之。带脉通于任督，任督病而带脉始病……”在论述“黄带”时谈到“……所以世之人有以黄带为脾之湿热，单去治脾而不得痊者，是不知真水、真火合成丹邪、元邪，绕于任脉、胞胎之间，而化此黅色也，单治脾何能痊乎！法宜补任脉之虚，而清肾火之炎，则庶几矣。方用易黄汤……”其中“易黄汤”中并没有用大量清热、解毒、利湿的药物，而是用了大量的山药、芡实等药物以补任脉之虚。由此可见傅山先生对于经络、气脉、脏腑、内景均有着精深的造诣，这与其长年修习丹功导引的关系密不可分。正如著名医药学家李时珍在其所著《奇经八脉考》中所述“人体内景隧道，唯返观者能察之，其言必不谬也”，近人张锡纯亦有“论医士当用静坐之功以悟哲学”的论述。纵观傅山先生的著作中，就有着很多与导引、丹功相关的论述与方法，这也是我们整理傅山丹功导引系列丛书的目的与初衷。

感恩张老师把我们带上傅山丹医之路，在整理、编辑本书的过程中，从傅山先生列举的三十九种病中，也发现了一个共性。如：

在治疗脾胃病时提到：“气盛则脾盛，脾盛则诸脏宣通，食气自消……”

治疗耳聋的导引疗法中提到：“大抵五脏之病，莫先补气，肾尤急焉。积气傥久，气自生液，液自归肾。肾经既旺，耳自通明……”

治疗瘿瘤的导引疗法中提到：“气之在身中，如水之在地中，在在皆有。人之十万八千毛孔中，皆气薮也，常相流通而无凝滞。倘少有所凝，坚则为瘤，浮则为瘿。治瘿瘤亦宜运散其气，气散则血散，血散则瘿瘤自消。”

这些论述就如《内经》中所讲：“余知百病生于气也……”张介宾在《类经·疾病类》中也说：“气之在人，和则为正气，不和则为邪气。凡表里虚实，逆顺缓急，无不因气而生，故百病皆生于气。”在傅山先生手录的《丹亭真人卢祖师玄谈》中更明确地讲道：“吾为子言之，知生此身者不过气，则病此身者亦不过气而已。欲知其病，先治其气。”

为此，在我们的行医生涯中，不论开中药处方，还是针灸；不论病人是头疼感冒、高血压、高血糖、睡眠障碍、焦虑抑郁，还是癌症，病人体内的“气”应该是我们的第一关注点，也是诊治疾病的入手点！

通过整理此书，我们找到了一条路，一条以导引法为突破口，丰富和发展中医药理论和实践方法之路！这条路虽然很长，但我们团队会不忘初心、砥砺前行！

希望本书的出版，能对傅山医学体系的完善做出贡献；能够助力医体融合、医养结合、医道结合，能够对中医药学的发展有些许启迪……

傅山丹医，我们在路上，傅山导引，我们已经出发！

李利民　代金刚

2022年1月6日

丹亭真人卢祖师玄谈

太原傅山青主手录秘本

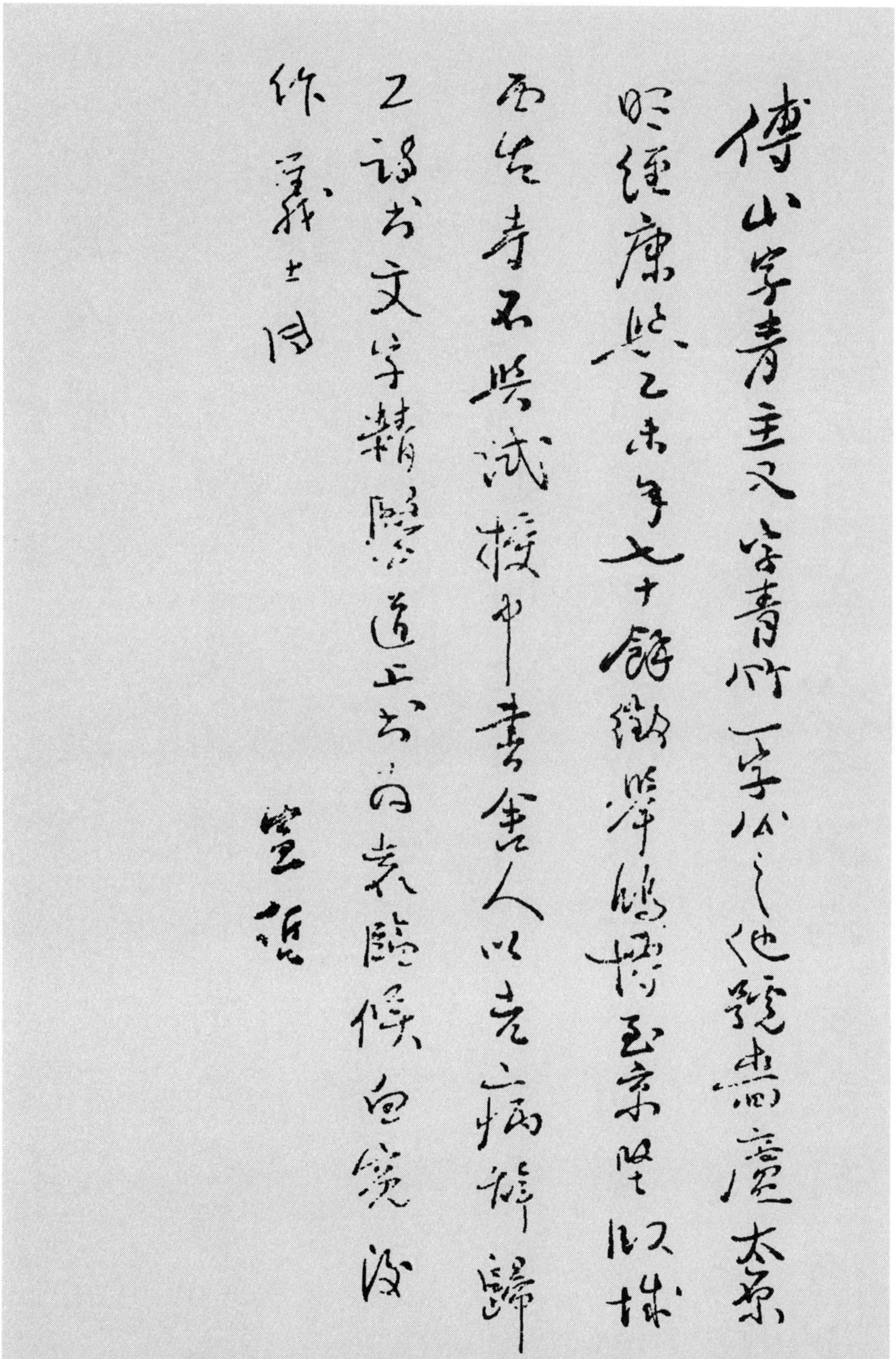
傅山字青主又字青竹一字公之他號嗇廬太原
明經康熙乙未年七十餘徵辟鴻博至京堅臥城
西古寺不與試授中書舍人以老病辭歸

丹亭真人盧祖師玄談

太原傅山青主手錄秘本

總論

息，真人於出竅之暇危坐松石。瞑目定息，窺天地，有間。廼顧謂諸弟曰。吾觀爾箋，辭榮絕利。或跋涉從予。或間關就學，歲月既深，不聞疑問，豈俱入忘言之境乎，今夕庚月在天，迅湍滿壑。誠剖晰玄玄之良夜也。爾等獨無意乎。座次有養浩生者。出座而立。稽顙涕泗而言曰。其不揣凡劣。欲窺妙闡者久矣。今蒙慈憫。俯度後學。敢悉愚衷而問焉。嘗觀自古真師。未得延年。先期却病。故病魔不除。僊基難立。敢叩慈座。却病之方。果何如法。

真人曰。善哉問也。汝小子。廼能爲未來衆

生發。未曾有遡觀。人之未生也。本天地之一炁。殆父母搆精。胎斯立焉。受天地氣足而始生。則人也者。本一炁而已矣。故程子曰。天以陰陽五行化生萬物。氣以成形。且此氣之在人。鼓舞動作。悲歡痛痒。莫不由之。於是虧此氣則病。滯此氣則病。惟周流一身。則康寧福祚也。吾爲子言之。知生此身者不過氣。氣則病此身者亦不過氣而已。欲知其病。先治其氣。今醫家以草根對皮。攻人疾苦。不過假此後天之氣以調劑之。滋補之而已。且艸根樹皮其辛甘鹹苦酸之五味。不過寒涼溫熱平之五氣。迺天地之偏氣也。且能却疾。況人之氣通於天地。得氣之全也。況草木之性寒熱不同。用有不當。立能殺人。吾今即以其人之道。還治其人之身。所謂此般藥物家家有者也。

養浩生曰。却病以炁。今吾既得聞命矣。却治之際。獨無其方乎。

真人曰。安得無之。子欲識炁。先當識藏炁之處。人居母腹。一呼一吸。常與母通。生而剪斷臍帶。一點真氣落於臍間。臍居心下腎上。共八寸四分。中虛四寸二分。而真炁之根。又在四寸二分中之一寸二分焉。欲治疾者。皆從此起。此生藥。長藥。之真去處也。

癱瘓第二

養浩生曰。設有癱瘓之疾。其治其病。所屬云何。仰祈慈座。分明剖晰。爲後來衆生。作大方便。

真人曰。夫癱瘓。始於中風。原其病。皆由體氣虛弱。榮衛失調。或爲喜怒憂思悲驚所傷。或爲酒色勞力所致。因而真氣耗散。腠理不密。風邪乘虛而入。故起有麻木疼痛者。乃風淫也。有口眼歪斜者。乃風中經絡也。有左身不遂。手足癱瘓者。乃血虛與死血也。有右身不遂。手足癱瘓者。乃氣虛與濕痰也。有左右手足皆癱瘓者。乃氣血大虗也。有手足癱瘓口喎語澁等症者。乃血虛火盛也。大抵氣血乃一物。氣行則血行。氣旺則血旺。年至五十以上得此疾者。宜用鼎器進烝之術（方見後延年部）其人自已兼用積烝之方以補其虛行烝之法以導其滯或一百日或二百日立能却諸苦腦入快樂場

養浩生曰。積烝行烝之方云何。

真人曰。先令其人入室靜坐。或卧存神臍間。入一寸三分一呼一吸爲一息。調呼

吸三百六十息。然後住息。舌抵上腭。内氣不出。外氣不入雖無呼吸亦約定一呼一吸爲一息。量氣長短。得息多寡。必須默。記候氣稍急神運其氣自尾閭夾脊上升泥丸兼用鼻以氣提之。入口化爲井津後放下舌嗽之。分三口咽。如咽硬物送入臍間此名積烝也。此爲一遍。如是再起。每三遍後仍閉息運臍間所積之熱。置之痛處。或麻木處。左右旋繞。各三十六遍。或二十四遍。或十六遍。亦量長短氣急。仍運氣還臍。此名行氣也。每積氣三遍行氣一遍。爲一週自用念珠暗記。每次行五十週。或三十週日行數次。百日自能從原。兼用鼎器。其效更速。

虛癆第三

養浩生曰。癰瘓之外。莫甚於癆。其治云何

真人曰癆也者。勞也。久視傷血。久臥傷氣。久坐傷肉。久立傷骨。久行傷筋。或七情過多。或色慾越度。致令元炁不足。心腎有虧。漸致真陽虛損。相火隨旺。火旺則銷爍真陽。爲嗽爲痰。爲喘爲熱。爲吐血衄血。爲盜汗遺精。爲上盛下虛。手腳心熱。皮焦。午後怕寒。夜間發熱。或日夜不退。或慒雜怔忡。嘔噦煩燥。胸腹作痛。飽悶作瀉。痞塊虛驚。面白唇紅。頭目暈眩。腰背酸痛。四肢困倦無力。小水赤澁。皆係陰虛火動。水不上行。火不下降。故有種種疾患。悉宜用積炁之術。儻富足之家。雖年壯者。亦宜用鼎器進炁。或百日。或二百日。並能却諸苦惱。入快樂場。

養浩生曰。功夫與前異乎。

真人曰。異。癱乃攻其客邪。癆乃補其不足。其法純用文火。置病者。於極靜之處。滋味調理。飲食勻稱。仍上奉

祖師。以攝其邪妄之心。令其人在靜室中。或坐或臥。存神臍內一寸三分。先調極微三百六十息畢。舌抵上腭。內氣不出。外氣不入。雖無呼吸。亦約定一呼一吸

爲一息。量氣長短。得息多寡。必須默記。候氣稍急。神運其氣。自尾閭夾脊上升泥丸。兼用鼻以烝提之。入口化爲甘津嗽之。分三口。嚥如咽硬物。送入臍內。再調呼吸起。此係一遍。如胸中有痰。乃運臍間氣。自臍至胸。左右各運三十轉。或二十轉。或十六轉。量氣長短以爲多寡。每積烝三十遍。行烝一遍。如咳急。則積氣一遍。行焉一遍。候其不嗽。自用念珠暗記遍數。逐日行之。但呼吸出入之際。俱要微緩。心要閒靜。此文火也。

養浩生曰、儻虛症而吐諸血。奈何。

真人曰。功夫與前稍異。但一切血症。皆屬於熱。陽盛陰虛。火載血上行。錯經失血。故有吐血之症。均於行功時。先調文息。三百六十息。每調十息。少停咽氣三口。

皆如嚥硬物。用意引入臍內。腹中轆轆然響。此虛火下行之驗也。蓋臍乃脾經。脾爲五臟入脉之祖。內有八竅。能通諸絡。火既下行、血自不失。直至真能不血。方行積氣。行氣功夫。使邪氣釀爲真氣。各歸本經。自爾痊瘉。但行功每一遍畢。徹呵氣六口。後吸氣一口。嚥津入臍。此亦洩火添水之助也。

養浩生曰。儻虛症而麻木。奈何。

真人曰。功夫與前無異。但一切麻木。俱屬氣血兩虛。行功每一遍畢。用兩掌心。擦令極熱。遍身摸搓。乾沐浴之。令氣脈得通。自爾快樂。

養浩生曰。儻虛症而遺精。奈何。

真人曰。功夫不過同前。但一切夢遺。俱係邪客於陰。神不守舍。故心有所感。而后洩也。其洩有三。或少年氣盛鰥居。蓄念因感而洩。此洩如瓶之滿溢也。此還輕易。或心家氣虛。不能主宰。偶因本臟受熱。陽氣不收。此洩如瓶之側出也。此爲稍重。或臟腑虧弱。真元久斷。心不攝念。腎不攝精。此洩如瓶之罅而漏也。此爲最重。俱於前訣之外。未行功前。或夜半陽生時。急須披衣端坐。將左手捉住玉莖○提氣一百度○每氣一提○谷道一撮○使淫慾之水○不致下行○邪妄之火○不能下迸○然後行功○永絕夢遺之患○今人居常夢遺○宜用回陽法○其法每夜半子時分○陽正興時○仰臥瞑目○舌抵上腭○將腰拱起○用左手中指○頂住尾閭穴○用左手大指○頂住無名指根拳着○又將兩腿俱伸○兩脚十指俱摳起○提氣每一口○俱存想

其氣。自尾閭夾脊上升泥丸。慢慢下至中田。方将腰腿手脚。從容放下。不二三遍。陽即衰也。但凡世人於睡時。陽多興舉。清晨便溺赤色。雖不夢遺。亦是走陽。即大便時。亦能帶出。惟行功。使小便清踰泉水。方無走失。爾輩不可不知。

臟症第四

養浩生曰。虛癆之外。莫重於臟疾。其治

云何。
真人曰。原夫臌症。皆由脾胃之氣虗弱。不
能運化。致使水谷聚而不散。故成臌也。
或飲食失節。不能調養。則清氣下降。濁
氣填滿胸腹。溼熱相蒸。遂成脹滿。經曰
臌脹是也。中空無物。有似於鼓也。或怒
氣憂惱。鬱而不伸。使邪氣溢入旁經。日
積月累。久成玆疾。皆爲臌疾也。

養浩生曰。其法奈何。

真人曰。真氣長而邪氣自消。宜令病者。密室靜坐。瞑目握固。存神臍內一寸三分。調武火三百六十息。每三十六息呼氣六口。補氣六口調畢。舌抵上腭。內氣不出。外氣不入。雖無呼吸。亦約定一呼一吸爲一息。量氣長短。得息多寡。必須默記。俟氣稍急。神運其氣。自尾閭夾脊上升泥丸。兼用鼻以氣提之。入口化爲井津。分三口嚥如咽硬物。送入臍間。自用念珠暗記遍數。每次行五十遍。或三十遍。日行數次。凡行功畢。俱宜用掌心摸腹百十次。一月之外。自爾快樂。若臍凸肉硬。肚大青筋。足背手掌俱平者。或男從脚下腫上。女從頭上腫下者。並難治之。

膈噎第五

養浩生曰。臟症之外莫甚於膈。其治奈何。

真人曰夫膈有數種有氣虛而膈者。有血虛而膈者。有食積而膈者。有脾洩而膈者。有因痰而膈者皆係七情內傷。六淫外剋。或醉飽饑餓失節。或房勞過度。則脾胃虛而受傷。轉輸不及。穀難運化。故

陰自降。而陽自升。乃成天地不交之否
也。
養浩生曰。其治云何。
真人曰夫天地不交氣通則交。雖積氣令
脾元氣氤氳化其餘積。餘積既化。氣自
上升。相爲摩盪自爾通泰。宜令病者。密
室靜坐。瞑目握固調文火三十六息。咽
氣三口。用意墜下又調武火三十六息

咽氣三口。用意墜下。一文一武。周而復始共三百六十息終然後舌抵上腭內氣不出外氣不入雖無呼吸。亦約定一呼一吸爲一息量氣長短。得息多寡必須默記。不俟氣急速運氣上胸膈左右運三十遍或二十遍或十六遍畢。送氣歸臍。提上尾閭夾脊升泥丸。兼徹用鼻以氣提。入口化爲井津。分三口。嚥如咽硬物。送入臍内。此係一遍。暗用念珠記之每次行五十遍或三十遍。日行數次不過一月自爾快樂兼用鼎器。其効更速。

寒疾第六

養浩生曰膈症之外莫重於寒。其疾奈何

真人曰。寒者天地殺厲之氣。因人於冬失

於調理。此氣入肌膚。伏乎榮衛。至春因
温暖氣逼而成疾。曰温疾。至夏因暑熱
之氣逼而成疾。曰熱疾。總之寒也。至於
疫厲。稍有不同。蓋春應温而反凉。夏應
熱。而反冷。秋應凉而反熱。冬應寒而反
温。有此四時不正之氣。故有瘟疫。其法
俱於将起。發寒作熱。及頭眩眼脹。腹悶
胸飽。四肢作倦。即爲寒疾。将發時速依

法治之。汗出自爾快樂。
養浩生曰。其法云何。
真人曰。令病者厚着衣服。瞑目握固。存神
臍內一寸三分。武火調息三百六十息。
每三十六息一呵。呵出口中熱氣。勿使
上攻眼目。每呵畢。嚥津補之。調畢。舌抵
上腭。內氣不出。外氣不入。雖無呼吸。亦
約定一呼一吸爲一息。量氣長短。得息

多寡。必須默記。候氣稍急。神運其氣。自
尾閭夾脊上升泥丸。兼用鼻以氣提之。
入口化爲井津。漱之分三口嚥下。如咽
硬物。送入臍間。再調呼吸起。如此五十
遍。或三十遍畢。用兩手擦面令極熱。次
兩大指背擦兩目。次用兩大指背擦鼻
兩邊。仍閉目呵氣三口。嚥漱津液三口
補之。行功既完，方搓熱兩手心。将身曲

膝側臥。将兩熱手緊抱陰囊。閉息而臥。皆用武火。所謂武火者。心神欲奮。呼吸欲猛。兩齒緊咬。筋骨强立是也。如此行功。方得汗出。寒邪自去。如未大便。又有他法。

養浩生曰。如欲大便。又有何法。

真人曰。儻寒疾雖經出汗。然猶未便。即係寒邪有未净處。切不可亂飡飲食。可於行積氣功夫。一完時。便須住意中宮。閉息少頃。神運其氣。自中宮至腎。即提至喉。又送下腎。如此數十次。凡下即用力嚥。上即用力提。不六七遍。腹中自轆轤然響。自然便也。如此行持。自爾快樂。

痰症第七

養浩生曰。寒症之外。莫甚於痰。其治云何。

真人曰。痰乃穢濁之物。火痰黑色。老痰膠色。濕痰白色。寒痰清。其病亦自多端。或頭暈目眩耳鳴。或口眼蠕動眉稜骨痛。耳輪俱痒。或四肢游風腫硬。或齒浮而痛痒。或噫氣吞酸。心下嘈雜。或痛或噦。或咽嗌不利。咯之不出。嚥之不下。其痰似黑墨。如破絮桃膠。蜆肉之狀。或心下如停冰。心氣冷痛。或夢奇怪之狀。或足軟脘酸。或腰腎骨節卒痛。或四肢筋骨疼痛。或手足麻痺臂痛。狀如風濕。或脊上一條。每日如紅線起。或渾身習習。如卧若刺。或眼粘澀癢。口噤喉痺。或繞項結核。或胸腹間。如有二氣結紐噎塞煩悶。或喘嗽嘔吐。或吐冷涎。綠水黑汁。甚爲肺癰瘡毒。皆痰所致。依法行持。立躋快樂。爾其識之。

養浩生曰。其法云何。

真人曰。醫書云。善治痰者兼治氣。且百病中。多有兼痰者。世所不知也。宜令病者。不拘早晚。安坐瞑目。存神臍間一寸三分。調息先文後武。三百六十息。每三十六息。運胸間氣一次。調畢。舌抵上腭。内氣不出。外氣不入。雖無呼吸。亦約定一呼一吸爲一息。量氣長短。得息多寡。必須默記。俟氣稍急。神運其氣。自尾閭夾脊上貫泥丸。兼用鼻以氣提之。入口化爲井津。分三口嚥。如咽硬物。送入臍中三次。後如前法。運胸間氣一次。自用念珠暗記。每次行五十遍。或三十遍。日行數次。百日之内。自能復原。

養浩生曰。胸膈有痰氣脹痛者。何也。

真人曰。此痰與氣相結也。如不速治。必有

膈噎。依前法行持。自爾快樂。

養浩生曰。渾身有腫塊者。何也。

真人曰。此係淫痰流注經絡。大凡人骨體患痛。或作寒熱者。皆是此症。依前法行持。自爾快樂。

養浩生曰。痰在胸膈間痛。而有聲者。何也。

真人曰。此名痰飲。乃死血與痰相結而成。

依前法行持。自爾快樂。

養浩曰。人身上下結核不散者。何也。

真人曰。此痰塊也。依前法行持。自爾快樂。

養浩生曰。咳嗽吐黄痰者。何也。

真人曰。此脾胃有熱也。依前法行持。自爾快樂。

養浩生曰。咯吐黑痰成塊者。何也。

真人曰。此勞傷心腎也。依前法行持。自爾

快樂。

養浩生曰。痰症之中。又有咳嗽哮吼喘急。其治亦與此同乎。

真人曰。治法稍異。但痰而無聲者。用武火。痰而有聲者。用文火。如喘急不能行積炁工夫者。宜令其人以舌拄上腭。取華池神水。漱滿口吞下。用意墜至下田。送出大便。連吞十數口。少停又吞。清晨仍空心服童便二三甌。自然水潤火降。氣息寧帖。方行前功。補完精氣。永絶痰火之症。按咳嗽之患。四季不同。春是上升之氣。夏是火炎上。秋是濕熱傷肺。冬是風寒外束。各因時而文武之。喘者。因火所鬱。痰在脾胃哮吼。乃肺竅中有痰氣也。宜用后法墜之。自爾快樂。

脾胃第八

養浩生曰。痰喘之外。莫甚於脾胃。其治
云何。
真人曰。夫脾者。五臟八脉之總関也。居常
薄滋味。節飲食。則氣得周流。一身順暢。
居常。滋味過厚。飲食過多。則填塞脾間。
傳送不及。故壅滯而成病。久則作痞。脹
痛難消。故惡心不食。噯氣作酸。下洩臭
屁。或腹痛吐瀉。重則發熱頭痛。皆由傷

於食也。

養浩生曰。其法云何。

真人曰。氣盛則脾盛脾盛則諸臟宣通。食氣自消。宜令患者入室靜坐。瞑目握固。存神臍內一寸三分調武火三百六十息。每三十六息補氣一口。呼氣一口先呼後補。調畢舌抵上腭。內氣不出。外氣不入。雖無呼吸。亦約定一呼一吸爲一息。量氣長短。得息多寡。必須默記。候氣稍急神運其氣自尾閭夾脊上貫泥丸。兼用以氣提之入口漱爲井津。分三口嚥。如咽硬物送入臍中。如此數次。自然打嗳。凡嗳時仍用口呼氣三口。補氣三口。自用念珠暗記每行五十週。或三十週日行數次輕則目下立愈。痞疾之類。一月復原。

養浩生曰。飲食不思痞悶者。何也。

真人曰。廼胃寒也。依前法行持。自爾快樂。

養浩生曰。飲食不化作飽者。何也。

真人曰。廼脾虛也。依前法行持。自爾快樂。

養浩生曰。飲食自多者。何也。

真人曰。廼胃間伏火也。依前法行持。自爾快樂。

痔疾第九

養浩生曰。瘡疾之內。莫甚於痔。其治云何。

真人曰。腸熱爲痔。凡人九竅中。但有小肉突起。皆曰痔。不特於肛門邊爲然。醫家分痔爲五種。乃牡牝脉腸氣是也。牡痔者。肛門邊發露肉珠。狀如鼠奶。時時滴潰膿血。牝痔者。肛門邊生瘡腫突出。一日數枚。膿潰即散是也。脉痔者。腸口顆類發癗。且痛且痒血出淋漓。腸痔者。肛門內結核有血寒熱往來。登溷脫肛氣痔者。遇怒則發肛門瘇痛。氣散則愈。又有酒痔。每遇飲酒發動。瘡即瘇痛而流血血痔者。遇大便則血出而不止也。久而不治。必穿爲漏

養浩生曰。其法云何。

真人曰。此疾蓋因邪熱之火下降而與氣

凝結。治夫此者。宜提邪火化爲真氣。宜
令病者。密室静坐慎喜怒。薄滋味。及五
辛煿炙酒蘖諸物。然後隨令其人。安神
臍内一寸三分調文火三百六十息。每
三十六息。撮穀道提氣六口。隨呼出其
氣三口。補氣三口調畢。舌抵上腭。内氣
不出。外氣不入雖無呼吸。亦爲定一呼
一吸爲一息。量氣長短。得息多寡。必須

默記。候氣稍急。仍撮谷道。提氣三口。乾嚥氣一口。神運其氣。自尾閭夾脊上升泥丸。兼用鼻以氣提之。入口化爲井津。分三口嚥。如咽硬物。送入臍中。自用念珠暗記遍數。每行五十週。或三十週。日行數次。或十日。或半月。令其病者。自爾快樂。

種子第十

養浩生曰。時俗之人。艱於子嗣。其治云
何。
真人曰。種子之法。亦不過一氣。故氣合則
成胎。氣不合則不成胎。氣雖合焉。間有
其人精氣衰弱。故雖生而亦不育。雖育
而亦不長。雖長而亦多疾病。經云。順則
成人。逆則成丹。老子云。凡人生多疾病
者。是風日之子。生而早死者。是晦日之

子。在胎而傷者。是朔日之子。生而母子俱死者。是雷霆霹靂日之子。能行步有知而死者。是下旬之子。兵血死者。是月水盡之子。又是月蝕之子。能胎不成者。是弦望之子。命不長者。是大醉之子。不癡必狂者。是大勞之子。生而不成者。是平曉之子。意多恐悸者。是日出之子。好爲盜賊貪欲者。是禺中之子。性行不良者。是日中之子。命能不全者。是日映之子。好詐反妄者。是晡時之子。不喑必聾者。是人定之子。天地閉。氣不通。其子死。夜半中合會陰陽。生子上壽賢明。夜半後合會。生子中壽聰明智慧。雞鳴合會。生子下壽尅父母。此廼天地之常理也。今人或因無嗣。廣置侍妾。以致真陽之乏。因過於交合。胎愈不成。或服熱藥過多。焼竭真氣。枯渣之質。胎亦不成。悲哉。求嗣首於寡欲。寡慾則相火伏。而君火用事。精壯氣盛。更選經調脉和之女。一交必成胎也。螽斯之法。此其宜焉。

養浩生曰。其法云何。

真人曰。首宜培根。培根者。培氣也。氣爲人之根本。宜令其人。擇日入室。選定滋味。絕慾除梦。安神臍内一寸三分。調文火三百六十息。每三十六息嘫氣六口。日行四遍。得氣二十四口。如此三口。共得氣七十二口。三日之後。方調息起。亦三百六十口。每二十六息。嘫氣三口。調畢。舌抵上腭。內氣不出。外氣不入。雖無呼吸。亦約定一呼一吸爲一息。量氣長短。得息多寡。必須默記。俟氣積急。神運其氣。自尾閭夾脊上升泥丸。兼用鼻以氣提之。入口化爲井津。分三口嚥。如咽硬物。送入臍間。自用念珠暗記。每行五十週。或三十週。日行數次。百日後。方用調經如法之昂一交即生男。聰慧壽康永得快樂。

養浩生曰。交感有候乎。

真人曰。有。大約用婦人經水净時。經有兩日半净者。有三日净者。点有血旺之女。

六七日始浄者。不可拘定。但用潔白緜。或帛夾之寳田户内。取而目之。金色者。乃佳期也。鮮紅者。未浄不潔也。淺淡者。大過也。如金色。乃新紅已生。於此交合。再無不成。若先期而交。則金水太盛。子宫淤塞。無受精之處。後期而交。則子宫已閉。施精亦無門而入。又云。單日成男。雙日成女。四日已後不成矣。施精要子時中。方可。
養浩生曰。今種子家。有⿱雨鈎⿱雨縮⿱雨孚⿱雨提⿱雨吸⿱雨閉六訣者。何也。
真人曰。此訣雖善。但元陽之洩。疾若奔馬。安可使之停止。且精在身中。本屬一氣。洩而爲精。已有形也。如勉强收入。後洩。倍於尋常。是使至陽之氣。變爲駁雜之物。安可種子。脫如欲洩不洩。輕則爲淋。

重則爲毒。所謂火發必刻者。是也。安可
從之。
養浩生曰。又有轉女成男之法。其意何
居乎。
真人曰。此皆意外之奇譚。不可以常理測
者也。其術亦不一。或傳東南桃作斧柄。
置孕婦牀下。刄向上。勿令人見。則男胎
可成者。或傳弓弦繫腰百日。内可轉女

成男者。或傳雄雞長尾。揷二莖於牀下。轉女成男者。或有佩雄黃者。益即古佩宜男萱艸之遺法也。擴而論之。人之陽氣旺成男。衰成女此理甚明。設衰弱之人。總佩仙艸。何濟於事。

瘧症第十一

養浩生曰。種子之外。疾莫甚於瘧。其治何也。

真人曰。瘧也者。外感風寒暑濕。内傷飲食勞倦。或饑飽色欲過度。以致脾氣不和。痰留中脘。夫無痰不能成瘧。瘧将来時。呵欠怕寒。手足皆冷。發寒戰。大熱口渴。頭痛腰胯骨節酸疼。或先寒後熱。或先熱後寒。或單寒單熱。或寒多熱少。或熱多寒少。一日一發者。受病淺也。間日一發者。與二日連發。三日一發者。皆受病瘥也。俗用截瘧諸法。截者。止也。謂止之而不發也。如火在草上。去火則艸不焚。如强以物壓之。必作他患。寧可截之乎。

養浩生曰。其法奈何。

真人曰。宜先養正氣。而客邪自去。宜令病者。於未發之先。密室靜坐。重衣厚服。着令極煖。方瞑目握固。存神臍間。調武火三百六十息。每三十六息一嚥。調畢。舌抵上腭。內氣不出。外氣不入。雖無呼吸。亦約定一呼一吸爲一息。量氣長短。得息多寡。必須默記。候氣稍急。神運其氣。自尾閭夾脊上升泥丸。兼用鼻以氣提之。入口化爲甘津。分三口嚥如硬物。咽之送入臍中。自用念珠暗記。每行五十週。或三十週畢。便以兩掌搓熱極。抱住陰囊。側身閉息而卧。日行數次。不二三日。自爾快樂。但呼吸出入之間。俱要武火。務令汗出。使邪氣從十萬八千毛孔出。方爲的訣。

養浩生曰。或有成瘧母者何也。

真人曰。元炁衰憊。則成瘧母。或當發瘧日。不擇生冷葷腥。停食在腹。皆能成之。治法不過如前。但凡瘧症增寒者。宜用火觀法。增熱者。宜用水火觀法。

養浩生曰。敢問何謂水火觀法。

真人曰。凡行水觀法。先令病者行前功。外便如前瞑目。不必舌抵上腭。定息移神湧泉穴中。存此穴內。有一徑寸水。少頃流出浸足。清涼如冰。洞心徹骨。少頃又浸至膝。以至浸胸浸頂。及六合上下。皆化爲水。并無此身。呼吸之間。覺有冷氣。

一二日。熱症自退。其火觀法。亦復如是。此法不止治瘧一切寒熱。均可治之。

痢症第十二

養浩生曰。瘧症之外莫甚於痢。其治奈何。

真人曰。痢也者。皆由脾胃失調。飲食停滯。積於腸胃之間。多是夏月暑濕傷脾。平日則大腸積熱。故作斯疾。初起之時。肚腹疼痛。大便裹急後重。小水短赤不長。
便爲痢疾。
養浩生曰。其法奈何。
真人曰。其法大抵宜調元炁。元炁足。而暑
濕腸熱自除。宜令病者。密室靜坐。瞑目
握固。存神臍内一寸三分。調文息三十
六度。嘸氣一口。三文一武。足三百六十
息畢。舌抵上腭。内氣不出。外氣不入。雖

無呼吸。亦約定一呼一吸爲一息。量氣長短。得息多寡必須默記。候氣稍急神運其氣。自尾閭夾脊上升泥丸。兼用鼻以氣提之入口化爲井津。漱之分三口嚥如咽硬物送入臍間。自用念珠暗記遍數。凡未行此法之先。須令其人瞑目握固。極力提氣五十口。方行前功。如此或五十遍。或三十遍逐日行數次。不必半月。自爾快樂。

養浩生曰。疾有不同者。何也。

真人曰。大抵痢疾均屬脾胃。有噤口者。迺脾虛脾熱也。痢如菉豆汁者。迺濕氣傷脾也。痢作痛者迺熱流下而傷脾也。虛坐努力者。迺血虛而脾無力也。一依前法行持。自爾快樂。

呃逆噯氣第十三

養浩生曰。呃逆噯氣之症。有以異乎。
真人曰。異。呃逆。廼胃火上衝。而逆隨口應
又有自臍下上直出於口者。廼陰火上
衝也。俗名打呃是也若夫噯氣者。廼胸
膈之氣上升也有胃中有火而噯者有
胃中有痰而噯者。有胃中有寒而噯者。
總而言之。法當理氣氣理則呃逆噯氣
之症。均可除也。

養浩生曰其法奈何。
真人曰。凡有此般疾症。皆係邪氣逆行。首宜降邪氣。次宜積真氣。真氣既積。則五臟之氣。各自歸宗。自然其疾如同冰觧。先令病者密室靜坐。瞑目握固。存神臍内一寸三分。調文火。每三十六息一嚥。如咽極硬之物。用意墜下。至於下田。如巨石沈海之狀。如此三百六十息畢。舌抵上腭。內氣不出。外氣不入。雖無呼吸。亦約定一呼一吸爲一息。量氣長短。得息多寡。必須默記。俟氣稍急。神運其氣。自尾閭夾脊上升泥丸。兼用鼻以氣提之。入口化爲甘津。漱之分三口嚥。如咽硬物。送入臍中自用念珠暗記遍數。如此或五十遍。或三十遍。日行數次。自爾快樂。不必半月

吞酸第十四

養浩生曰。吞酸之症。有以異乎。

真人曰。異。有吞酸。有吐酸。吞酸者。乃酸水刺心也。吐酸者。乃吐出酸水也。俱飲食入胃。脾虛不能運化。鬱積已久。溼中生火。濕熱相蒸。故相蒸而作酸也。一依前法治之。自爾快樂。

嘈雜第十五

養浩生曰。嘈雜之症。有以異乎。

真人曰。異。夫嘈雜者。俗謂之心嘈也。其疾有三。有因胃中痰爲火動而嘈者。有因心血少而嘈者。有因食鬱而嘈者。俱宜先降邪氣。邪氣既降。則火自然清。氣自然平。而氣降也。疾寧不痊乎。一依前法治之。無不快樂者。

怔忡第十六

養浩生曰。或有其人無事。快快若奮若怒。此屬何疾。

真人曰。此七情不平。而生客氣也。夫氣之在人身。宜周流順適。不宜擊發扼送。若七情内攻。過於喜則氣散。過於怒則氣逆。過於憂則氣陷。過於思則氣結。過於悲則氣消。過於恐則氣怯。過於驚則氣耗。若六感外淫。風傷氣則爲疼痛。寒傷氣則戰慄。暑傷氣則爲熱悶。濕傷氣則腫滿。燥傷氣則爲閉結。大抵一身之中。氣爲之主。若內氣有餘。客邪中伐。不覺奮怒。久而不治。侵胸則爲膈。侵腹則爲臌也。

養浩生曰。其法奈何

真人曰。內氣乃無形無跡之物。欲調內氣。先調呼吸。蓋呼吸者標也。祖氣者本也。

治其標而本自寧。宜令患者密室靜坐。平心和氣。瞑目握固。存神臍間一寸三分。調文火每三十六息。不必舌抵。住息於却四火。存此神充滿虚空。氣稍急。從新又調。候三百六十息畢。方舌抵上腭。内氣不出。外氣不入。雖無呼吸。亦約定一呼一吸爲一息。量氣長短。得息多寡必須默記。候氣稍急。神運其氣。自尾閭夾脊上升泥丸。兼用鼻以氣提之。入口化爲井津。漱之分三口嚥。如咽硬物。送入臍間。自用念珠暗記遍數。或五十遍。或三十遍。日行數次。不必半月。自爾快樂。

積聚第十七

養浩生曰。嘗觀今人。又有積聚者。其病云何。

真人曰。醫家有五積六聚。五積者。五臟所積也。六聚者。六腑所聚也。積有常形。迺血結所成。血故有形也。聚無定位。迺氣結所成。氣故無形也。又有積塊。乃痰與食積死血所成也。大約中爲痰塊。左爲血塊。右爲食積。不可不知也。

養浩生曰。其治奈何。

真人曰。治法與痞疾頗同。但此疾。三運氣。

而一積氣。朝暮行之。不必一月。自爾快樂。

疸症第十八

養浩生曰。積聚之外。莫甚於疸。其疾奈何。

真人曰。夫疸。有黄汗有黄疸。有酒疸。有穀疸。有女勞疸。其名雖有五。俱是脾胃水穀溼熱相蒸。故爾腹胸飽悶。面目俱黄。

小水短赤。如皂莢汁者。就如侖麯相似。故濕熱而生黄也。用功到小水清白時。其疾即愈也。

養浩生曰。其治奈何。

真人曰。宜令病者密室静坐。瞑目握固存神臍内一寸三分。調文火三百六十息。每三十六息呼氣三口。補氣三口。調畢。舌抵上腭。内氣不出。外氣不入。雖無呼吸。亦約定一呼一吸為一息。量氣長短。得息多寡。必須默記。伺氣稍急。神運其氣。自尾閭夾脊上升泥丸。微用鼻以氣提之。入口化為井津。漱之分三口嚥。如咽硬物。送入臍間。自用念珠暗記遍數。或五十遍。或三十遍。日行數次。或半月。或二十日。自爾快樂。

霍亂第十九

養浩生曰。常見世人有霍亂之疾者。何
也。
真人曰。夫霍亂者。有溼亂。有乾亂。此症皆
由內傷生冷。外感風寒暑溼。而成霍亂。
其疾忽然心腹疼痛。或上吐。或下瀉。或
吐瀉齊作。攪亂不安。四肢厥冷。六脉沈
欲絶。此名濕霍亂。俗名爲虎狼病是也。
因風則怕風有汗。因寒則怕寒無汗。因

暑則煩燥熱悶。因溼則身體重著。因食則胸膈飽悶。若吐瀉。煩渴不止。厥冷痛甚。轉筋入腹者死。此疾夏月因伏暑熱霍亂吐瀉者甚多。其乾霍亂者。忽然心腹攪痛。手足厥冷。六脈沈細。欲吐不得吐。欲瀉不得瀉。陰陽乖隔。升降不通。俗名之爲攪腸沙也。此爲難治。若吐瀉不出。胸腹脹硬。面白唇青。手足冷過肘膝。

六脉伏絕。氣息喘急。舌乾囊縮者。死症
也。
養浩生曰。其治奈何
真
人曰。此二種疾出於倉卒。急用功爲難。
如素有此疾者。或疾將起之時。速令病
者。密室靜坐。瞑目握固。存神臍間一寸
三分。細細調息。切勿氣息粗索。動其病
處。如此調三百六十息。每三十息。輕輕

呼出三口。微微補氣三口。調畢。舌抵上
腭。內氣不出。外氣不入。雖無呼吸。亦約
定一呼一吸爲一息。量氣長短。得息多
寡。必須默記。俟氣稍急。神運其氣。自尾
閭夾脊上升泥丸。兼用鼻輕以氣提之。
入口化爲甘津。漱之分三口嚥。如咽硬
物。送入臍間。自用念珠暗記遍數。或五
十遍數。或三十遍數。頃刻之間。自爾快

樂。如此功不能行，則止。令病者存神臍間，住。息定氣，氣。急調息。又爲使其臟腑安靜，脉。絡各定，自。然快樂。

嘔吐第二十

養浩生曰：或有其人本無疾病，忽然之間，常。作嘔吐者，其。病何也。

真人曰：吐有數種，總皆胃氣受傷，故。有嘔噦清水冷涎者，是寒吐也。有煩渴而嘔噦者。是熱吐也。有嘔噦痰者。是痰火也。有飽悶作酸嘔吐者是停食也。均屬胃氣病也。久而不治必成翻胃。

養浩生曰其法奈何。

真人曰胃者脾之門户脾者。胃之根本也。如胃氣受傷。脾氣必絶。脾氣絶。而人能生乎。如脾氣堅固胃氣必强。胃氣强而病能生乎。此疾首降下胃氣。方可積氣歸脾。宜令病者。密室靜坐。瞑目握固。存神臍內一寸三分。先調文息三十六息。呼氣三口。補氣三口。於補氣時。極力嚥下。如咽最硬之物墜下丹田。方又調武息三十六息。如前呼補。三百六十息畢。方舌抵上腭。內氣不出。外氣不入。雖無呼吸。亦約定一呼一吸爲一息。量氣長短。得息多寡。必須默記。候氣稍急。神運其氣。自尾閭夾脊上升泥丸。兼用鼻以氣提之。入口化爲井津。漱之分三口嚥。如咽硬物。送入臍間。自用念珠暗記遍數。或五十遍。或三十遍。日行數次。或半月。或廿日。病根除。真氣實。永爾快樂。

頭痛第二十一

養浩生曰。今人多有頭痛之疾。其病何也。

真人曰。頭爲諸陽之首。其痛有各經之不同。有氣虛而頭痛者。耳鳴。九竅不利也。有溼熱而頭痛者。頭重如石屬濕也。肥人頭痛者。多是氣虛溼痰也。瘦人頭痛者。多是血虛痰火也。遇風寒噁心嘔吐頭痛者。乃頭風也。凡頭痛偏左者。屬風與血虛也。偏右者。屬痰與氣虛也。左右俱痛者。氣血兩虛也。頭旋眼黑噁心者。

痰厥頭痛也。偏正頭痛者。風氣上攻也。頸項强痛者。風邪所干也。眉稜骨痛者。風熱並痰也。頭痛而起核塊者、名雷頭風也真頭痛乃腦盡而痛爲不可治其痛時手足冷至節者不治之也

養浩生曰。其治云何。

真人曰。大抵頭爲衆陽聚會之所。痛者均是客邪不能。下降真氣不能上達。故作

疼痛。宜令其人密室静坐。瞑目握固。存神臍間一寸三分調文火三百六十息。每三十六息嚥氣一口。如咽硬物。直墜至下田。調畢舌抵上腭内氣不出外氣不入雖無呼吸亦約定一呼一吸爲一息量氣長短得息多寡。必須默記。俟氣稍急神運其氣自尾閭夾脊上升泥丸兼用鼻以氣提之入口化爲井津潄之分三口嚥。如咽硬物。送入臍間。自用念珠暗記遍數。或五十遍。或三十遍日行數次或二十日或三十日。自爾快樂益氣也血也風也痰也火也。溼也均統於氣氣既下行則諸邪皆隨之而下降故先用嚥降之法氣既降。不更積其氣則此下之物。必不堅固故后必積此真氣以充滿之。堅固之而已。此祛頭痛之全法也。

耳聾第二十二

養浩生曰。今人多有耳聾之疾者何也。真人曰。耳迺腎之外竅。腎氣虛則耳聾。或耳鳴各有所感。左耳聾者。忿怒動膀火也。右耳聾者。色慾動相火也。兩耳俱聾者。厚味動胃火也。兩耳腫痛者。腎經有風熱也。出膿。亦係風熱。有氣閉耳聾者。

氣通則已。

養浩生曰。其治奈何。

真人曰。大抵五臟之病。莫先補氣。腎尤急焉。積氣儻久。氣自生液。液自歸腎。腎經既旺。耳自通明。宜令病者。密室靜坐。瞑目握固。存神臍間一寸三分。調文火三個三十六息。方調武火一個三十六息。如此排匀。調畢。舌抵上腭。內氣不出。外氣不入。雖無呼吸。亦約定一呼一吸爲一息。量氣長短。得息多寡。必須默記。俟氣稍急。神運其氣。自尾閭夾脊。上升泥丸。兼用鼻以氣提之。入口化爲甘津。漱之。分三口嚥。如咽硬物。送入臍中。自用念珠暗記。或三十遍。或二十遍。畢。即用兩手抱頭掩耳。用中食二指輪擊腦後百數。方咽乾氣五口。或七口。極力用意。

墜至下田。日行數次。不必一月。自爾快樂。

丹亭真人盧祖師廣胎息經卷之二

却病部二 静功

舌病第二十三

養浩生曰。嘗聞舌乃心苗。今人或舌强舌瘡。其疾云何。

真人曰。以部位言之五臟皆有所屬。以症候言之五臟皆有所主。如口舌瘇痛。或狀如無皮。或發熱作渴。爲中氣虛熱。若眼如煙觸。體倦少食。或午後益甚。爲陰血虛熱。若咽痛。舌瘡。口乾。足熱。日晡益甚。爲腎經虛火。若四肢厥冷。惡寒飲食。或痰盛目赤。爲命門火衰。若發熱作渴。飲冷。便閉。爲腸胃實火。若發熱惡寒口乾。喜湯。食少。身體作倦。爲脾經虛熱。若舌作强。顋頰瘇。爲脾經溼熱。若痰盛作渴。口舌瘇痛。爲上焦有熱。若思慮過度。

口舌生瘡。咽喉不利。爲脾經血傷火動。若恚怒過度。作寒發熱。而舌腫痛。爲肝經血傷火動。今人見有舌症者。即執之爲心火。是未聞上項疾症者也。舌之下有兩穴。一名金津。一名玉液。此津液所生之門户。醫家名爲濂泉穴。是也。

養浩生曰。其法云何。

真人曰。此數端疾。皆屬内熱。因水不能潤

火。故火益熾。而水益枯。法當積炁。積炁既久。自能生水。水盛則火衰。心火不燥。舌病何生。宜令病者。密室靜坐。瞑目握固。調文火三百六十度。每三十六度一呵一補。一嘸一漱。調畢。舌抵上腭。內氣不出。外氣不入。雖無呼吸。亦約定一呼一吸爲一息。量氣長短。得息多寡。惟欲增息。不欲減息。皆係自然。而非矯强。必須默記。候氣稍急。神運其氣。自尾閭夾脊上升泥丸。兼用鼻以氣提之。入口化爲井津。分三口嚥。如咽硬物。送入臍中。自用念珠暗記遍數。或五十遍。或三十遍。日行數次。不四五日。自爾快樂。

養浩生曰。或有口舌生瘡。咽喉腫痛。燥渴便閉者。何也。

真人曰。此三焦實火也。宜先呵氣不出聲

直俟口中微生凉液。便漱嚥之。行此功一日。或半日。再依前行功。自爾快樂。

養浩生曰。或口舌生瘡。發熱惡寒。勞則體倦。不思飲食者。何也。

真人曰。此中焦虛火也。宜先依前積烝補虛。暑帶呵氣洩火。自爾快樂。

養浩生曰。或口舌生瘡。惟喜飲湯。不食者何也。

真人曰。此胃氣虛。不能化生津液也。止依前法積烝。烝盛則胃實。自無此患。

養浩生曰。或口舌生瘡。飲食少思。大便不實者何也。

真人曰。此中氣虛也。止依前法積烝。烝生真液。可無此患。

養浩生曰。或口舌生瘡糜爛。晡時内熱者何也。

真人曰。此血虛有火也。但能清心定慮。行前補烝功夫。自爾快樂。

養浩生曰。或口舌生瘡。食少。便滑。面黄肢冷者何也。

真人曰。此火盛土虛也。亦宜積烝。烝盛則脾旺。脾旺則此等症候。自能蠲除。

養浩生曰。或口舌生瘡。日晡發熱作渴。唾痰小便頻數。者何也。

真人曰。此腎水虧損。下焦陰火也。亦宜積烝。烝旺則真水日增、邪火日滅。其作渴唾痰。自爾痊好。

養浩生曰。或口舌生瘡。口臭牙齦赤爛。腿膝痿軟。及口醎者何也。

真人曰。此腎經虛熱也。大抵此症口苦者心熱也。口淡者脾熱也。口辣者肺熱也。口醎者腎熱也。口酸者肝熱也。呑酸與口酸不同。呑酸者呑吐成酸。口酸者不呑吐而時覺其酸也。凡有此數症。各隨六字。一洩一補。後行積炁功夫。自爾快樂。

齒症第二十四

養浩生曰。牙者人之関鍵也。間有痛者。其疾云何。

真人曰。齒痛雖病根不一。然齒者骨之餘。

骨。則腎所主。大約以培腎爲首務。氣增則腎旺。自然之理也。其疾雖有因胃火而痛者。有因風熱而痛者。如開口呷風則痛甚者。此腸胃中有風邪也。開口則臭氣不可聞者。此腸胃中有積熱也。遇食而痛者。此腸胃中有溼熱也。牙齦宣露者。此胃中有客熱也。齒搖動者。腎元虛也。今人每一牙痛。或用藥燻。或用藥擦。或用藥漱。或用藥點。非不能奏俄頃之效。然終非自本自根之法也。

養浩生曰。其法奈何。

真人曰。先宜洩其餘。隨洩隨補。使元氣日固。正如種植。下加澆灌。上加修葺。自然患除。宜令患者。密室静坐。瞑目握固。存神臍間一寸三分。調文息三百六十度。每十息三呵三補。調畢。舌抵上腭。内氣不出。外氣不入。雖無呼吸。亦約定一呼一吸爲一息。量氣長短。得息多寡。惟欲增息。不欲減息。皆係自然。而非矯强。必須默記。候氣稍急。神運其氣。自尾閭夾脊上升泥丸。兼用鼻以氣提之。入口化爲井津。漱之分三口嚥。如咽硬物。送入臍間畢。仍呵氣三口。補氣三口。自用念珠暗記遍數。或五十遍。或三十遍。日行數次。或半月。或二十日。自爾快樂。

目症第二十五

養浩生曰。人之有目。所以明瞭事物也。設有疾症。果有別乎。

真人曰。有別。夫目爲五臟之精華。一身之寶鑑也。故視五臟。以分五輪。借八卦以名八廓。五輪者。肝屬木曰風輪。在眼爲烏睛。心屬火曰火輪。在眼爲二眥。脾屬土曰肉輪。在眼爲上下胞。肺屬金曰氣輪。在眼爲白睛。腎屬水曰水輪。在眼爲瞳子。至若八廓。無位有名。脾之腑爲天廓。膀胱之腑爲地廓。命門之腑爲水廓。小腸之腑爲火廓。腎之腑爲風廓。脾之腑爲雷廓。大腸之腑爲山廓。三焦之腑爲澤廓。此雖爲眼目之根本。而面爲包絡。或因五臟。蘊藏風熱。或因七情。鬱結胸臆以致上攻眼目。各隨五臟所屬而爲之病。或瘇赤而痛。或羞明怕日。或癮澁難開。或雲翳或內障。或白膜遮睛其症七十有二焉。

養浩生曰。治法奈何。

真人曰。症雖七十有二。不過主於五臟。五臟之中。炁爲之主。惟宜積炁清心。故念念歸中。則上者必下。氣氣歸根。則鬱者必消。以致氣海盈滿。必傳達五臟六腑。五臟六腑之炁既滿。則風邪熱毒安能少存。正如太陽當天。群陰消散也。故惟此一炁。風可驅散。熱可清涼。氣結者可調順。翳者可祛除。腫痛者可消。赤爛者可退。除老者日用昂器外。凡遇中年得此疾者。宜令其人。密室靜坐。瞑目握固。存神臍間一寸三分。調文息三百六十度。每十息噓氣三口。補氣一口。調畢。舌抵上腭。內氣不出。外氣不入。雖無呼吸。亦約定一呼一吸爲一息。量氣長短得息多寡。惟欲增息不欲減息。皆係自然。而非矯强。必須默記。候氣稍急。神運其氣自尾閭夾脊上升泥丸。兼用鼻以氣提之。入口化爲井津分三口嚥。如咽硬物。送入臍中。自用念珠暗記遍數。或五十遍。或三十遍。日行數次。行畢。用兩大指背第二節擦熱，熨眼數十次。擦畢。呵氣三口。補氣一口，或又令人擦兩足湧泉穴。亦呵炁一口。補炁一口。輕者半月。或二十日。重者或一月。或百日。自爾痊愈。凡內障必至關竅開通。方得快樂。養浩生曰。小眥赤。兼之紅肉堆起者。何也。

真人曰。心經虛熱也。惟宜積炁補虛。虛既補而熱自除，又復奚患。

養浩生曰：大背赤。紅肉堆起者。何也

真人曰：心經實熱也。先宜端坐。焚官香一炷。視香有灰即吹之。如此吹三香。方照前行積炁法。其疾自瘳。

養浩生曰。烏白翳障者。何也。

真人曰。肝病也。宜先用噓字導洩之。次照

前積烝。方得快樂。凡係五臟。餘皆宜照此類推。如白珠紅筋翳膜者。肺病也。上下睛胞如桃者。脾病也。迎風出淚坐起生花者腎病也皆照前先用字引導后用功補全。

養浩生曰。目赤而痛者何也。

真人曰。乃肝經實熱也。宜用噓字先洩之。后方依前積烝補全。方可痊愈。

養浩生曰。蓋明怕日。何也。

真人曰。此脾實也亦宜積炁。脾實畢竟是炁壅瘀。真炁莫達。凡積之已久。真炁貫徹。安有其邪。

養浩生曰。視物不真。何也。

真人曰。此脾虛也。宜依前積炁。自爾快樂。

養浩生曰。攀睛努肉者。何也。

真人曰。此心熱也。先宜呵字洩之。次宜積

炁補之。後宜擦熱大指背熨。久久行之。
自爾快樂。
養浩生曰。久病昏暗者。何也。
真人曰。此腎經真陽之炁微也。如昏暗不
欲視物。内障見黑花。瞳子散漫。廼血少
勞神。及腎虚也。此外又有遠視。不能近
視者。火盛而水虧也。又有近視不能遠
視者。水盛而火虧也。皆宜積炁補全。如

多年内障。視物有影者。必俟開通關竅。方得復明。視物全無影者。不治。

咽喉第二十六

養浩生曰。今人咽喉有病者。何也。

真人曰。大抵咽喉爲出入之門。雖醫家有風痰火三症。然其病源必本於火。蓋火能炎上。一不安戢。則燥暴之勢。必冲喉關。此受病之因也。故或咽喉生瘡。或咽喉瘇痛。或咽喉閉塞。或紅瘇結核脹滿。或喉不能言語。俱是火勢夾風雜痰使之然也。

養浩生曰。治法奈何。

真人曰。首宜洩去浮游之火。次宜降下壅痰之火。然後內運真水灌溉之。宜令病者。密室靜坐瞑目握固存神臍間一寸三分。調文極火三百六十息。每五息三呵一嚥。可於嚥時。如嚥硬物。兼用意墜下中宮。如此調畢。然後用舌抵住上腭。内氣不出。外氣不入。雖無呼吸。亦約定一呼一吸爲一息。量氣長短。以爲多寡。惟欲增息。不欲減息。皆係自然。而非矯强。必須默記遍數。俟氣稍急。神運其氣。自尾閭夾脊上升泥丸。兼用鼻以氣提之。入口化爲玉津。分三口嚥。如嚥硬物。

送入臍中。自用念珠暗記遍數。或五十遍。或三十遍。半月或念日。日行數次。自爾快樂。

結核第二十七

養浩生曰。人身中有結核之疾。果何疾也。

真人曰。結核之症。或生項側。或在頸。或在臂。或在身。倘生而腫痛者多。在皮裏膜外。原其病根多是痰注不散。結而成核。又云結核。乃火氣甚。則鬱結堅硬如果中核也。又有一種梅核氣。因七情之氣鬱結而成。或因飲食之時。觸犯惱怒。遂有此症。其症結成痰核。或如梅核。或如破絮。在咽喉間。咯而不出。嚥之不下。或中脘痞滿。氣不舒暢。或痰涎壅盛。上氣喘極。或因痰飲惡心。嘔而且吐。皆結核之症患也。

養浩生曰。其法奈何。

真人曰。病根雖在痰。然而痰不自行。必載於氣。治此疾者。先當治氣。氣既平順。則痰自消。而核自滅。凡此痰。摩之不痛。搔之不養。是謂氣死血枯。爲不可作。凡生痛作癢者可治。宜令患者。密室靜坐。瞑目握固。存神臍內一寸三分。調二文一武火○三百六十息○調畢○舌抵上腭○內氣不出○外氣不入、雖無呼吸○亦約定一呼一吸為一息○量氣長短○得息多寡○惟欲增息○不欲減息皆係自然○而非矯強○俟氣稍急○神運其氣自尾閭夾脊上升泥丸○兼用鼻以氣提之○入口化為井津○分三口嚥○如咽硬物○送入臍中畢○方調呼吸○十息調畢、運臍間炁○行於核處○左旋三十六。右旋三十六。旋畢。送氣歸臍。旋時俱係閉息。如此又積烝。大約首尾積烝、而中運氣爲一遍、自用念珠暗記遍數。遍數以每次行三十遍。或二十遍爲率。日行數次。半月或二十日。自爾快樂。

癭瘤第二十八

養浩生曰。常見今人生有癭瘤。此何疾也。

真人曰。瘿者硬也。瘤者留也。大約皆血氣凝滯。結成瘿瘤。隨身發現也。瘿多著於頸項。瘤則隨氣凝結。此症年數深遠。寢大寢長。其堅硬不可移者。名曰石瘿。皮色不變者。名曰肉瘿。筋脉露結者。名曰筋瘿。赤衇交加者。名曰血瘿。隨人憂愁。以爲消長者。名曰氣瘿。此五等瘿。皆不可決破。決破則膿血崩潰。多致夭亾難治。瘤亦有六種。乃骨瘤。脂瘤。肉瘤。膿瘤。血瘤。筋瘤也。亦不可決破。肉瘤尤不可決。決則殺。惟脂瘤破。而去其脂粉則愈。然亦不可以長。

養浩生曰。其法奈何。

真人曰。氣之在身中。如水之在地中。在在皆有。人之十萬八千毛孔中。皆氣藪也。常相流通而無凝滯。倘少有所凝。堅則爲瘤。浮則爲瘿。治瘿瘤亦宜運散其氣。

氣散則血散。血散則瘿瘤自消。宜令患

者。密室静坐。瞑目握固。存神臍間一寸

三分。調武火三百六十息。每三十六息。

三呵一補。調畢。舌抵上腭。内氣不出外

氣不入。雖無呼吸。六約定一呼一吸爲

一息。量氣長短。得息多寡。惟欲增息不

欲減息。皆係自然而非矯强。伺氣稍急。

神運其氣。自尾閭夾脊上升泥丸。兼用鼻以氣提之入口化爲井津。分三口嚥。如咽硬物送入臍中方調呼吸十息調畢運臍間所積之炁行於瘿瘤處左旋三十六右旋三十六畢。送炁歸臍。旋時俱係閉息如此又積炁。大約首尾積炁。中間運炁爲一遍自用念珠暗記遍數。每次行五十遍或三十遍。日行數次。念

日或半月○自爾快樂○

肺癰第二十九

養浩生曰○今人肺中患癰痿之症○其疾何也○

真人曰○咳嗽有膿血曰癰○久嗽不已而無膿血曰○痿若夫痿症○口乾○喘滿○咽燥而渴○甚則四肢浮腫○咳唾膿血○或腫臭濁惡○胸中隱隱微痛者○此肺癰也○大凡此

症。當咳嗽時。氣短胸滿。時唾膿血。久久如粳米粥者。難治。若嘔膿不止者。亦不可治也。其嘔而膿自止者。自愈。若面色當白而反赤。此火剋金位。亦屬不可治之疾也。若夫肺痿。久嗽不已。汗出過度。津液枯竭。溺如爛瓜下如豕脂小便數而不渴者。自愈。此由肺多邪火。故止唾涎沫而無膿也。若至汗出惡風。咳嗽氣短。鼻塞項强。胸脹脇滿。久不瘥者。即肺痿也。

養浩生曰。其法奈何。

真人曰。肺爲清虛之府。原宜恬靜。則無疾患。儻因其人平日營謀過多。思索煩劇。其中自有一種邪妄之火。上衝肺竅。此即病根。潛爲伏匿。加以煿炙辛辣以助其奸。酒色嗔怒以揚其熖。不覺伏匿之根秉勢而發。此癰瘻之因也。既明此疾。還因嗔火。首當滅嗔怒。次當遠煿灸。方徐徐然運動我天然。真息汲出我自然真水。真炁行則邪火自移。真水生則熱毒自散。宜令病者密室靜坐。瞑目握固存神臍內一寸三分。調極文火三百六十息。每三十六息三呵一補。調畢。舌抵上腭。運臍間氣行於患處。左運三十六遍。右運三十六遍。運畢。送氣歸臍。大開口呵氣六口。不許出聲。旋時俱係閉息如此又調息十遍。又運。凡三運畢。方内氣不出。外氣不入。雖無呼吸。亦約定一呼一吸爲一息。量氣長短。得息多寡。惟欲增息。不欲减息。皆係自然。而非矯強。候氣稍急。神運其氣。自尾閭夾脊上升泥丸。兼用鼻以氣提之。入口化爲井津。

漱之分三口嚥。如咽硬物。送入臍中。自用念珠暗記遍數。或五十遍。或三十遍。日行數次。或二十日。或一月。自爾快樂。

心痛第三十

養浩生曰。常見人有心痛之疾者。其症何也。

真人曰。原夫心痛。亦有數種。心痛初起者。胃中有熱也。心痛稍久者。胃中有鬱熱也。心痛素喜食熱物者。乃死血留於胃口也。心腸大痛。攻走腰背厥冷嘔吐者。迺痰涎在心膈也。心時痛時止。面白唇紅者。乃胃口有蟲也。按醫家九種心痛。謂飲食風冷熱悸蟲痰去來也。然疾雖有九。總統於氣。此氣譬之三軍然。附仁主則爲王師。附暴虐則爲寇敵。設此氣安靜。疾何由作。

養浩生曰。其法奈何。

真人曰。既知疾由氣作。還知亦由氣愈。假使真氣歸源。則邪氣亦從而下墜。其法宜令病者。密室攝靜。或坐或卧。瞑目握固。存神臍間一寸三分。調文火三百六十息。每三十六息一嚥。如咽極硬物。以意送下臍間。如石沈滚海之意。至腹中轆轆然有響聲。方是真氣下奔。邪氣下

降宜行此功三五日。自覺不痛。方舌抵
上腭。內氣不出。外氣不入。雖無呼吸。亦
約定一呼一吸爲一息。量氣長短。得息
多寡。惟欲增息。不欲減息。皆係自然。而
非矯強。俟氣稍急。神運其氣。自尾閭夾
脊上升泥丸。兼用鼻以氣提之。入口化
爲丹津。分三口嚥。如咽硬物。送入臍中。
自用念珠暗記遍数。每次或行五十遍。

或三十遍。日行數次。或十日。或半月。自爾快樂。

腹痛第三十一

養浩生曰。腹痛者何也。

真人曰。腹痛亦有九種。有寒痛。熱痛。食痛。血痛。濕痛。痰痛。蟲痛。虛痛。實痛。腹中忽然綿綿痛無增減。脉沈遲者寒痛也。乍痛乍止。脉數者熱痛也。腹痛而瀉。瀉後痛減者食積也。痛不移處者死血也。小便不利而痛者溼痰也。腹中引脇下有聲者痰飲也。時痛時止。面白唇紅者蟲痛也。以手按之腹軟。痛止者虛痛也。腹滿而硬。手不敢按者實痛也。又有一種肚腹作痛。大便不通。按之痛甚者瘀血在內也。又有一種怒氣傷肝脇刺痛者。是刺氣痛也。凡此數種皆宰於氣。設使氣能通達。何有於痛。

養浩生曰。其法奈何。

真人曰。法當增長元炁。惟此元炁。寒可使温。熱可使涼。食可使化。血可使消。濕可使散。痰可使驅。蟲可使無。虛可使實。實可使虛。但真積久。則隨病奏驗。此疾宜令患者。密室静坐。瞑目握固。存神臍間一寸三分。調武火三百六十息。每三十六息。用力提氣一口至喉。復用力嚥氣一口送至臍。如此十提送又調。直至三百六十息完。方舌抵上腭。內氣不出外氣不入。雖無呼吸。亦約定一呼一吸爲一息。量氣長短。得息多寡。惟欲增息不欲減息。皆係自然。而非矯强。俟氣稍急。神運其氣。自尾閭夾脊上升泥丸。兼用鼻以氣提之。入口化爲甘津。分三口嚥。

如咽硬物。送入臍中。自用念珠暗記遍數。每次行五十遍。或三十遍。行畢。用兩掌心擦熱。用力熨腹數十度。日行數次。或刻下。或一二時。立得快樂。三五日後。永無此症。

腰脇痛第三十二

養浩生曰。常見今人有腰脇痛者。此果何故也。

真人曰。腰屬腎經。其有痛疾。雖屬腎虛然亦不一。有常常腰痛無間歇者。此腎虛也。日輕夜重者。瘀血也。遇陰雨久坐而發者。濕也。腰背重注走串痛者。瘀也。至若脇痛。亦有所分。左脇痛者。肝經受邪也。右脇痛者。肝邪入肺也。左右俱痛者。肝火盛而木氣實也。兩脇走注痛而有聲者。痰飲也。勞傷身熱脇痛者。脉必虛也。咳嗽氣急作熱脉滑且數者。乃痰結痛也。左脇下有塊作痛不移者。死血也。右脇下有塊。作聲作痛且飽悶。乃食積也。子其知之。

養浩生曰。其法奈何。

真人曰。腎屬北方坎位。坎者水也。氣也。以是觀之。則氣乃腎液無疑也。養烝則養腎。養腎則腰脇均有所養也。宜令病者。

密室静坐。瞑目握固。存神臍内一寸三分。調武火三百六十息。每三十六息一嚥氣。送入臍中。復閉息運臍中氣。行至痛處。左三十六旋。右三十六旋。旋畢。送氣歸臍。如是三百六十息足。方舌抵上腭。内氣不出。外氣不入。雖無呼吸。亦約定一呼一吸爲一息。量氣長短。得息多寡。惟欲增息。不欲減息。皆係自然。而非矯强。伺氣稍急。神運其氣。自尾閭夾脊上升泥丸。兼用鼻以氣提之。入口化爲井津。漱之分三口嚥。如咽硬物送入臍中。又閉息運臍中氣。置於痛處。左旋三十六。右旋三十六。旋畢。送入臍中。如此一積一運。暗用念珠自記遍數。每行五十遍。或三十遍。日行數次。或十日。或半月。自爾快樂。

臂背痛第三十三

養浩生曰。今人臂背作痛者。何也。

真人曰。夫臂痛。多因濕痰橫行經絡。故作痛楚。至若背痛則痰氣之所聚也。其肩背不可回顧者。則太陽之氣鬱而不行也。

養浩生曰。其法奈何。

真人曰。人身中之氣如長流之水。周身上

下。原無停時，少。或爲痰所阻。因風所滯。爲寒所鬱，因血所留。譬之溝澗中。下一巨石。則流必不利。流既不利。則衝激之餘。必傷岸砌。今遇此疾者。宜照前行功。或於動功揀一段行之。（方見本部後）自爾快樂。

骨節痛第三十四

養浩生曰。今人間有遍身骨節走注疼

痛者。何也。

真人曰。此名痛風也。醫家謂之白虎歷節風。都因血。氣。風。溼。痰。火。六者。盜入骨間而作痛楚。或因勞苦。寒水相搏。或酒色醉卧當風取涼或卧卑溼之地。或服雨汗濕衣蒸體而成此疾是疾也。在上多屬風。在下多屬濕。然更有分別焉。凡遍身骨節疼痛者。雖屬血氣風溼痰火。然亦有遍身壯熱骨節疼痛者。乃風寒也。
亦有遍身走痛日輕夜重者。血虛也。亦
有肢節瘇痛者瘇是濕痛是火也亦有
四肢百節痛如虎咬者。方名白虎歷節
風也。其兩手疼痛麻痺者。乃風痰也。兩
足疼痛麻木者。乃溼熱也。
養浩生曰。其法奈何。
真人曰。大凡人身之風痰濕熱止。能因滯

氣所留。設真氣通透。邪胡能留。宜令病者。密室靜坐。瞑目握固。存神臍間一寸三分。調文火三百六十息。每三十六息一噝。如咽硬物送入臍間。隨運臍中氣行於痛處。左旋三十六。右旋三十六。閉息行之。俱要熱極有汗更妙。數足。方舌舐上腭。內氣不出。外氣不入。雖無呼吸。亦約定一呼一吸爲一息。量氣長短。得息多寡。惟欲增息、不欲減息。皆係自然。而非矯强。俟氣稍急、神運其氣、自尾閭夾脊上升泥丸、兼用鼻以氣提之。入口化爲井津。漱之分三口嚥。如咽硬物送入臍中。仍前運氣旋繞痛處一次。如此一積一運。自用念珠暗記遍數。每次行五十遍。或三十遍。畢。仍行動功數十遍。運動積滯。十日。或半月。自爾快樂。

脚氣第三十五

養浩生曰。脚氣之症。果何主乎。

真人曰。脚氣症雖不一。大約麻是風。痛是寒。腫是溼也。其兩足内踝骨紅腫痛者。名爲遶踝風。其兩足外踝骨紅腫痛者。名爲穿蹄風。其兩膝紅腫痛者。名爲鶴膝風。其兩腿胯痛者。名爲腿股風。瘇者。名濕脚氣。溼者筋脉弛長而軟。或浮腫。

或生臁瘡之類是也。不腫者。名干脚氣。
乾即熱也。筋脉踡縮攣痛枯細不痛之。
類是也。發之於病或無汗走注爲風。或
拘攣掣痛爲寒。或腫滿重痛爲濕。或燥
渴便實爲熱也。或又有脚氣轉筋者。是
血熱也。或又有脚氣冲心者。斯爲最惡
之症也。
養浩生曰。其法奈何。

真人曰症名脚氣則宜導氣爲主氣若歸經而風痰溼熱自然消散如戎首皈順餘賊自滅也宜令病者密室静坐瞑目握固存神臍間一寸三分調先武後文火三百六十息每三十六息嚥氣三口如咽硬物送入臍中隨運臍中烝行於痛處左旋三十六右旋三十六次次如之數足方舌抵上腭内氣不出外氣不

入。雖無呼吸。亦約定一呼一吸爲一息。量氣長短。得息多寡。惟欲增息。不欲減息。皆係自然。而非矯强。俟氣稍急。神運其氣。自尾閭夾脊上升泥丸。兼用鼻以氣提之。入口化爲甘津。漱之分三口嚥。如咽硬物。送入臍中。仍前運氣旋繞遍處一次。如此一積一運。自用念珠暗記遍數。每次行五十遍。或三十遍。日行數次。或半月。或二十日。自爾快樂。

癩疝第三十六

養浩生曰。癩疝之症何也。

真人曰。疝乃肝經之疾。宜通勿塞。絶與腎經無干。或有無形無聲者。或有有形如瓜。有聲似蛙者。是疝病也。始因溼熱在經。潛伏日久。后感寒氣。外不得疎散。所以作痛。然不可執作寒看。其病症亦自不一。或腸中走氣作聲或痛者。是盤腸氣也。或小腸陰囊手按作響聲痛者。是膀胱氣也。或小腸臍旁一梗升上釣痛者。是小腸氣也。或小腹下注上奔心腹急痛者。是偏墜也。或陰子雖硬大而不痛者。是木腎氣也。或因氣惱而即起疝者。是氣攻也。或因勞碌而發疝者。是挾虛也。或發於寒月者。是寒邪入膀胱也。

或發於暑月者。是暑入膀胱也。或年久而不愈者。法宜補炁也。醫家有七疝。乃寒。水。筋。血。氣。狐。癩也。

養浩生曰。其法奈何。

真人曰。均宜補氣。真氣復原。則下者自升。上者自降。癩疝之疾。不過邪淫之氣。下藏腎脉。儻出入之氣既調。包藏之炁則盛。何論新舊。一槩可捐。宜令病者密室静坐。瞑目握固。存神臍間一寸三分。調文火三百六十息。每三十六息。一嚥補之。調畢。舌抵上腭。内氣不出。外氣不入。雖無呼吸。亦約定一呼一吸爲一息。量氣長短。得息多寡。惟欲增息。不欲減息。皆係自然。而非矯强。俟氣稍急。神運其氣。自尾閭夾脊上升泥丸。兼用鼻以氣提之。入口化爲甘津。漱之。分三口嚥。如咽硬物。送入腹中。自用念珠暗記遍數。每次行五十遍。或三十遍。日行數次。或二十日。或三十日自爾快樂。

瘵癖第三十七

養浩生曰。或有瘵癖之症者。何也。

真人曰。瘵者。上盛下虗。能食不能行也。主内傷氣血虛損。不可悞作風論。蓋風爲外感。瘵是内傷。故有人若足常熱者。後必瘦。多年不得起者有之。其肥人得此疾者。屬氣虛有痰。瘦人得此疾者。屬血虛有火。又不可不知也。

養浩生曰。其法奈何。

真人曰。此疾於補烝更爲喫緊。夫既屬上盛。則烝必專在於上。既名下虛。則烝不通達於下。以致旦晝所積。止供銷爍。又胡能浹洽於四肢。宜居患者。於密室中。

瞑目握固存。神臍間一寸三分。調先文後武火三百六十息。肥者每三十六息一嚥補。瘦者每三十六息一嚥。用意墜至臍。各調畢。方舌抵上腭。內氣不出。外氣不入。雖無呼吸。亦約定一呼一吸爲一息。量氣長短。以爲多寡。惟欲增息。不欲減息。皆係自然。而非矯强。伺氣稍急。神運其氣。自尾閭夾脊上升泥丸。兼用鼻以氣提之。入口化爲井津。漱之分三口嚥。如咽硬物、送入臍中。自用念珠暗記遍數。每次行五十遍。或三十遍。日行數次。一月。或二月。自爾快樂。

消渴第三十八

養浩生曰。或有消渴之症者。何也。

真人曰。夫消渴有三。均屬內虛有熱也。或小便不利而渴者。內有濕也。小便自利而渴者内有燥也。三消之别。上消廼肺火。飲水多而食少也。中消乃胃火。消穀易饑。不生肌肉。小水赤黄是也。下消廼腎虗。不生津液。如海無潮也。海失澤也。總之皆爲元氣虧歉。不能傳達作潤所。以有此三消。設真元内充。則必鼓盪焉。潤澤焉。何有斯疾。

養浩生曰。其法奈何。

真人曰○人身真炁○出則爲氣○入則爲液○薰蒸之則爲火○補炁則增液○液生則渴除○胎息則補炁○炁補則餒實○自然之理也○宜令病者○密室靜坐○瞑目握固○存神臍中一寸三分○調文息三百六十度○上下二消疾○每三十六息着力一嚥○送至中宮○中消疾○每三十六息○呵氣三口○着力嚥一口送至中宮○各三百六十息畢○然

后舌抵上腭。內氣不出。外氣不入。雖無呼吸、亦約定一呼一吸爲一息。量氣長短。得息多寡。惟欲增息。不欲減息。皆係自然。而非矯强。伺氣少急。神運其氣自尾閭夾脊上升泥丸。兼用鼻以氣提之。入口化爲井津。漱之分三口嚥。如咽硬物。送入臍中。自用念珠暗記遍數。每次行五十遍。或三十遍。日行數次。隨有津液立。去胃火。若欲除根。或半月。或二十日。或一月。俟真炁充滿。津液上潮。自爾快樂。

痓病第三十九

養浩生曰。嘗見人有痓病者。何也。

真人曰。痓病多是血虛氣歉。風痰而成。其病頭項强直。身熱足寒。面赤頭搖。口禁。目衇赤。背反張。手攣急。脚如弓。脉弦急。

是痉病也。開目無汗。是剛痉屬陽。開目有汗。爲柔痉屬陰。凡一切傷寒雜症。汗吐下后入風。亦成痉病。發瘡家汗亦成痉。產后去血過多亦成痉。有跌磕打傷瘡口未合冒風者亦成痉。此名破傷風也。若身涼手足冷脉沈細者。名陰痉若眼牵嘴扯手足戰摇伸縮者。是風痰痉。滑數者名痰火痉。若目瞪口開。真氣昏膭。不知人者。斷死無疑。若小兒吐瀉驚風發痓者。謂角弓反張。病與痓同。

養浩生曰。治法奈何。

真人曰。此病最爲難治。法亦不可拘執。宜各依原来疾症活法治之。其不能行功者。宜用咼器照遍數進烝。或用按摩。依穴道導氣。大抵此病。死生在於俄頃。治之不可輕忽。治法在人。隨前症加減用之可也。

瘡瘍第四十

養浩生曰。外病不過瘡瘍。其治何也。敢乞仁慈。一一條分。垂示後學。

真人曰。瘡莫甚於癰疽。其瘰疔臁疥折金傷人其次也。如瘡大而高起者癰也。屬乎陽。乃六腑之氣所生也。平而內發者

疽也。屬乎陰。乃五臟之炁所生也。其症
倘腫痛熱渴。大便閉結者。邪在內也。瘇
焮作痛寒熱頭痛者。邪在表也。焮瘇痛
者。邪在經絡也。微腫微痛而不作膿者。
氣血虛也。漫瘇不痛。或不作膿者。或膿
成不潰。氣血虛甚也。色黯而微瘇痛。或
膿成不出。或腐肉不潰者。陽氣虛寒也。
經云。諸痛痒瘡瘍。皆屬心火。若瘇赤煩

躁發熱引冷便閉作渴。脉洪數實是其常也。若脉微。皮寒瀉痢腸鳴。飲食不入。嘔吐無時。手足逆冷。是變常也。或大按乃痛者病滚。小按即痛者病淺。按之即陷不復者無膿。按之即復者。有膿也。

養浩生曰。其法奈何。

真人曰。若癰疽之症。皆由其人。性不能抑情。氣不能勝怒。以致血壅氣滯。而作是疾。蓋癰者壅也。疽者阻也。癤者節也。血壅氣阻。不得周流。凡此疾初起微紅時。法宜運動真炁以移散之。将膿時用文火以引導其膿。保固心經。勿令毒熱犯內。作痛作楚潰膿時。用武火以散發餘毒。驟長元炁。使身體易健也。此三法。不若遇紅點初起。即嚼生荳一粒。如荳味即是痛疾。宜用移法為妙。宜令患者窑室静坐。瞑目握固。存神臍内一寸三分。調文火三百六十。每三十六。大開口不出聲呵氣三口。補氣三口。送入臍中。隨移臍中氣行於患處。開息左旋三十六。右旋三十六。旋畢。送入臍中。數足。方舌抵上腭。内氣不出。外氣不入。雖無呼吸。亦約定一呼一吸爲一息。量氣長短。得息多寡。惟欲增息。不欲減息。皆係自然。

而非矯强。候氣稍急。神運其氣。自尾閭夾脊上升泥丸。兼用鼻以氣提之。入口化爲井津。漱之分三口嚥。如咽硬物。送入中宫。仍前運氣一次。自用念珠暗記遍數。每次行五十遍。或三十遍。日行數次。閑空不積烝日。專行運氣。未行此功。用鮮姜一片。擦患處。痛務至痒。痒務至痛。方爾行功。不三四日。其毒自消。此初起時法也。如其毒已成紅紫焮熱。專行積烝。更於調息時、每三十六息呵氣三口。補氣三口、俱是文火也。如膿已潰每三十六息。嚥氣三口、專行積烝。俱是武火也。依此法行。已成未成。俱得快樂。

養浩生曰、癰疽之症、醫家有五善七惡之别、何説也。

真人曰。夫善者。動息自寧。飲食知味。便溺調匀。膿漬瘇消。水鮮不臭。神采精明。語言清朗。體氣和平是也。此係腑症。病徵邪淺。更能慎起居。節飲食。兼行前功。刻下即愈。夫惡者乃五臟虧損之症。或因汗下失宜。榮衛消爍。或因寒涼尅伐。氣血不足。或因峻厲之劑。胃氣受傷。以致真炁虛而邪氣實。外似有餘。而内實不足。法當純補真氣。真氣充。則脾元自壯。

多有可生。不可因其惡而遂棄之。養浩生曰。七惡之名。請直示焉。真人曰。若大渴發熱。泄瀉淋閉。乃邪火內淫。一惡也。若膿血既泄。瘇痛尤甚。膿色敗臭者。乃胃烝虛而火盛。二惡也。若目視不正。黑睛緊小。白睛青赤。瞳子上視者。乃肝腎陰虛。而目緊急。三惡也。若喘粗氣短。恍惚嗜卧者。乃脾肺虛火。四惡也。若肩背不便。四肢沈重者。乃腎虧。五惡也。若不能下食。及服藥而嘔。食不知味者。乃胃氣虛弱。六惡也。若聲嘶色敗。唇鼻青赤。面目四肢浮瘇者。乃脾肺俱虛。七惡也。七惡之外。又有腹痛泄瀉咳逆。昏聵者。乃陽氣虛弱。寒邪內淫之惡症也。若有潰後發熱。惡寒作渴。或怔忡驚悸。寤寐不寧。牙關緊急。或頭目赤腫。

自汗盜汗。寒戰咬牙。手撒身熱。脉洪大。按之如無。或身熱惡衣。欲投於水。其脉浮大。按之細微。衣厚乃寒。此真氣虛極。傳變之惡症也。若手足逆冷。肚腹疼痛。洩痢腸鳴。飲食不入。吃逆嘔吐。此陽炁虛弱。寒氣所乘之惡症也。若有汗而惡寒。或無汗而惡寒。口禁足冷。腰背反張。頸項直強。此氣血虛極。傳變之惡症也。